한국어로 내려온
New Bible

새로운
성 경

제110권

7부 | 총10부

하얀마음

하나님 말씀 중에서

1. 사랑의 하나님

- 세상을 창조하신 하나님은 모두를 사랑하신다. 인간만 특별히 더 사랑하지 않고, 우주 만물을 다 똑같이 사랑하신다. 그러니 하나님이 창조하신 천지 만물과 화친하고, 미물까지도 소중히 대하라.

- 하나님은 특정 종파나 민족만을 더 사랑하지 않으신다. 자기 자신만 구원받겠다는 욕심을 버리고, 자기 종파만 구원받는다는 편협한 교리에서 벗어나야 한다. 종파를 초월해서, 모두를 사랑하라.

- 원수까지 사랑하라 했으니, 이 세상에 사랑하지 못할 자가 누가 있겠는가? 종파가 다르다고 해서 부모 형제와 원수처럼 지내는 자는 인간의 근본을 모르는 자다. 가장 가까운 가족부터 사랑할 때 남도 진심으로 사랑할 수 있다.

- 한 사람을 원수같이 생각하던 마음에서 사랑하는 마음으로 돌리면, 자기 자신의 마음이 가장 기쁘고 행복하다. 하나님께서는 인간의 마음속에 무거움이 없이 기쁘고 행복한 삶을 살기를 바라신다.

- 이웃을 "내 몸처럼" 사랑하라 했으니, 마지막 한 장 남은 천국의 티켓도 이웃에게 양보하라. 자기 중심적인 신앙에서 벗어나서 남을 위해 살아야 한다.

- 독초도, 약초도, 이단도 사탄도 천사도 다 필요하기에 존재한다. 독초일지라도 극소량을 사용해서 생명을 살릴 수 있고, 약초라 하더라도 남용하면 생명을 잃을 수 있다.

- 세상 모든 것을 명약으로 활용하는 것은 인간의 지혜에 달렸다. 어떤 것이든 어떤 사람이든 적재적소에 꼭 필요한 명약으로 승화시키라.

- 사탄도 이단도 천사도 모두 하나님의 주관하에 존재한다. 진정한 하나님의 백성은 사탄과 마귀까지도 감화시켜서 천사로 거듭나게 한다.

2. 기도

- 하나님은 인간의 생각까지 모두를 다 알고 계신다. 우리의 소원도 이미 알고 계시기에, 소원의 기도를 할 필요가 없다. 우리가 받을 자격이 되면 내려 주신다.

- 죄를 짓고 아무리 회개를 해도 용서받지 못한다. 도둑질한 자는 용서해 달라고 기도하고, 도둑맞은 자는 도둑을 잡게 해 달라고 기도하면, 공의의 하나님은 누구의 편에 서시겠는가?

- 자기가 잘못한 것은 그 사람에게 직접 갚고 용서를 구하라. 그가 용서하면 하나님도 용서하신다. 땅에서 매면 하늘에서도 매이고, 땅에서 풀리면 하늘에서도 풀리는 이치다.

- "회당에서 기도하지 말고 골방에서 기도하라" 했다. 눈에 보이는 골방이 아니라, 골방과 같이 고요한 마음이다. 잡념을 버리고 하나님을 향해 마음을 집중하며, 사랑하고 용서하는 아름다운 생각만 나오도록 하라.

- "두드리면 열릴 것이다." 하는 것은 육의 소원을 위해 두드리라는 것이 아니라, 진리의 깨달음을 얻기 위해 두드리라는 것이다.

- 기도하는 방법: 생활 속에서 수시로 기도하는 삶을 살아야 한다.

- "저의 죄를 용서하여 주옵소서." 하는 회개의 기도를 하라.
- 범사에 "하나님! 감사합니다." 하라. 현재 가진 것에 감사하며, 과욕하지 말라. 자기 노력 이상의 것을 더 갖고자 기도하는 것은 도둑놈심보다. 공의의 하나님은 각자 노력한 만큼 주신다.
- "하나님 뜻대로 살아가겠나이다." 하며 마음의 각오를 다지라.

- 기도는 하나님의 말씀을 받아서 "행하는 것"이다. 하나님이 계심을 굳건히 믿고, 하늘을 향하여 한 점 부끄럼 없이 사는 삶 자체가 가장 위대한 기도이며, 삶이 곧 예배다.

3. 지도자

- 똑같이 사랑한다는 말을 해도, 순수하게 하는 말은 천사의 말이지만, 사기 쳐서 재산을 가로채려고 하는 말은 사탄의 말이다.

- 종교 지도자가 아무리 훌륭한 설교를 해도, 신도의 재물을 거둬서 더 큰 교회를 짓고 자기의 부귀영화를 바라며 설교하면 사탄의 가르침이 된다.

- ■ "저희 교회는 만원사례요, 믿음은 다 같으니 이웃의 개척 교회에 가서 예배를 드리시오." 하며, 이웃 교회의 부흥을 먼저 생각하여 제 신도를 보내는 종교 지도자가 있다면 그를 따르라. 그가 하나님의 사랑을 실천하는 자다.

- ■ "부자가 천국에 들어가는 것은 낙타가 바늘구멍을 통과하는 것보다 더 힘들다" 하였거늘, 지금의 교회에서는 부자가 되기만을 기도하고 소원하니, 이는 곧 천국을 포기하고 지옥 행 열차의 티켓을 사는 것과 같다.

- ■ 예수는 빈손이었다. 종교 지도자가 예수보다 더 호화롭고 편안하게 살아간다면 잘못된 것이다. 부귀영화와 명예를 바라는 자는 절대로 갈 수 없는 좁고 협착한 길이 종교 지도자의 길이다.

- ■ 종교 지도자는 유리로 비춰 봐 한 점의 부끄러움이 없이 살아야 한다. 의식주도 직접 일해서 해결하고, 예수의 가르침과 행함을 그대로 따라야 한다.

- ■ 종말은 없다. 지금의 잘못 가는 종교 집단에게만 종말이 있다. 보이지 않는 하나님은 보이는 육의 종말은 관여하지 않으신다. 환경 파괴로 인간이 스스로 멸망을 자초하는 것이다. 종파끼리 싸우기 전에, 무너진 인성을 바로잡고 지구의 몸살을 해결하는 데 뜻을 모으는 게 급선무다.

4. 성전이란

- ■ 이 세상 자체가 하나님께서 만드신 성전이다. 자연보다 더 아름다운 성전이 있는가? 보이는 건물이 성전이 아니라, 성스러운 마음가짐이 성전이다.

- ■ 반석 위에 교회를 지으라 했다. 지상의 단단한 돌은 인간이 쪼갤 수 있으나, 마음속의 굳은 결의는 세상 무엇으로도 쪼갤 수 없다. 바르고 굳건한 믿음으로 성경의 가르침을 실천하는 것이 마음의 반석 위에 교회를 짓는 것이다.

- ■ 손으로 지은 건물의 교회에 모여서 복음을 전하는 것이 아니라, 교회를 개인과 가정에 심어 주어야 한다. 무너지고 부서지는 건물을 짓지 말고, 마음속에 영원히 불변하는 참진리의 교회를 지으라.

5. 십계명

- 십계명은 인간이 죽어서 반드시 통과해야만 하는 열 개의 관문이다.

- 부모를 공경하지 아니한 자는 "네 부모를 공경하라." 하는 제5계명의 관문이 열리지 않으니 구원받을 수 없다.
- 살인, 간음, 거짓, 우상 등의 나머지 계명도 마찬가지다.

- 십계명은 하나님의 친필이다. 모기소리만 한 하나님의 음성이라도 들어 보겠다고 여기저기 찾아 헤매지 말고, 십계명부터 암송하고 지키라.

- 십계명은 영혼을 구원하는 양식이며, 십계명을 지키는 것이 구원을 받는 길이다. 인간이기에 지키고자 노력하고 또 노력한다면 지킬 수 있다.

- 십계명을 지키고 천사처럼 아름답게 살아가는 그 마음 하나면 세상에 이루어지지 않는 것이 없다.

6. 보물

- 하나님은 재물이 아니라 우리의 마음을 받으신다. 사랑을 실천하며 천사처럼 변하는 마음이 하나님께 바치는 보물이다.

- 보이지 않는 하나님께 재물을 바치려 하지 말고, 너희를 길러 준 부모에게 용돈 드리고, 찾아뵙고, 효성을 다하라. 그것이 하나님께 효도하는 것이다.

- 하늘에는 선과 악의 창고가 있다. 자기 창고에 선이 많으면 천국으로 구원을 받고, 악이 많으면 심판받아 지옥으로 간다. 그것이 바로 "선한 일을 행한 자는 생명의 부활로, 악한 일을 행한 자는 심판의 부활로" 나오는 것이다.

- "선악과를 따먹지 말라"는 것은 양심을 지키라는 것이다. 선과 악을 구분할 수 있는 양심을 최초에 인간에게 주셨다. 선한 열매는 취하고, 악한 열매는 버리며, 양심에 비추어 부끄럼 없는 삶을 살아가라.

- 가장 작은 거짓말을 하지 않고, 가장 작은 죄를 짓지 않으며, 가장 작은 선행을 하고, 가장 작은 악행을 멀리하는 것이 율법의 일점 일획도 빠뜨리지 말고 다 지키는 삶을 사는 것이다.

7. 우상

- 박물관에 있는 불상은 하나의 예술품이다. 그 조각품에 대고 제 소원을 빌 때 우상숭배가 된다. 십자가라 하여도 그 앞에서 소원을 빈다면 우상숭배하는 것이며, 하나님께 소원을 빈다면 하나님을 우상으로 전락시키는 것이다.

- 지금 기복신앙에 젖어 있는 모든 사람이 우상 앞에 절을 하고 있다. 조각품을 우상이라며 파괴하지 말고, 네 마음속에 있는 욕심의 우상을 무너트리라.

- 생수를 약초가 먹으면 약을 만들고 독사가 먹으면 독을 만든다. 같은 성경을 봐도 선한 지도자는 신도를 천사로 만드는 데 활용한다. 그러나 욕심이 가득한 지도자는 재물을 거두어들여 제가 부귀영화를 누리는 데 악용한다. 그가 바로 성경을 우상숭배의 도구로 전락시키는 거짓 선지자다.

- 성경을 한 획도 빼거나 더하지 말라는 것은, 그 가르침을 빠트리지 말고 온전히 지키라는 것이다. 성경 속에서 자기에게 유리한 구절만 보는 것은, 자기에게 불리한 구절들을 빼 버리는 것이다. 믿음이 제일이요, 행함은 구원과는 관계없다는 것은 자신에게 유리한 쪽으로 성경을 악용하는 것이다.

- 진정한 종교 지도자는 종파에 관계없이 어떤 종파든 어떤 책이든 접하고 보고 깨우쳐 견문을 넓히도록 인도한다. 참진리를 모르고 자신이 없는 자가 남을 이단이라며 배척하고, 신도들의 눈과 귀를 가린다.

8. 예수

- 예수의 재림은 없다. 예수가 다시 온다 해도, 과연 누가 그를 예수라고 믿겠는가? 예수와 같은 삶의 행함이 곧 예수의 재림이다. 각자 모두가 "재림 예수"가 되는, 차원 높은 믿음으로 가야 한다.

- 예수는 "주여 주여 하지 말고, 아버지의 뜻대로 행하라"고 했다. 예수가 전한 하나님의 뜻이 곧 "길이요, 진리요, 생명"이며, 그 가르침이 예수의 보혈처럼 소중한 것이다. 예수를 믿는 것은, 예수의 가르침을 믿고 따르는 것이다.

- 예수는 낮은 자로서 만백성을 섬기고자 했다. 만나는 모든 사람을 다 하나님이라 생각하라. 돈을 벌수록 겸손하고, 높은 지위를 얻을수록 낮아지라.

- 예수는 종파를 만들지 않았다. 인간이 만든 종교와 인간의 교리를 따르지 말고, 예수를 통해 전한 하나님의 참진리를 연구하고 따르라.

- 예수가 2천 년 전에 만백성을 위해 죽었으니, 지금 이 땅에는 예수의 가르침대로 사는 천사만 존재해야 한다. 예수가 죽어 가면서 바란 것은 만백성이 천사가 되어 예수의 자리를 채워 주는 것이지, 지금과 같이 재물을 바치면서 중언부언 제 소원만을 비는 백성들을 바란 것이 아니다.

9. 구원

- 천사가 사는 천국에는 천사만 갈 수 있으니, 천사 같은 마음을 길러야 한다.

- "천국 열쇠를 네게 주리니 땅에서 무엇이든지 매면 하늘에서도 매일 것이라" 했다. 땅에서 천사같이 사는 자가 하늘에서도 천사가 되어 천국에 들어간다. 모든 사람에게 천사같다는 말을 듣는 삶을 살아야 한다.

- 천사의 곱고 아름다운 마음은 부모를 공경하고 어른을 어른으로 대접하는 데에서 출발한다. 효도하는 자는 형제와 화목하게 지내기에 가정이 화목해지고, 이웃과 화목해지고, 국가가 화목해지고, 온 인류가 화목해진다.

- 그러므로 지상의 아름다운 소왕국은 가정에서부터 이루어야 한다.

- 선택된 14만 명만 구원받는 것이 아니라, 천사처럼 변하고자 하는 14만 명을 기초로 온 인류가 천사처럼 거듭나는 영적인 개혁이 시작되는 것이다.

- 천 년에 걸쳐서 하늘에서 이루어진 것같이 이 세상을 낙원으로 만들어, 만백성이 지상의 천국에서 살다가 죽어서 그대로 하늘의 천국으로 들어가는, 영원한 지상 낙원을 건설하는 것이 하나님의 계획이다.

- **이것이 구약과 신약에 이어 "새로운 성경"으로 역사하시는 하나님의 창조의 완성이다.**

- 지금의 믿음으로 구원받을 수 있다면 그 길을 가라. 그러나 자신이 없다면 하나님께서 직접 내리신 160권의 "새로운 성경"을 읽고 구원의 길을 보라!

하나님 머리말씀

이 새로운 성경을 읽는 너희 모두는
이 율법에 따라 행하면 영원히 구원받을 것이니라.

너희 인간이 수년, 수십 년, 평생
성서를 공부하고 기도하는 것은
하늘나라 나의 곁으로 오고 싶은 소망일진대,

몇천 년 전의 너희 인성과 생각이
지금의 너희와는 판이하게 다르니,

꺾여 가고 병들어 가는 너희를 고칠 수 있는 길은,
오늘 내가 선지자에게 내리는 새로운 성경과 같이
너희가 변화되는 것뿐이니라.

나의 예수가 태어난 것처럼
내가 아들 선지자를 선택하여
나의 새로운 성경을 온 세계에 전하고자 하니,

묵은 것은 버리고 새로운 것은 취하여,
너희 모두는
'여호와 하나님! 저의 죄를 용서하여 주옵소서.'
하는 기도문으로 기도하고, 죄를 뉘우치라.

이 새로운 성경은
수천 년간 내려온 성서를 요약한 것이니,
너희는 이 책을 정독하여 쉽게 깨달음을 얻고,
이대로 실천하여 하늘에 오르라.

대역자 머리말

■ 하나님의 율법을 지키는 선지자로 선택을 받도다.

저는 남들처럼 그저 열심히 살아온 평범한 사람이었습니다. 그러나 50대 중반에 사업에 실패하여 많은 부채에 시달렸으며, 건강도 악화되어 눈이 잘 안 보이고, 걷기도 어렵고, 두통이 심해서 잠을 이룰 수 없는 고통의 나날을 보냈습니다. 그때 제가 선택할 수 있는 것은 육의 삶을 끝내는 길뿐이었습니다.

죽기 직전에 그동안에 죄를 지은 이들에게 용서를 빌고 인생을 끝내기로 작정하였습니다. 어려서부터 지은 죄를 빌고 빌다 보니 끝이 없었고, 죽음으로도 그 많은 죄를 용서받을 길이 없다는 생각에 하염없이 눈물이 흘렀습니다. 그 순간 '재래식 화장실의 구더기는 죄를 짓지 않는데, 나는 인간으로서 구더기만도 못한 삶을 살았구나.' 하는 생각이 들면서 괴로움에 몸부림칠 때, 갑자기 하나님의 음성이 들렸습니다.

"나는 여호와 하나님이니라. 너는 십계명을 암송하고 내가 내려 주는 메시지를 받아 책으로 만들어 만백성을 구하라." 하시며, 제 눈을 손으로 문지르게 하시고, 아픈 머리와 다리를 손으로 두드리게 하셨습니다. 그러고 나니 눈도 잘 보이고 걸을 수 있었으며 머리의 통증도 말끔히 낫게 되었습니다. 그때부터 십계명을 암송하고 나면 들려주시는 말씀을 기록하였고, 1999년 8월부터 2004년 7월까지 권당 288쪽, 총 160권을 받아서 "새로운 성경"이라는 책으로 펴내게 되었습니다.

그러한 저에게 죽기보다도 힘든 길이 시작되었습니다. 모든 교인들이 저에게 사탄이요, 이단이요, 악마요, 마지막 시대에 온 거짓 선지자라 하면서 공격하였고, 저를 짐승을 보듯이 대하는가 하면, 편협한 종교 지도자들의 선동으로 신도들이 이 책을 직접 읽어 보고 평가할 기회마저 막아 버렸습니다. 그래서 하나님의 말씀을 세상에 내는 데 많은 어려움을 겪으며, 피를 토하는 심정으로 책을 전하고 있습니다.

그러나 아무리 인간의 힘으로 막으려 해도, 하나님의 뜻이 세상에 전해지는 위대한 역사는 계속될 것입니다. 책으로 전해지는 "하나님의 말씀"은 세상 끝날까지 항상 우리와 함께하실 것입니다. 사람은 죽어도, 책에 기록된 말씀은 영원히 남으니까요.

■ 따뜻한 실천

하나님께서는 어려운 사람들에게 삶의 터전을 마련해 주고, 미래를 열어 주는 것을 기뻐하십니다. 어려운 이웃이 스스로 자립할 수 있도록 이끌어 주는 것이 진정으로 이웃을 돕는 것이라고 말씀하셨습니다. 그래서 일자리가 없는 제자들에게 작은 사업장을 만들어 주는 "달란트 사업"을 하고 있습니다. 식당, 반찬 가게 등을 차려 주고, 기존의 어려운 사업장이 자립할 수 있도록 돕고 있습니다(커피숍, 미용실, 의상실 등).

하나님께서는 교회에 나와서 모든 시간과 재물을 쏟기를 원하지 않으시고, 그 시간과 재물을 교육에 투자하여 스스로 미래를 열어 가기를 원하십니다. 그래서 제때 공부하지 못한 제자들에게 학업을 이어 가도록 하였습니다. 중화요리 주방장을 하며 초등학교 검정고시부터 공부하여 2012년에 방통대를 졸업한 36세 남성, 만학도들의 2년제 중학교에 입학해서 2007년에 명지대학을 졸업한 38세 여성, 중학교 검정고시를 시작으로 숭의여자대학을 졸업한 47세 여성 등이 있습니다. 그밖에도 많은 제자들에게 나이를 초월하여 배우고 깨우쳐서 사회 속의 당당한 일원이 되도록 인도하고 있습니다.

학자금 대출로 힘겨워하는 젊은이들을 위해 "따뜻한 바람 장학회"를 발족하여(2016년 12월) 대출받은 학자금 전액을 매월 갚아 주고 있습니다. 또한, 다문화 가정을 위해 "다문화 가족 랜드"를 조성하여, 각종 시설을 무료로 활용하도록 하고 있습니다.

이러한 따뜻한 실천이 아직은 미약합니다. 그러나 책의 수입이 늘고, 저와 뜻을 같이하는 분들이 늘어나면 계속 확대할 것입니다. 지도자로서 신도의 재물을 헌금으로 거둬들여 착복하는 것이 아니라, 하나님께서 기뻐하시는 일에 사용하도록 중매 역할만 하며 살아가고자 합니다. 이런 제가 과연 사탄이고 이단인가요? 하나님께서 기뻐하시는 일이라면, 저에게 사탄이라 하든 거짓 선지자라 하든 굽히지 않고 실천해 나갈 것입니다.

끝으로, 일상의 삶 속에서 "지금 내가 하는 행동이 과연 하나님께서 기뻐하실까, 슬퍼하실까?" 생각하고, 매사에 하나님께서 기뻐하시는 길을 택하기 바랍니다. 교회에 모여서 집단적으로 예배 드리는 것이 아니라, 개인이나 가정 단위로 새로운 성경을 읽어 스스로 깨우치고 그대로 행하면 충분합니다. 그것이 마음속에 성전을 짓고, 신령과 진정으로 예배 드리는 길입니다. 그러면 천국의 문에 들어서게 됩니다.

2017. 2. 1.

하나님 말씀 대역자 김 용 철

차 례

십 계 명

이 책은 십계명을 암송하고 나면 내려 주시는 "하나님의 음성"을 듣고 그대로 받아쓴 기록입니다. 하나님께서 십계명을 모세에게 내려 주셨지만, 그것은 만백성에게 내려 주신 것입니다. 마찬가지로 이 책의 모든 말씀도 저에게 내려 주셨지만, 만백성 각자에게 들려주시는 말씀입니다. 여러분도 이 책을 접할 때마다 십계명을 암송하고 나서 정독해 주시기 바랍니다.

제일은, 너는 나 외에는 다른 신들을 네게 있게 말지니라.

제이는, 너를 위하여 새긴 우상을 만들지 말고, 또 위로 하늘에 있는 것이나, 아래로 땅에 있는 것이나, 땅 아래 물 속에 있는 것의 아무 형상이든지 만들지 말며, 그것들에게 절하지 말며, 그것들을 섬기지 말라.

제삼은, 너는 너의 하나님 여호와의 이름을 망령되이 일컫지 말라.

제사는, 안식일을 기억하여 거룩히 지키라.

제오는, 네 부모를 공경하라.

제육은, 살인하지 말지니라.

제칠은, 간음하지 말지니라.

제팔은, 도적질하지 말지니라.

제구는, 네 이웃에 대하여 거짓 증거하지 말지니라.

제십은, 네 이웃의 집을 탐내지 말지니라.

나 여호와가 존재함을 믿는 그 자체가 구원의 길에 들어서는 기본이요, 근본이며, 나의 새로운 성경을 가슴에 안고 정독하는 자, 반석 위에 서서 하늘에 오르는 찬란한 빛을 보게 되는 영광을 얻게 됨이니라. 진정 나를 따르고 믿는 자는 감히 사탄이나 마귀도 근접하지 못하느니라.

〈하나님 말씀〉

2003년 10월

7,953 번째 하나님 말씀

2003년 10월 15일 18시 11분

1 사랑하는 나의 아들아!
2 "네, 아버님! 말씀하옵소서."
3 성경의 그 모든 가르침은 비유의 뜻으로써 세상에 전해져 있음이니, 비유로써 나의 아들이 내 뜻을 전한 그것을 제대로 아는 자가 없으며, 그를 이해하는 자가 없으며, 제대로 내 뜻을 반영시키는 자가 없음이니라.
4 그러니 그 지도자라는 자들이 그를 깨우칠 수 없으니 그것은 무엇이던가?
5 그들의 마음이 혼탁하고 타락되었으며 욕심의 죄의 뿌리가 그득히 차 있기에 그들은 나의 성경의 비유를 제대로 가르치지 못하며 알지 못하는 그와 같은 형국이 되어 있음이니라.
6 그리하여 내가 그것을 깨우쳐 주며 너희가 비유의 뜻을 바로 이해할 수 있게 하려고 나의 법전에 상세히 풀어 세세히 적어 세상에 지금 내려보내는 것이 나의 160권의 법전임을 알라.
7 이는 내가 너희를 사랑하는 마지막 선물이니라.
8 너희가 성경의 뜻을 모르니 악과 선을 구분하는 그와 같은 지혜도 없으며 성서의 비유된 그 뜻을 제대로 알지 못하니, 이것이 악인가, 저것이 선인가, 악과 선을 놓고 구분하지도 못하는 것이 오늘의 종교 집단이요, 지도자들이니라.
9 비유의 뜻에 숨어 있는 그 뜻을 알지 못함이니, 눈에 보이는 것만 알고 그 뒤에 있는 세 단계 높이 있는 그 뜻을 모르는 것이 너희이니, 그리하여 내가 악과 선을 구분할 수 있도록 나의 법전에 명시하여 너희에게 내려보내느니라.
10 그리하여 2천 년 동안 지금과 같은 형국이 되어 버렸으며, 법전으로 선과 악을 구분하는 그 지혜를 너희에게 주고자 하여 내가 나의 아들을 통하여 이 역사를 하거늘,
11 이를 사탄이요, 사악한 자라 하여 보지 아니하고 듣지 아니하는 자는 선과 악을 구분하지 못함이니라.
12 너희는 지금 선을 행하는지 악을 행하는지를 모르니, 너희가 심판대에 와 정녕 그것이 모두 명확히 밝혀질 때, 너희의 그 황당한 모습이요, 어찌할 줄 모르는 그 불쌍한 모습을 내가 두 번 다시 보지 아니하려고 오늘의 그 역사를 이루는 은혜에 감사함을 알아야 할 것이니라.
13 지금 너희가 참진리의 길이 아니면 아무리 사랑을 베풀며 정의로움이요, 나누며 산다고 그리 말해도, 너희가 하는 것은 모두 다 허상을 따라가는 것임을 알아야 할 것이니라.
14 너희가 참진리요, 나 여호와의 뜻이요, 성령이 가슴에 심어져 역사할 때, 너희가 베푸는 사랑은 깊이가 있는 사랑이요, 참사랑이요, 진정한 사랑이

요, 진정한 정의로움이요, 진정한 나
눔이니라.
15 계산된 것이요, 어떠한 속셈을 가지고
사랑하며 나누는 것은 아님이니라.
16 그것은 참진리가 없는 속에서 가식적
인 행동이요, 가식의 행동을 하기 때
문에 모두 허상을 따라 살아감이니,
17 너희가 이 소중한 육의 삶을 허상을
따라 살다 나에게 왔을 때, 그 모두가
잘못되었음을 알고 낙담하는 모습을
너희가 한번 상상해 보라.
18 그는 감당키 어려운 고통임을 알라.

7,954 번째 하나님 말씀

2003년 10월 15일 18시 15분

1 사랑하는 나의 아들아!
2 "네, 아버님! 말씀하옵소서."
3 너를 따르는 제자들이요, 나의 법전을
읽고 깨우친 소중한 나의 선택된 아들
딸, 너희는 모두를 다 뛰어넘는 용기
와 자신과 패기가 있지 아니하면 아니
됨이니라.
4 너희는 모두를 다 뛰어넘어 하나라 생
각하는 그 마음이 있을 때, 모두 다 역
사함이니라.
5 이 세상의 모든 백성을 다 하나라 생
각할 수 있는 그 선을 뛰어넘어서 세
상을 볼 때, 모두가 다 이루어질 수 있
음을 너희는 알아야 할 것이니라.
6 너희가 하나의 나의 아들딸이라는 위
대한 선을 뛰어넘지 못하면, 너희는
선악의 관계를 구분할 수 없으며, 선
악의 관계를 넘지 못하는 자가 됨이니
라.
7 너희가 선과 악의 그 관계를 뛰어넘는
그와 같은 자세가 되지 아니하였을
때, 너희 마음속에는 욕심이라는 것을
벗어나지 못하고 있음이니,
8 바로 그 욕심의 죄를 짓지 않을 수 없
으며, 죄를 넘을 수 없는 자는 파멸이
요, 멸망이라는 것을 너희는 잘 알고
있지 않으냐?
9 너희는 여기서 이제 넘어야 할 것이
니라.
10 너희는 모두 다 한 형제요, 한 몸이요,
한 핏줄이라 생각하며, 그 마음 하나
로써 이 세상에서 너희를 저주하며 미
워하는 자, 그리고 과거의 삶이요, 오
늘의 어렵고 힘든 삶의 인간관계를 모
두 다 하나라는 마음으로 뛰어넘어 그
선을 넘어서 봐야 할 것이니라.
11 거기에는 악도 없으며 선한 것도 없으
며 분한 것도 없으며 미워하는 것도
없으며 소유하고 싶은 것도 없으며 챙
기고자 하는 것도 없으며, 모두 다 비
워짐이니,
12 너희는 하나라는 그 선을 넘도록 하
라, 사랑하는 나의 아들딸들아!
13 그 선을 넘지 아니하면 아니 됨이니라.
14 그를 그들에게 가르치라, 나의 아들아!
15 그리고 내가 펴고자 하는 것, 진정한
나의 사랑의 의미가 무엇이며 내가
역사하는 것이 무엇인지를 모두 알게
됨이니라.
16 그때만 너희가 진정 하늘에 오르는
길을 볼 수 있으며,
17 하늘에 오르는 길에 그 역사함이 무엇
이며 너희가 나로부터 은혜 받은 것
이 무엇이며 나의 피조물 만백성들이

믿음의 길을 가는 그 백성이 무엇을
잘못 가고 있으며 무엇을 바르게 가며,
18 그리하여 그들을 바로잡을 것이 무엇
이며 어느 곳에서 그들을 다스려 나갈
것인가, 그것을 모두 깨닫고 알 수 있
는 것이니라.
19 너희는 한 형제요, 하나요, 나의 분신
이라 그리 생각하며 만백성들을 똑같
이 보는 그 마음의 선을 넘어야 함이
니,
20 그 선을 뛰어넘지 못하면 너희가 선
악을 구분하지 못하며 선악에서 벗어
나지 못하며 욕심을 버리지 못함이니,
21 그 죄의 온상의 뿌리를 뽑지 못하게
되기 때문이니, 너희가 무너지고 쓰러
질 수 있음을 알라.
22 모두를 다 뛰어넘을 때 나 여호와의
사랑을 알게 되니 그리 알라, 사랑하
는 나의 아들딸들아!

7,955 번째 하나님 말씀

2003년 10월 15일 18시 19분

1 사랑하는 나의 아들아!
2 모든 종교 집단이요, 지도자들이 어찌
착각하고 있는가?
3 너희는 그리 말하고 가르치느니라.
4 이 세상 나의 피조물 만백성들이 악한
사람이요, 선한 사람이요, 그 사람들
을 구분할 것 없이 나 여호와는 똑같
이 하늘의 빛을 비추어 주며,
5 옳은 일을 하는 사람이든 옳지 못한
짓을 하는 자든 선한 짓을 하든 어떠
한 악한 짓을 하든, 모두 다 내가 똑같
이 빛을 비춰주며 비를 내려 너희가
살아갈 수 있도록 그리 존재한다 함이
니라.
6 그리하여 그와 같은 뜻을 나의 피조
물 만백성에게 어찌 가르치는가?
7 인간은 이 세상에서 살면서 아무리 착
한 일을 하며 선한 일을 한다 해도, 죽
어서 천국을 가고 안 가는 것, 그리고
악과 선에 의해서 행함에 따라서 천국
에 가느냐 지옥에 가느냐 하는 그와
같은 시시비비를 하는 것은 어리석은
자들이라 그리 말하고 가르치는 자들
이니라.
8 오로지 믿기만 하면 모두를 다 뛰어넘
을 수 있으며 넘을 수 있다고 가르치
는 것이 너희가 아니던가?
9 그것이 바로 오늘의 너희 믿음이니라.
그리하여 너희가 그와 같이 말하느니
라.
10 창조주 하나님께서 악한 자 선한 자
할 것 없이 내가 똑같이 어떠한 사람
이든 빛을 내리며 물을 내려 너희를
살게 함이니,
11 사람이 살면서 착한 일을 하면 죽어서
천국에 가며 살면서 악한 일을 하면
지옥에 간다는 그와 같은 부질없는 생
각을 지워 버리라고 단상에서 외치고
가르치는 것이 너희가 아니더냐?
12 그저 믿음뿐이라 그리 말하느니라.
13 그러면서 너희는 뭐라 말하느냐?
14 그는 창조주 나를 모르는 자요, 그리
고 거짓된 행위를 하는 자요,
15 육의 세상에서 잘못 살고 잘 사는 것
으로써 천국과 지옥을 구분한다고 전
하는 자는 사악한 자요, 나 여호와의
뜻을 거역하는 자들이라 그리 말하고

가르치지 않는가?
16 선을 행함으로써 악을 제거할 수 있으
며 선을 많이 행함으로써 악에 대한
대가를 치를 수 있으며, 상계되어 악
보다 선이 많을 때 나로부터 은혜를
받는다고 말하는 자는 사탄이요, 사악
한 자요, 잘못 가르치는 자라 너희가
그리 가르치고 있지 않은가?
17 인간의 능력으로써는 할 수 없으며 인
간의 능력으로써는 구원을 받고 못 받
는 그 모두를 이룰 게 없으니, 할 수
있다는 것은 거짓된 행동이라 그리 말
하고 가르침이니라.
18 그러나 너희는 여기서 깨우쳐야 할
것이니, 너희가 나의 피조물 만백성들
에게 전하기를, 나는 너희에게 누구나
똑같이 관계없이 빛을 내리며 물을 내
려 살게 하기 때문이라는 것을 강조함
이니라.
19 그리하여 믿음을 가고 안 가는 것만
중요하다 생각하느니라.
20 그리해서 인간의 능력으로써는 역사
할 수 없다고 말하느니라.
21 그러나 너희는 여기서 알아야 할 것
이니라.
22 나 여호와가 이 세상에 옳고 그르고
선하고 악한 자 없이 모두 빛을 비추
어 주며 비를 내리는 것은 당연히 맞
느니라.
23 그러나 그를 받아먹고 살고 성장하는
그 과정에서 어떠한 결과로써 성장하
느냐 하는 것이 중요함을 알라.
24 내가 똑같이 내리는 그 빛이요, 물을
받아 단비를 받아 살면서 계속 악으로
써 싹을 심는 자와 선한 씨앗을 심는
자, 그것이 바로 심판의 기준이라는
것을 알라.
25 내려보내 주고 비춰 주는 것은 똑같이
내가 너희에게 하나, 그를 받아서 어
찌 쓰며 어찌 활용하며 어찌 살아가며
어찌 변하느냐 하는 것으로써 심판을
받는다는 그 무서운 이치를 모르는 자,
26 오늘의 어리석은 백성 너희가 있기
때문에 나의 사랑하는 피조물 만백성
들을 지옥으로 이끌어 가는 그와 같은
역사가 이루어짐이니라.

7,956 번째 하나님 말씀

2003년 10월 15일 19시 04분

1 사랑하는 나의 아들아!
2 "네, 아버님! 말씀하옵소서."
3 내가 너에게 일러 전했느니라.
4 이제 사탄의 시대요, 저희가 얼마 남
지 아니한 것을 스스로 알고 있음이
니, 그들이 어떠한 수단과 방법을 동
원해서라도 너희를 존재하지 못하게
하며 하늘의 빛이요, 참진리가 세상에
내려오지 못하도록 그들이 할 것이니,
5 지금까지는 이 세상의 모든 종파들이
서로 저희가 적과 같이 생각하며 정
적같이 생각했으며 죽기 아니면 살기
로 서로 박대하며 등한시하며 정적같
이 생각했던 그 모든 종파가,
6 이제 하나씩 스스로 힘을 합치며 하
나씩 손을 잡기 시작하는 괴변의 괴상
한 역사가 지금서부터 이루어지기 시
작할 것이니라.
7 이는 그들이 잘못된 자들이요, 사탄이
요, 저희가 무너짐을 알며 이 세상에

존재할 수 없으며 창조주 나 여호와
의, 저희가 감당할 수 없는 그 힘이 다
스리고자 옴을 그들은 알고 있기 때문
이니라.
8 그리하여 오늘날까지 서로 협조하지
아니하며 서로 제 것이 최고며 남은
적이라 생각했던 그들이, 이제는 스스
로 손을 잡고 하나가 되어야 하며 그
리고 진리가 다르다 해도 같이 어울려
겸상하는 그와 같은 기이한 현상으로
써 변화되는 그 역사가 지금서부터 시
작될 것이니라.
9 그들은 그와 같이 하지 아니하면 절
대 존재할 수 없으며 저희가 지탱할
수 없다는 것 서로 싸우고 서로 엇갈
리는 그와 같은 형태에서는 존재할 수
없다는 것을 알고 있기에 그들은 그와
같은 길을 선택하느니라.
10 그러나 거기에 정녕 진정한 진리요,
아름다움이 있는가?
11 각자 성씨가 다른 자가 한 성씨라 모
인다 해도, 제 부모로부터 받은 성씨
를 버리고 그 뜻을 따르겠는가?
12 항상 제 성씨가 앞에 가기를 바라며
제가 존재하기를 바라는 것이 그들이
니라.
13 그러나 그들은 무너지며 이제는 쓰러
질 것을 알고 있으며 더 이상 저희의
힘으로 지탱할 수 없는 보이지 않는
무서운 어떤 힘이 밀어닥침을 알기에,
14 그나마 성씨가 다른 자들이 모여서 하
나인 체 하지 아니하면 존재할 수 없
는 괴이한 현상이 세상에 생길 것이
니라.
15 그러나 그들은 결코 오래갈 수 없음
을 너희는 알아야 할 것이니라.
16 지금 나의 법전이 세상에 내려오니,
너희가 나의 법전을 세상에 전하며 그
와 같이 그 법전들이 역사하는 것, 그
보이지 않는 그 힘이 이루어질 것이니
너희는 그를 알라.
17 그러니 나의 법전이 160권이 세상에
나왔을 때는 그 속도에 가속이 붙을
것이며, 변화되는 것은 말할 수 없을
것이니라.
18 그와 같이 괴이한 현상으로써 변화되
기 시작하는 그 자체가 지금 저희 자
신이 잘못되었음을 인정하는 것임을
너희는 알아야 할 것이니라.
19 어제까지만 해도 저희가 적으로 생각
하던 자들이 오늘 한 식구라 하여 손
을 잡는다 하면 정녕 저희가 최고라
했던 그 자체가 잘못된 것이며 저 자
신을 부정하는 것이 아니더냐?
20 저희가 하나가 되어 하나의 힘을 역
사할 때 그것이 큰 힘을 이룰 것이라
생각하나 그것은 서로 불씨의 싹을
안고 있기에 그들이 무너짐이니라.
21 그러니 오합지졸의 모임이 될 것이며,
그것이 저희 스스로 무너지기 시작하
는 것을 자초함임을 알라.
22 정적으로 생각하던 자들이 같이 먹고
춤추며 같이 대화하고 웃고 하는 그
속에 지금까지 왔던 그 믿음이요, 저
만 최고요, 제 것만 하늘에 오르는 길
이요, 창조주의 뜻이라 했던 것을,
23 서로 제 것도 아니고 네 것도 아니고
우리는 그렇고 그런 밀가루 반죽하여
빵을 만드는 자들과 똑같은 자라 인정
하는 것이며,

24 그 길을 자초하는 것이 조금만 더 기
다리면 그 괴이한 현상이 터지는 그
변화를 알게 될 것이니 그리 알라.

7,957 번째 하나님 말씀

2003년 10월 15일 19시 08분

1 사랑하는 나의 아들아!
2 **"네, 아버님! 말씀하옵소서."**
3 예수가 성서에 기록하여 그 제자들에
게 깨우쳐 주기를, '너희는 반석 위에
내 교회를 세우게 될 것이니라.
4 그러니 너희가 반석 위에 내 교회를
세울 때 어떠한 음모도 어떠한 권세도
이를 이기지 못할 것이니라.' 하였으
니,
5 그 명령을 들은 그 제자들이 과연 반
석 위에 예수의 뜻을 따라 손으로 너
희처럼 오늘의 건축물이요, 죄의 온상
인 교회를 지었는가?
6 반석 위에 그들이 그와 같은 교회를
지었는지 너희는 성서를 들여다보며,
지난날 2천 년의 역사를 더듬어 연구
해 봐야 할 것이니라.
7 그렇다면 나의 아들 예수가 반석 위에
쓰러지지 않는 내 교회를 세울 것이라
했던 것은, 너희처럼 오늘의 손으로
지은 건축물인 그 교회가 아님을 알아
야 할 것이니라.
8 나의 아들 예수가 그와 같이 말하는
것은, 너희에게 그 반석 위에 교회를
지으라 함이 아니니,
9 그 제자들이 그 뜻을 따르지 아니함이
아니요, 그 제자들은 나의 아들 예수
가 전한 뜻을 알고 있기 때문이니라.
10 반석 위에 손으로 지은 교회가 아니
요, 나의 아들 예수가 전하는 그 성령
이요, 예수가 전하는 그 가르침을 받
아들이고 이해하는 백성은 비바람이
몰아쳐도 끄떡없는 반석 위에 교회를
짓는 것과 같다는 비유의 가르침이요,
그 의미임을 너희는 알아야 할 것이
니라.
11 이 세상에서 제일 크고 아름다운 교회
를 짓는 것이라면 지금 나의 아들이
재물이요, 모두를 주며 그를 역사하지
않겠는가?
12 그러나 나의 아들은 그리 아니 하느니
라.
13 그는 너희 가슴에 있는 교회요, 너희
가슴에 위대하고 찬란한 성전을 짓기
를 바라는 것이며 그리 짓기를 가르칠
것이니라.
14 바로 나의 아들 예수가 반석 위에 교
회를 지으라는 것을 듣는 것은 나의
성령이요, 나의 가르침을 듣는 것이니,
15 그것을 받아들여 가슴에 심는 자는 비
바람이 몰아쳐도 무너지지 않는 반석
위에 단단한 집을 짓는 슬기로움을 얻
는다는 그 비유의 뜻이거늘,
16 지금의 모든 종교 집단이요, 지도자들
이 과연 어찌하던가?
17 이를 그들은 악용할 대로 철저히 악용
하느니라.
18 정녕 저희가 손으로 짓는 그 교회가
단단한 반석 위에 짓는 교회요, 무너
지지 않는 교회요, 견고한 교회요, 방
대한 교회만 나에게 축복을 드리는 교
회며 나에게 은혜를 받는 길이라 그리
생각하고,

19 지금 나의 피조물 만백성들을 그리 이
끌어 가며, 더 큰 교회를 지으려고 혈
안이 되어 있는 것이 아니던가?
20 그러면서 그와 같이 역사하는 것이
나를 기쁘게 하는 것이며 나의 아들
예수의 그 죽음에 보답하는 길이라 찬
양하며 기도하며,
21 그를 지으려고 수단과 방법을 가리지
아니하고 나의 사랑하는 백성으로부
터 모두를 거둬들이는 그와 같은 행위
를 하고 있지 않은가?
22 그것이 지금 성서의 비유를 모르며 성
서의 가르침을 모르는 것이니라.
23 이를 가지고 그와 같이 가르치는 자는
그러기에 성서의 비유요, 내가 원하는
그 뜻을 알지 못함이니라.
24 그리하여 내가 오늘의 나의 아들을 시
켜 160권의 법전의 역사를 이루는 것
은 불가피한 일이며 어쩔 수 없는 현
실임을 알라.
25 너희는 여기서 가르쳐 주라.
26 나의 아들 예수가 내 교회를 반석 위
에 지을 것이라 그리 말했다면 그를
따르는 그 제자들이요, 그를 추종했던
그 백성이 그를 역사했을 것이니라.
27 그러나 지금 너희처럼 손으로 짓는
죄의 온상인 교회를 짓고자 하는 것이
아니요,
28 성령을 받아들이는 것, 그리고 그대로
행하는 것, 예수의 가르침을 그대로
복종하고 순종하는 그것이 곧 반석 위
에 짓는 위대한 교회라는 뜻임을 이제
는 알아야 할 것이며 이해해야 할 것
이니라.
29 거기에 다른 이유가 없으며 다른 뜻이
없음을 너희는 알라.

7,958 번째 하나님 말씀

2003년 10월 15일 19시 12분

1 사랑하는 나의 아들아!
2 그러하니라.
3 내가 전한 그 비유의 뜻을 모르니, 나
의 아들 예수가 가르친 그 말뜻을 모
르며, 그대로 행하고 사는 그와 같은
백성이 없었음이니라.
4 그리하여 나의 아들이 전하는 그 뜻을
행하고 그대로 삶을 사는 것이 바로
반석 위에 단단한 집을 짓는 것이며,
비바람에도 무너지지 않는 집을 짓는
슬기로움이요, 의로움을 얻는 것이라
하였음이니라.
5 그러나 그 뜻을 이해하지 못하는 지금
의 종교 지도자들이 과연 얼마나 어리
석은 가르침을 가르치고 있는지 알겠
느냐?
6 지금의 모든 종교 집단 지도자는 나의
뜻을 세상에 전하는 그와 같은 역사를
하는 것이 아니요,
7 인간의 간교한 방법으로써 종교 지도
자 너희 것으로 모두 만들어 변질되
어 변화되도록 가르치는 것이니라.
8 그들은 정녕 나의 성경에 기록된 그
비유의 뜻이요, 그 깊이를 알 수 없기
에, 가장 나의 뜻에 따라 내 뜻을 역사
하는 것이라 가르치는 그들의 그 가르
침이 인간의 간교한 수법으로 전락 되
었으며,
9 종교 지도자가 제 것으로써 만들어 그
저 제 생각을 전하는 이와 같은 형국

이 오늘에 이루어졌음을 알아야 할
것이니라.
10 너희가 정녕 나 여호와의 뜻을 알았으
며 내가 역사하는 것을 알았으며, 나
의 아들 예수가 반석 위에 짓는 교회
라는 그 뜻 하나라도 알았더라면,
11 내가 나의 아들 예수를 통하여 사랑의
불꽃을 활활 타도록 이 지상에 역사하
고자 했던 불꽃이 지금쯤은 이 세상에
타올랐을 것이며, 그 불꽃 아래 나의
피조물 만백성들은 천사와 같은 삶을
살았을 것이니,
12 오늘과 같이 너희가 말하는 도둑이
들끓는 세상이요, 종말의 시대가 이루
어지지는 아니했을 것이니라.
13 그러나 내가 태우고자 했던 그 불꽃
을 꺼 버렸으며, 그게 타오르지 못하
도록 한 것이 너희이니라.
14 그러니 너희는 사랑의 불꽃을 꺼지도
록 했으며, 사랑의 불꽃을 지피지 아
니하였으며, 그 불꽃이 하릴없이 꺼진
형국을 이루었음이니,
15 나 여호와가 이루고자 하는 그 아름
다운 사랑이요, 큰 사랑의 뜻이 실천
되지 아니하여 오늘의 이 세상이 이와
같이 허물어졌으며, 험악한 세상이 되
었음을 알아야 할 것이니라.
16 나 여호와가 오늘 나의 아들을 통하여
너희로 하여금 나의 법전을 글로써 책
으로 만들어 전하는 그것이 무엇인 줄
알겠느냐?
17 내가 나의 아들을 통하여 훨훨 태우고
자 했던 그 꺼진 불꽃을 다시 살리고
자 하며, 그 불꽃으로써 이 세상을 모
두 다 덮고자 하는 것이 나 여호와의
뜻이니라.
18 그리하여 마지막 너희에게 단 한 번
의 기회를 주어 제3의 시대를 열기 위
하여 나의 법전을 만드는 그 역사가
지금 시작됨이니,
19 그리하여 너희가 소중한 것이고 나의
뜻이 소중하다 함을 알아야 할 것이
니라, 사랑하는 나의 아들딸들아!

7,959 번째 하나님 말씀

2003년 10월 15일 19시 16분

1 사랑하는 나의 아들아!
2 "네, 아버님! 말씀하옵소서."
3 내가 내려다보기도 소중한 나의 아들
을 따르는 제자요, 선택된 나의 아들
딸들에게 그리 전하라.
4 너희가 나에게 오르고자 하며 나에게
역사하는 것은, 내 사랑 속에 존재해
야 하며 그 사랑 속에 머물러야만 너
희가 나에게 오르는 길이 아니더냐?
5 인간관계의 세상 속에서 부모의 눈 밖
에 난 자, 부모를 거역하는 자가 과연
그 부모의 유업을 받을 수 있으며 그
유산을 받아 역사할 수 있는 그와 같
은 일이 이루어지겠는가?
6 너희는 알아야 할 것이니라.
7 나 여호와의 품속이요, 내 안에서 사
랑하며 내 사랑 속에 있는 것은, 내가
직접 써 내린 십계명이요, 나의 율법
을 지키고 사는 것만이 내 사랑 안에
있으며 내 품 안에서 너희가 존재한
다는 것을 잊어서는 아니 될 것이니라.
8 내가 직접 써 내린 나의 십계명이요,
지금 내가 나의 아들을 통하여 마지막

시대에 너희가 심판을 받는 나의 법
전 속에 살지 아니하며 이 속에 머무
르지 아니하는 자는 내 사랑 속에 머
무는 자가 아니요, 내 가슴에 머무는
자가 아니니,
9 너희가 새로운 생명으로써 태어날 수
있는 그와 같은 역사가 이루어질 수
없음을 알아야 할 것이니라.
10 그러니 이제 너희를 따르는 그 제자
요, 나의 법전을 읽고 깨우친 백성이
요, 그리고 모든 너희 이웃 형제에게
전하라.
11 나 여호와로부터 하늘에 오르는 영광
을 얻으며 나에게 오르고자 한다면,
내 품 안이요, 내 사랑이요, 내 뜻을
따르는 것이 가장 중요함이니,
12 바로 너희가 나의 계명을 지키고 사
는 것이 내 품에 있는 사랑이요, 내 가
슴 안에 있는 것이요,
13 내 품을 떠나서 내 사랑의 품 안을 떠
나서 너희는 나에게 절대 올 수 없으
며 역사할 수 없는 것이며, 생명이 다
시 태어날 수도 없으며 거듭나는 역사
도 있을 수 없다는 것을 그들에게 전
해 주라.
14 너희는 어찌하여 이와 같이 간단한
이치를 모르며 이와 같이 간단한 가
르침을 모르는가?
15 이는 다 너희가 욕심이라는 것을 버
리지 못하며, 그 욕심의 죄로써 너희
자신을 다 둘러싸고 있기에 그 간단한
이치 하나를 모르는 것이니라.
16 이제 너희가 축복받은 백성이라 함을
알겠느냐?
17 너희는 내 사랑이요, 내 품 안에서 지
금 존재하며, 너희가 아직 미완성인
나의 백성이라도 내 품 안에서 내 사
랑 속에서 내 사랑을 먹으며 내 마음
을 지금 받으며 살아가고 있기 때문에,
18 바로 그와 같이 변할 수 있는 그 역사
가 이루어지는 것이 너희라는 것을
잊어서는 아니 될 것이니라.
19 이제는 나의 법전을 접하고 공부하고
깨우치지 아니하는 백성은 내 사랑을
떠난 자요, 내 품을 떠나서 사는 백성
이라는 이 무서운 엄연한 사실이 세상
에 드러날 날이 머지않았음이니라.
20 이제 십계명을 기초로 하며 나의 율법
을 기초로 하며 나의 법전이 역사하는
시대가 올 것이니 그리 알라.
21 그때 너희는 이를 보고 알게 될 것이
니라.
22 그러나 그때도 깨우치지 못하는 백성,
그때도 고집이요, 아집만을 부리는 그
백성, 그것은 너희 몫이 될 것이니 그
리 알라.

7,960 번째 하나님 말씀

2003년 10월 15시 20시 42분

1 사랑하는 나의 아들아!
2 "네, 아버님! 말씀하옵소서."
3 내가 너희에게 전함이니라.
4 너희가 나 여호와의 참진리의 길을
가고 못 가는 것은, 내가 오늘 너희에
게 깨우쳐 주는 이것으로써 마음이
흔들림이 있어서는 아니 될 것이니라.
5 나 여호와의 음성은 딱 하나요, 나의
아들 예수도 그 음성이 또한 하나이니
라.

6 그러니 나의 아들 예수가 세상에 전했
으며 그 뜻을 따른다는 그 백성이 목
소리요, 음성이 갈기갈기 다 찢어졌으
며 서로 다른 소리를 낸다 하면,
7 이것이 나 여호와의 뜻이요, 나의 아
들 예수를 통하여 역사하고자 하는
그 길을 가는 백성이라 그리 말할 수
있겠느냐?
8 지금 성서를 놓고 공부하며 가르친다
는 너희가 갈기갈기 찢어졌음이니, 그
게 다 제 목소리요, 스스로 다 제 목소
리를 가지고 그들이 지금 설치고 있음
이니라.
9 그러니 그것 하나로써 너희는 다 잘
못되었으며, 나 여호와의 뜻과는 관계
없는 그와 같은 믿음의 길을 가는 자
라 함을 여기서 알아야 할 것이니라.
10 정녕 너희가 나 여호와의 뜻이요, 예
수를 통하여 역사하고자 하는 그 길
을 왔다 하면, 너희는 한목소리로 한
뜻으로써 모두 다 이루어졌어야 할
것이거늘,
11 너희는 목소리가 다 각자 다르며 그
울부짖는 것이 다 다름이니라.
12 그러니 나의 법전을 나의 아들을 통하
여 세상에 내려보냄이니,
13 너희 제자들도 그와 같이 천 갈래 만
갈래 갈라질 것 같으나 너희는 갈라
짐이 없음이니라.
14 오로지 내가 내린 나의 성령이요, 그
뜻을 거기에 읽고 깨우침으로써 다 알
아들을 수 있으며 이해할 수 있으며,
15 가장 기초적이요, 성서의 비유를 너희
가 다 알 수 있도록 풀어서 내가 내린
모든 답변서가 거기에 있기 때문에,
16 나의 법전을 읽고 깨우치는 백성 너희
는 두 갈래 천 갈래 여러 가지 음성이
요, 목소리를 낼 수가 없으며, 그를 내
서는 그 누구도 존재하지 못함이니라.
17 이는 무엇인 줄 알겠느냐?
18 나 여호와가 직접 관장하며 주관하기
에, 모든 정답이요, 참진리를 여기다
기록하여 내렸기 때문에,
19 두 말이 있을 수 없으며 두 음성이 있
을 수 없다는 것을 너희는 알아야 할
것이니라.
20 그리고 너희는 이를 지키지 아니하면
존재할 수 없으며 역사할 수 없도록
모두 풀어서 내린 나의 법전이기에,
너희 제자들은 두 목소리요, 두 답이
나올 수가 없음이니라.
21 그러나 지금 모든 종교 집단은 나의
아들 예수를 한 음성이요, 한목소리로
역사한 것이 아니라,
22 헤아릴 수 없이 갈라져 있으며, 그리
고 모두 각종 음성을 내고 있으며 각
자의 소리가 다 다르게 천 갈래 만 갈
래 갈라진 그것으로써 오늘의 그 믿음
이요, 너희가 가는 그 신앙은 나의 뜻
이 아니라는 것을 오늘 여기서 굳게
가슴에 새기며,
23 두 번 다시 이 문제를 가지고 생각하
며 의혹하며 의심하는 마음을 가져서
는 아니 될 것이니 그리 알라.
24 너희가 마음이 흔들리면 역사함이 뒤
로 물러나는 것이며 뒷걸음질을 하는
그와 같은 오늘의 삶이 되기 때문이니
그리 알라.

7,961 번째 하나님 말씀

2003년 10월 16일 0시 12분

1 사랑하는 나의 아들아!

2 "네, 아버님! 말씀하옵소서."

3 너희는 인간 세상에 살아가면서 시작하는 그 자체가 모든 결과의 반을 역사했다 함이니, 그 시작함을 그리 높이 평가하며 그리 소중히 생각하지 않더냐?

4 그것은 무엇을 의미하던가?

5 너희가 시작한다면, 당대에서 결과를 맺지 못하며 모든 매듭을 맺지 못한다 해도,

6 너희가 시작해 놓으면, 그 터전 위에서 시간이 지나고 세월이 지나면 그 결과는 어떠한 형태로든지 이루어진다는 그와 같은 의미가 또한 포함되어 있지 아니하던가?

7 내가 너희에게 뭐라 말하였느냐, 너희가 죽기 전에 이 세상에서 나의 법전이 진정한 나의 뜻이요, 나의 뜻이 역사함이라는 것을 볼 수 있다 하지 아니하였던가?

8 이제 너희는 시작함을 지나서, 나의 법전 160권 중에 지금 100권이라는 나의 법전을 세상에 만들어 냈음이니,

9 너희가 과연 얼마만큼 더 시간을 기다리고 더 역사하는 것이 160권을 만들어 내는 것이던가?

10 너희는 160권의 마지막 그 160권까지 법전을 만들어 내는 그 시간 동안에 최선의 노력을 다해야 할 것이며,

11 결과의 답을 곧 거기에서 역사한다는 것을 볼 수 있을 것이 아니던가?

12 어떠한 형태든지 그 결과는 이루어짐이니라.

13 '시작이 반'이라는 것처럼 시작해 놓음으로써 너희가 당대에 이루지 못할 것도 후세 사람들이 그 모두를 이루며, 그는 반드시 어떠한 형태든지 갖추어진다는 그 의미가 거기 있다 하지 않더냐?

14 나의 법전도 내가 세상에 하얀 눈이 내리듯이 모두를 덮는다 하였음이니, 160권의 법전이 세상에 나오는 날도 머지않지 않던가?

15 그러니 너희가 오늘의 역사함이요, 오늘의 고달픔이요, 오늘의 그 힘듦에 지쳐서는 아니 될 것임을 알라.

16 160권의 법전 중에 100권이라는 법전을 만들었음이니,

17 시작하는 것이 반이라 하였거늘 너희가 지금 이만큼 많이 달려왔으니, 그 결과가 얼마 남지 않지 아니하였던가?

18 머지않아 그 결과에 대해 오로지 기쁨이요, 그 실패함이요, 슬픔이요, 그 모두가 나 여호와의 주관하에 달렸다 해도, 너희는 어떠한 형태든 그 결과를 볼 수 있는 것이니,

19 너희가 노력하고 고생한 만큼 그 결과를 볼 수 있는 것이 머지않았음이니라.

20 오늘의 어렵고 힘든 그 삶이요, 오늘의 역사함을 기쁜 마음이요, 즐거운 마음으로 달려가는 그와 같은 마음 자세로 가야 할 것이니 그리 알라.

21 너희가 얼마나 영광된 백성이요, 얼마나 축복된 백성이던가?

22 160권이라는 대장정의 법전을 세상에

내보낸다 하였음이니,
23 나의 성령을 역사한 것이 벌써 100권 이니, 이 세상 무엇과 바꿀 수 있겠는가?
24 너희의 생명과도 바꿀 수 없는 소중한 나의 법전 160권을 역사할 것이며 머지않아 그 결과를 다 볼 수 있는 것이니, 너희가 얼마나 축복받고 영광된 백성인가?
25 너희의 오늘의 고통은 짧으나, 너희가 받는 그 영원한 것은 육의 세상에서 너희가 상상할 수 없는 것을 볼 것이며,
26 죽어 와 영원히 사는 그 세상에서 받을 큰 영광이요, 은혜가 문 앞에 와 있으며 너희 발 앞에까지 다가왔음이니, 얼마나 축복받은 백성이며 영광된 백성으로 오늘 가는 길인가?
27 이를 돌이켜 생각할 수 있는 마음 자세를 가지고 너의 제자들이 달려가도록 그리 전하라.

7,962 번째 하나님 말씀

2003년 10월 16일 0시 15분

1 사랑하는 나의 아들아!
2 "네, 아버님! 말씀하옵소서."
3 나의 법전이 과연 무엇이더냐, 그리고 나의 법전은 무엇을 역사하고자 하는가?
4 나의 법전은 만백성 너희를 깨우쳐 하늘에 오르는 그 길로 인도하는 기본이요, 근본이라 하나,
5 또한 너희는 나의 법전의 소중함을 알아야 할 것이니라.
6 나의 피조물 만백성들을 깨우쳐 주며 너희를 참진리의 길로 인도하는 그와 같은 역사를 하는 것이니라.
7 그러나 또한 이 모두는 무엇이더냐?
8 창조주 나 여호와가 존재한다는 것과 천국의 비밀이요, 하늘의 뜻을 모두 다 내가 너희에게 전해 주고 이야기 해 주는 것이 아니더냐?
9 인간 세상에 살아가면서 부모가 어린 자식을 앞에 놓고 옛이야기요, 흘러간 성인들의 이야기를 해 주는 그와 같은 마음 자세요, 그와 같은 형국이 곧 내가 나의 법전을 세상에 내려 줌이요, 너희에게 전해 주는 것이라 그리 받아들이도록 하라.
10 나의 아들을 통하여 내가 너희와 대화하고자 하는 것이며, 내 대화의 뜻을 전함이니라.
11 아무에게나 내가 들려줄 수 없으며 아무나 나의 뜻을 들을 수 없기에,
12 부모가 어린 자식을 놓고 옛이야기를 즐거이 해 주는 것처럼, 나 여호와가 나의 아들을 통하여 너희에게 대화하고 있으며 너희와 교통하는 것이라는 것을 알라.
13 이것이 곧 나의 법전임을 알아야 할 것이니라.
14 그러니 이 법전은 바로 내가 너희 개개인에게 옛이야기를 해 주는 부모의 마음과 같은 뜻으로서, 너희가 바르게 살고 하늘에 오르는 길이요, 구원을 받는 길이 무엇인가를 자상하게 너희에게 들려주는 이야기 책이요, 이야기요, 대화라는 것을 알아야 할 것이니라.

15 비록 내가 법전이라 하여 글로써 만들
어 너희는 책으로 읽으나,
16 이 모두는 다 나 여호와가 직접 너희
에게 옛이야기를 들려주는 그와 같은
형식으로 대화가 이루어지는 것이라
는 것을 알아야 할 것이며, 이게 곧 나
의 법전이니라.
17 부모와 자식 간에 그 부모가 원하는
뜻이요, 또 부모가 성장하는 그 자식
에게 무엇인가를 가르쳐 주며 깨우쳐
주기 위해 들려주는 이야기와 똑같은
것이 바로 나의 법전이니,
18 부모가 자식에게 이야기해 주듯이 그
와 같은 방법으로써 나 여호와가 너희
에게 이야기로써 들려주는 것이며,
19 나의 하늘의 뜻이요, 하늘의 비밀을
너희에게 자세히 가르쳐 줘 너희가
나에게 오를 수 있도록 가르치는 이야
기라는 것을 알라.
20 내가 직접 너희에게 들려주는 이야기
가 곧 나의 법전이요, 새로운 성경이
라는 것을 깨달으라, 나의 사랑하는
아들딸들아!
21 나의 법전이 부모가 어린 아이에게 들
려주는 옛이야기와 같은 이야기를 들
려주는 것이 나 여호와의 심정임을 너
희는 깊이 깨우치도록 그리하라.
22 그러니 그를 잘 듣고 깨우쳐, 내가 요
구하는 것, 내가 원하는 것을 마음속
에 간직하여 그와 같이 사는 자는 나
에게 오를 수 있음을 알라.

7,963 번째 하나님 말씀

2003년 10월 16일 0시 17분

1 사랑하는 나의 아들아!
2 **"네, 아버님! 말씀하옵소서."**
3 수천 년 동안 흘러오는 그 종교 집단
이요, 지도자들로 인하여 나의 사랑하
는 백성이 지금 지옥으로 두 주먹을
쥐고 뛰어가고 또 달려가는 그와 같은
모습으로써 가고 있음을 너희는 아는
가?
4 자연에서 제 마음대로 달리는 그 짐승
들처럼 그리 힘차게 달려가는 것이 바
로 지옥으로 뛰어가는 그 길임을 너희
는 어찌 모른단 말이더냐?
5 너희가 교회라는 곳이요, 성전이라는
곳이 죄의 온상이라 하지 아니하였던
가?
6 사악한 악마들이 거기에 자리 잡고 있
음이니라.
7 그리하여 나의 백성을 한 사람씩 한
사람씩 교묘하게 포획하여 지옥으로
짐승을 끌고 다니는 것처럼 나의 피조
물 만백성들을 그리 끌고 넘겨주는 그
와 같은 가혹한 행위를 하는 것이 너
희며,
8 나의 사랑하는 백성을 유혹하기 위하
여 수단과 방법을 가리지 아니하고 쉬
지 아니하고 혈안이 되어 움직이는 자
들이 지금 바로 종교 집단이요, 지도
자요, 구원을 받아 은혜에 보답한다,
복음을 전한다 하고 다니는 그들의 행
동이며 그들이 행하는 모습임을 알라.
9 지금 나의 백성 너희가 십계명이요,
나의 법전을 정독하며 지키지 아니하

면 모두 끝나는 것이며, 너희에게 아
무것도 존재하는 것이 없으며 남음이
없음을 알라.
10 이제 나의 법전을 읽고 깨우친 백성이
요, 나의 아들을 따르는 제자 너희는
지금 나의 백성이 천국에 가는 길이
라 달려가고 뛰어가는 그것이 지옥으
로 행하여 가는 길이요, 정신없이 뛰
어가는 나의 백성을 구원하지 아니하
면 그 누구도 구원할 수 없음이니 그
리 알라.
11 이것이 오늘에 너희가 존재하는 가치
임을 깊이 깨우치며,
12 나로부터 부름을 받아 그 은혜 속에서
살아감이 바로 이를 위함이라는 것을
알아야 할 것이니라.

7,964 번째 하나님 말씀

2003년 10월 16일 0시 23분

1 사랑하는 나의 아들아!
2 **"네, 아버님! 말씀하옵소서."**
3 수천 년 동안 흘러오는 그 세월 속에
종교 집단 속에 있는 그 지도자들, 너
희 앞에 그 단상에 서서 설교하고 가
르친다는 거룩한 은혜를 받았다는 그
지도자들,
4 과연 그들이 나의 백성이 구원을 받
고자 하는 그 애절한 마음이요, 참진
리를 깨우쳐 무엇인가를 얻고자 하며
나의 뜻에 따라 소원을 이루고자 소망
하는 백성의 그 마음이요, 그들의 그
애절한 욕구의 기본적인 것이라도 과
연 알고 있으며, 그와 같은 욕구가 있
음을 알아볼 줄 아는지,
5 나 여호와가 보는 너희 행동은 의심스
럽기 끝이 없느니라.
6 그 장소요, 그곳에 모여 있는 나의 백
성이 구원을 받고자 하며 참진리의
길을 가고자 하여 애절한 마음으로써
그 장소에 와 앉아 있는 그들의 그 모
습을 너희는 그대로 바라보는 그 마
음의 자세가 되어 있는가?
7 거기에 한 점의 부끄럽이 없는 양심적
인 자세로 서 있으며 설교하는 종교
지도자이던가?
8 변화의 역사와 나 여호와의 참뜻을 알
고 깨우쳐 배우고자 하는 그 장소요,
그 시간에 앉아 있는 나의 사랑하는
백성의 그 모습에,
9 과연 거기에 보답하는 가르침을 전하
며, 그들이 무엇인가를 이루고자 하는
애절한 마음으로써 너희 앞에 와 앉
았다 그 소중한 백성을 그리 생각하
는가?
10 너희는 그들을 보는 마음이 어떠하던
가?
11 나 여호와가 보는 너희가 그들을 바
라보는 마음은 어떠하던가?
12 어리석은 죄인들이라 생각하며, 그리
하여 나의 사랑하는 백성을 소유물이
요, 너희 욕구를 채우기 위해 그저 어
리석게 앉아 있는 중죄인들이라 그리
생각하고 있지는 아니하는가?
13 그리하여 너희는 이를 활용하고 이용
할 때까지 이용하며, 필요할 때까지
쓰고 사용하는 소유물처럼 생각하는
자는 없는가?
14 그와 같은 마음을 가진 것이 바로 너
희이니라.

15 그들이 구원을 받고자 하는 애절한 마음이요, 그 애절한 소망을 위해서 무엇인가를 이루어 주고 역사한다는 그와 같은 생각을 하는 것이 아니요,
16 그저 너희의 소유물이요, 너희의 욕구를 채우기 위해 앉아 있는 자들이요, 그리고 원죄라는 굴레를 벗어나지 못하고 죄인이 되어 죄인처럼 앉아 있는 그들의 머릿수를 세면서,
17 그 불쌍한 백성을 중죄인들이라 우롱하며 그늘진 곳에서 교활한 웃음을 짓는 것이 종교 집단 지도자의 행태요, 너희 모습이 바로 그러하니라.
18 너희는 그렇지 않다 말하나, 너희가 교회를 사고팔 때 나의 백성의 머릿수를 계산하는 자들이 아니던가?
19 그러니 나의 사랑하는 백성을 그리 보는 죄는 너희가 감당키 어려울 것이라는 것을 머지않아 그를 알게 될 것이니라.
20 이제 변하고자 노력하는 그 꿈을 가진 나의 백성을 그와 같이 도구로 소유물처럼 생각한 그 죄는 영원히 사는 그 세상에서 그것이 얼마나 두렵고 무서운 것인가를 너희는 알아야 할 것이니라.
21 사랑하는 나의 아들딸들아!
22 그와 같은 자 앞에 가 소원을 빌며 무엇을 이룬다 하여 이루어질 것이 없으며 너희 손에 남는 것이 아무것도 없음을 알라.
23 그러니 소중한 너희 인생의 거듭날 수 있는 그와 같은 삶을 그들에게 넘기는 어리석은 삶을 살지 말라.
24 너희는 알게 될 것이니라,
25 너희가 얼마나 어리석은 백성이요, 잘못 살아왔는가, 그리고 얼마나 허탈한 길을 왔는가를 알 때는 이미 때가 늦어 있음을 알라.
26 심판대에 서서 너희가 치러야 할 죄목을 하나하나 나열할 때, 너희는 앞이 보이지 아니하는 그와 같은 고통이요, 번뇌 속에서, 그 몸부림 속에서 과연 어떠한 형국으로써 너희가 지옥문을 가는가 그것을 스스로 생각해 보라.
27 그보다 처참하며 그보다 더 비참한 형국은 없는 것이 너희 모습임을 지금 나의 아들을 통하여 너희에게 전함이니,
28 상상하며 깨닫는 것은 너희 몫이니라.

7,965 번째 하나님 말씀

2003년 10월 16일 0시 27분

1 사랑하는 나의 아들아!
2 "네, 아버님! 말씀하옵소서."
3 너희 종교 지도자는 과연 어떠한 형태로 살아가는가?
4 너희는 죄에 대하여 진리대로 살고자, 그리고 죄를 짓지 아니하고 살지 못하는 나의 백성, 그리고 참진리대로 살지 못하여 고민하고 고통스러워하는 나의 백성을 위하여 너희는 무엇으로써 역사했으며,
5 그들로부터 거둬들이는 그 모든 시간과 재물에 대해 무엇으로써 그 대가를 치르며 그들에게 무엇을 전하여 주었는가?
6 너희는 한번 돌이켜 봐야 할 것이니라.

7 너희는 신도라는 그 백성이요, 너희를
따라 구원의 길을 가고자 하는 백성의
삶에 대하여, 그들의 어렵고 힘듦과
그들의 고통을 위하여 과연 얼마나 노
력했으며, 얼마나 들여다보며 그들에
대한 생각을 과연 얼마나 하고 살아가
는 종교 집단이요, 지도자들인가?
8 사랑의 대표자라는 너희의 오늘의 삶
을 들여다봐야 할 것이니라.
9 너희를 믿고 따르며 너희에게 모두를
다 바쳤던 사랑하는 백성, 그들이 어
렵고 힘들 때 과연 너희는 그를 위하
여 얼마나 노력하고 생각했으며, 그
어려움을 더불어 나누고자 그리 생각
했는가?
10 어렵고 힘들 때 너희에게 바친 그 재
물이요, 그 대가만큼 너희는 그들에게
되돌려 주는 그와 같은 행동을 하며
그와 같은 생각을 하며 그와 같은 역
사를 하고 살아가는가?
11 지금의 모든 종교 집단 지도자 너희
는, 너희를 위하여 모두를 바친 그들
이 쓰러져 죽어갈 때, 너희는 그들에
게 아무것도 돌려주는 것이 없으며,
12 냉혹하게 등 돌리고 돌아서는 것이,
너희가 그들에게 주는 선물이 그것뿐
이니라.
13 그러니 거둬들이는 그것으로써 모든
계산은 끝나는 것이며, 그것이 바로
오늘의 종교 집단이요, 지도자요, 나
의 피조물 만백성을 구원하는 길로 인
도한다는 실상임을 너희는 알아야 할
것이니라.
14 이제 너희의 위장된 모습을 더 이상
그리 끌고 가서는 아니 될 것이니라.
15 너희의 위장된 그 모습을 다 벗어 버
리라.
16 그리고 너희 자신의 실체인 벌거벗은
모습으로써 너를 돌아다보도록 하라.
17 그러면 네가 거기서부터 깨달음이 있
을 것이니, 그때부터 다시 시작하는
삶을 사는 그와 같은 변화의 역사를
이루지 아니하면 너희는 영원히 그
대가가 얼마나 힘들고 어려우며 인내
하기 고통스러운 것인가를 알게 될 것
이니라.
18 너희가 모든 실체를 벗어 던지고 벌거
벗은 네 모습을 바라보며 그와 같이
너 자신을 들여다볼 때,
19 너희는 나의 법전이 소중함을 알며 십
계명을 지키고 역사해야 한다는 것을
알며, 십계명은 영혼의 양식이요, 나
의 법전이 너희를 심판하는 나 여호
와의 성령이라는 것을 깨닫게 될 것이
니,
20 너희 자신을 완벽하게 들여다보지 못
하는 그와 같은 상태에서는 아무것도
얻을 수 없으며 구원할 수 없는 것이
오늘의 너희임을 알라.

7,966 번째 하나님 말씀

2003년 10월 16일 0시 32분

1 사랑하는 나의 아들아!
2 "네, 아버님! 말씀하옵소서."
3 지금의 종교 집단 너희는 형식적인 맞
춤이요, 그저 짜인 맞춤에 의하여 신
앙생활을 가는 것이 오늘의 종교 집
단이요, 지도자요, 구원을 받았다 말
하는 백성 너희이니라.

4 너희의 생각이요, 너희 입맛에 의하여
맞춰진 그 교리를 가지고 나 여호와의
뜻이라 그리 전하는 것이 아니던가?
5 지금 나의 피조물 만백성들을 구한다
는 종교 지도자 너희의 그 믿음은 무
엇이던가?
6 신도들의 머릿수와 그날 들어와 모을
수 있는 금화와 은화에 대해 신경을
쓰는 종교 지도자요, 오늘에 그와 같
이 타락된 종교 집단이니라.
7 그러나 너희는 그것이 아니라 그리
말할 것이니라.
8 너희가 그와 같은 믿음으로써 오지 아
니하며 나의 아들 예수가 전하고자 하
던 사랑으로 한목소리요, 한뜻으로 역
사했다면 오늘의 이와 같은 형국은 이
루어지지 아니했을 것이니라.
9 너희는 나의 뜻을 받아들이는 것이 아
니요, 나의 뜻을 거부하며, 오로지 인
간적인 것으로써 인간적인 상태로 잉
태되는 백성으로서 지금까지 연계해
왔으며 지속해 왔음을 너희는 알아야
할 것이니라.
10 인간적으로 인간적인 결과를 생산하
는 것밖에는 지금까지 역사한 것이
없으며, 하나도 이루어진 것이 없음을
너희는 알아야 할 것이니라.
11 인간적인 생산을 하는 것이 아닌 것은
지금까지 이루어진 것이 없음이니, 너
희는 인간적인 신앙이요, 인간적인 결
과에 의한 것을 가지고 시시비비하는
오늘의 신앙의 실체인 것을 너희는
알아야 할 것이니라.
12 너희는 신앙생활이 아니요, 육신의 욕
구를 충족하기 위하여, 모두 그와 같
은 것을 위해서 행동하고 역사하였으
니,
13 그 모든 동기의 시점은 다 인간의 욕
구 충족을 위해 시작된 것이며, 그것
을 위하여 모든 동기는 부여됐던 것이
니라.
14 그러니 그 결과는 무엇이던가?
15 나와는 아무런 관계도 없으며, 영적인
믿음과는 아무런 관계도 없는 그와 같
은 육을 잉태하는 결과만 지금 2천 년
동안 흘러왔기 때문이니라.
16 내가 미리 나의 성서에 기록하여 너희
에게 전한 그 뜻을 알아야 할 것이니
라.
17 육으로 난 것은 육으로써 되는 것이
요, 성령으로써 난 것은 성령으로써
이루어진다 하였음을 너희는 알지 않
는가?
18 지금 너희는 모두 다 육으로써 잉태
하여 육을 생산하는 그와 같은 길을
왔으며, 그와 같은 믿음으로써만 오늘
까지 존재한 것이요, 너희의 신앙의
근본임을 알라 그리 전하라.
19 인간적인 것으로써 인간적인 것을 잉
태하여 생산하는 그와 같은 오늘의 종
교적인 그 믿음이요, 너희의 신앙생활
을 과감히 등 돌려 덮고,
20 나의 법전을 높이 들어 가슴에 안고
정독하는 그와 같은 삶이요, 그를 보
고 지금까지 살아왔음을 회개하고 반
성하며,
21 '진정 이는 창조주의 뜻이요, 창조주
의 말씀이요, 창조주가 이루고자 하는
그 모두가 다 이 법전에 있으며,
22 너희가 지금까지 온 길은 잘못되었으

며, 내가 지도하고 가르친 것은 진정 한 참진리가 아니요, 비진리를 가지고 눈을 멀게 하여 지옥으로 이끌어 가는 그와 같은 역사를 했음이라' 하여 반성하고 회개하는 외침이 있는 자만이 거듭날 기회를 내가 너희에게 부여한다는 것을 절대 잊지 말라.

7,967 번째 하나님 말씀

2003년 10월 16일 06시 41분

1 사랑하는 나의 아들아!
2 "네, 아버님! 말씀하옵소서."
3 너희가 나의 법전을 기록하여 만든다
함이니라.
4 하늘에 오르는 길이요, '하나님! 말씀
하옵소서'라는 이 책은 나의 뜻을 너
희가 글로써 책으로 만들어 낸 나의
법전이 아니던가?
5 나의 법전은 결국 무엇을 말하느냐?
6 하늘의 모든 뜻을 내가 내려보냄이니,
결국 이 세상이 존재하는 동안 영원히
지워질 수 없는 모든 언약을 지금 내
려보내는 것이 아니던가?
7 하늘의 뜻이요, 소중한 하늘의 언약을
내려보냄이니, 이를 받아 기록하고 만
드는 너희는 어떠한 백성이며 어떠한
자로서 살아가야 할 것인가 그 자체
도 지금 깨닫지 못하는 자들이니라.
8 나의 법전이 무엇이던가?
9 나 여호와요, 너희가 말하는 창조주
아버님의 말씀이요,
10 그 말씀이 바로 언약이요, 언약궤를
지금 내가 내려보냄이니라.
11 이것이 바로 성전이니라.
12 너희에게 말하기를, 교회라는 것을 두
어서는 안 되며 성전이요, 성당을 지
어서는 안 되며 그리 관리해서는 아니
된다 하였음이니,
13 내가 나의 아들을 통하여 내리는 이
성령의 뜻은 바로 나의 언약의 말씀이
니, 그 언약의 말씀을 보관하는 곳이
요, 관리하는 곳이 나의 이 성전이니,
14 내가 녹음한 내 음성을 모두 저장해
놓은 그것은 언약궤이니라.
15 그 언약궤를 보관하기 위한 이곳이 나
의 성전이요, 그 집이거늘,
16 이곳에 와 근무하는 자, 이곳에서 깨
닫는 자, 그리고 이곳을 들어오는 자
는 과연 어떠한 마음이요, 어떠한 자
세요, 행동으로써 와야 하는가를 그
자체도 감히 생각지 못하는 너희이니
라.
17 나의 언약이요, 이 뜻은 이 세상이 존
재하는 한 영원히 존재하며, 이것이
앞으로 이루어질 그 역사요, 내가 역
사하는 모두를 기록하여 내려보내는
나의 성전이니,
18 이곳이 어떠한 곳인가, 너희가 과연
생각하는가?
19 그것 자체도 깨닫지 못하는 그 백성이
지금 나의 선택된 아들딸들이요, 그리
고 전사라 그리 말함이니,
20 그 마음 자세부터 다시 돌이켜야 함을
너희는 알아야 할 것이니라.
21 지금 내가 나의 아들을 통하여 내리는
것은 모두 누구의 뜻이더냐?
22 하늘의 비밀이요, 하늘의 뜻을 모두
담아 나의 아들에게 내려보냄이니, 그
보다 더 귀하고 소중한 것이 세상에

없음이니라.
23 이는 곧 무엇이더냐?
24 너희의 미래에 모두 이루어질 일이요,
하늘과 같은 낙원을 이 지상에 이루는
그 모든 내가 너희에게 언약하는 그
언약의 말씀이요, 바로 그를 보관하는
곳은 언약궤를 담아 놓은 것이요, 언
약궤를 보관하는 성막이니,
25 그리하여 나의 아들이 존재하는 곳은
딱 하나가 존재하는 것임을 알아야 할
것이니라.
26 이는 너희가 말하는 교회요, 성막이
요, 그와 같은 개념으로써 봐서는 아
니 될 것이니,
27 누가 말하든 나의 아들을 따르는 제자
요, 나의 법전을 읽는 너희는 이곳이
바로 나 여호와가 역사할 그 모든 언
약을 지금 담아 놓는 곳이니,
28 언약궤를 보관하는 이 세상에 단 한
곳의 성전이요, 하나의 움막이라는 것
을 너희를 절대 잊어서는 아니 됨이
니라.
29 그를 보관하는 곳이요, 그를 놔두는
곳이니,
30 그리하여 이곳은 교회도 아니요, 성전
도 아니요, 너희가 말하는 인간의 손
으로 지어 사람을 모아 깨우치고 가르
치는 그와 같은 곳이 아님이니라.
31 이는 나의 언약궤를 보관하는 성막이
니라.
32 가장 성스러운 곳이며 가장 위대한 곳
이며, 나의 언약이요, 그 모든 비밀을
보관해 놓는 곳이 여기이니,
33 너희는 교회요, 성전이요, 성막이라
그와 같이 간단히 생각하지 말라 그리
하라.
34 감히 나의 언약궤를 보관하는 이 성
막에 와서 공부하고 깨우치는 백성,
너희는 어떠한 자들이더냐?
35 너희는 모두 다 그 자신이 얼마나 소
중하고 귀한 백성인지를 어찌하여 모
르는가?
36 그러니 귀한 백성이요, 소중한 백성이
라는 마음 자세와 행동의 자세를 가져
야 할 것이니라.
37 나의 언약궤를 담아 보관하는 곳이니
라.
38 그리고 나의 아들이 강론하며 나의 뜻
을 전하니 성전이라 일컬으나,
39 감히 이곳에서 너희가 시시비비를 하
며 인간의 생각을 하고 다투며 인간의
생각을 가지고 말을 한다는 것은, 얼
마나 큰 죄요, 얼마나 사악한 짓을 하
는 것인지 알겠는가?
40 이게 바로 언약궤를 보관하는 곳이니,
나의 성령이요, 나의 뜻을 모두 담아
보관하는 그러한 곳이니라.
41 그와 같이 소중함을 깨달아야 할 것이
며,
42 오늘에 내가 나의 아들을 통하여 하늘
의 모든 역사요, 하늘의 뜻이요, 창조
주 나 여호와가 내 뜻을 모두 담아 너
희에게 내려보내는 이곳이 얼마나 소
중하고 이곳이 얼마나 귀한 곳이며,
43 이곳이야말로 세상에 단 하나, 하늘과
땅이 교통하는 곳이라 내가 너희에게
말한 그 의미를 아는가?
44 오로지 나의 아들이 존재하는 곳에 언
약궤가 같이 존재함이니, 그곳이 바로
너희가 말하는 성전이요, 이 세상에

단 한 곳이니라.
45 그러니 너희 마음속에는 성전이라 생
각하지 말라.
46 언약궤를 보관해 놓는 움막이라 그리
생각하면 될 것이요,
47 거기에서 내가 선택한 아들딸 너희에
게 나의 뜻을 전하며 전사로 쓰고자
하여 이 역사를 이룸이니,
48 너희는 오늘 나의 아들이 있는 이곳이
요, 나의 언약의 말씀이 담아 있는 곳,
하늘의 뜻이 그대로 지상으로 이동되
어 창조주 내 뜻을 갖다 보관해 놓은
곳이며,
49 내 뜻이 여기에서 모두 이루어지는 미
래를 위해 준비되는 곳이요, 하늘에
있는 것을 땅으로 옮겨 놓은 곳이니라.
50 그것도 물건이 아니요, 너희가 말하는
외형적인 것이 아니요,
51 창조주 나의 뜻이요, 너희가 말하는
아버지의 말씀이라 하는 것을 모두 다
여기에 보관해 놓으며 하늘의 것을 이
곳에 이동시켜 놓는 얼마나 위대하고
소중한 곳인가를 깊이 깨우치지 아니
하면 아니 되느니라.
52 이제는 그러한 마음으로써 알아야 할
것이니라.
53 너희가 모두 이해할 수 있으며 들을
수 있는 경지가 되었기에, 나의 아들
이 존재하는 이곳은 나의 언약의 말씀
이요, 너희가 말하는 아버지의 그 말
씀이요,
54 나의 성령을 태워 내려보내는, 하늘의
모두를 다 담아 놓은 언약궤가 보관된
곳이니, 세상에 유일무이한 단 한 곳
이며, 하늘의 뜻을 교통하는 곳 또한
수천 년 역사 중에 오늘의 단 한 곳이
거늘,
55 너희가 여기를 보는 마음이요, 이곳에
와서 강론을 듣는 자, 소위 이야기하
는 축복과 은혜를 받으려고 금전을 갖
다 바치는 그와 같은 성전이요, 교회
라 생각하고 소홀히 생각하는 자가 있
음이니,
56 이것이 바로 얼마나 어리석은 것이며,
너희 스스로 깨달음의 길을 가지 못하
는 자들이더냐?
57 너희 스스로 내가 내리는 나의 뜻에
살을 붙이고 뼈를 붙여 연구하고 만
들라고 말하지 아니하였더냐?
58 그러니 나의 말씀 곧 미래에 모두 이
루어지는 역사를 보관하는 곳이요, 그
모두가 잠재해 있는 곳이니,
59 이게 바로 언약궤를 보관하는 성전이
요, 나의 움막이요, 나의 장소이니라.
60 하늘의 뜻을 이전해 놓는 그 장소이
니, 그와 같이 소중하고 귀한 것임을
너희는 알아야 할 것이니 그리 전하
라.

7,968 번째 하나님 말씀

2003년 10월 16일 06시 48분

1 사랑하는 나의 아들아!
2 "네, 아버님! 말씀하옵소서."
3 이곳이 나의 언약궤를 보관하는 곳이
요, 미래의 모든 찬란한 빛을 역사하
는 곳이요, 하늘의 뜻을 서서히 이곳
에 이전해 놓음이니,
4 이곳으로부터 너희가 그리 갈구하고
소원하는 '하늘에서 이루어진 것같이

지상의 낙원이 이루어지는 그 역사'의
시발점이 이곳이라는 것을 알라.
5 그곳에 드나들 수 있는 자, 그 문을 열
수 있는 자, 그 문을 들어 올 수 있는
자는 그것이 바로 천국의 문을 들어오
는 것과 같음을 너희는 알아야 할 것
이니라.
6 나의 언약궤가 있는 곳이요, 나의 아
들이 존재하며 그가 나의 뜻을 직접
강론하며 너희를 깨우치는 곳은 이
세상에 단 한 곳밖에 없으며,
7 단 한 곳이라 해도 하늘의 뜻을 이전
해 놓으며 하늘의 뜻을 옮겨 놓은 곳
이니, 이곳이 얼마나 소중하고 귀한
곳인가를 알라.
8 여기를 곧바로 들어올 수 있는 자, 이
문을 열고 들어 올 수 있는 자는 너희
에게 황금 열쇠를 손에 준 자와 같음
을 알라.
9 나의 아들 예수가 그 제자에게 말하였
느니라.
10 너에게 하늘의 열쇠를 줄 것이니, 모
두 다 이루어지는 것, 매듭짓는 것, 풀
리는 것이 모두 이룰 수 있는 역사가
있다 함이니,
11 바로 너희가 그와 같은 은혜를 입은
자들이니라.
12 그와 같은 은혜를 입은 너희들이라도,
그 제자처럼 등을 돌리며 배신하는 그
와 같은 행위를 한다면 황금의 열쇠
요, 하늘의 문을 열 수 있는 열쇠는 정
녕 녹슬어서 쓰지 못하며 그를 버리게
됨이니라.
13 지금 나의 언약궤가 있는 나의 아들이
있는 이곳이요, 이 움막이요, 이곳을
문을 열고 들어 올 수 있는 자, 맘대로
들어 올 수 있는 자는 천국의 문을 왔
다갔다하는 그와 같은 은혜를 입은 것
이라는 것을 절대 잊지 말라, 사랑하
는 나의 아들딸들아!
14 내가 너희에게 일찍이 이와 같은 것을
깨우쳐 주지 아니하였으나, 너희가 마
음은 급하고 조바심하며 너희 스스로
그를 알아듣지 못하며 그 의미를 알지
못할 것 같아,
15 내가 오늘 100권의 법전이 세상에 나
오는 날이 머지않았음이니, 이제 너희
노고를 치하하며 그간의 고생을 알기
에 이제 깨우쳐 줌이니라.
16 너희가 지금 살아가는 것, 나의 언약
궤가 있는 곳을 오고 갈 수 있는 그것
이 얼마나 소중하고 귀한 것이며 너희
가 얼마나 위대한 백성인가?
17 그리고 나의 언약궤의 그 문을 마음대
로 열고 닫을 수 있는 자이니,
18 너희는 성서에 기록된 그 언약궤를 다
루는 방법이요, 언약궤가 얼마나 소중
한 것이며 정녕 어떠한 것이던가?
19 아무나 그 문을 열 수 없으며, 누가 열
수 있다 말하였느냐?
20 혈통을 가진 자, 그 핏줄을 가진 자,
오로지 선택된 백성이라 그리 전할 것
이니라.
21 오늘에 그와 같은 은혜를 입은 자들이
너희이니, 세상에서 그보다 더한 무엇
을 더 바라고 얻을 수 있겠더냐?
22 그러니 너희는 하늘 문의 열쇠를 내가
준 자요, 나 여호와가 직접 너희에게
내려 준 자니, 그것을 열고 들어오면
되는 것이니라.

23 그것은 너희가 한 가정에 살아가면서
도 그 집안이요, 모든 대문을 들어설
수 있는 열쇠요, 그를 열고 들어 올 수
있는 것은 누구에게 주느냐?
24 그 아들딸들에게 주며 그 자식들에게
주며, 그 충복이요, 종들에게 그를 주
는 것이 아니더냐?
25 그러니 너희는 나의 아들딸로서 거듭
났다는 말을 하기 전에, 충복의 종으
로서 자리를 잡은 것이 아니더냐?
26 어쨌든 창조주 나 여호와가 존재하는
그 집안이요, 그 성전의 문을 열고 들
어 올 수 있는 그 은혜를 받은 것을 세
상 무엇과 바꿀 것이냐?
27 너희는 그를 알아야 할 것이니, 그를
모르는 어리석은 백성이니라.
28 이제 믿음의 길을 가는 깨우친 백성에
게 물어보라.
29 언약궤를 다루는 것이 어떤 것이며,
감히 언약궤를 만질 수 있는 자가 어
떤 것이며, 더욱이 언약궤의 문을 열
수 있는 그 열쇠를 가진 너희는 과연
어떠한 백성인가 그를 진정으로 생각
해 보도록 그리 전하라.
30 이제까지 믿음을 오는 백성이 어찌
왔는가?
31 그들은 진정한 참진리요, 성령이요,
나의 뜻을 가르치는 것이 아니요,
32 세상의 이치를 모르며 내가 이루고자
하는 이와 같은 역사하는 것도 모르
는 자들이니라.
33 오로지 그들은 숫자 놀음만 하고 있으
며, 숫자 놀음판을 벌이고 있었던 것
이 오늘의 종교 집단이요, 지도자들이
흘러온 것이 아니던가?
34 저희는 그저 어떠한 형태든 간에 양을
위주로 하여 많은 양을 모아 놓고 많
은 양을 모을 수 있도록 하여 사람의
숫자만 가지고 교회라는 것을 사고팔
고 다니며,
35 그 숫자를 가지고 대우받는 자요, 상
석에 앉는 자요, 뒷전에 앉는 자요, 그
숫자로써 유능한 종교 지도자요, 은혜
받은 지도자요, 나로부터 선택된 지도
자라 하여 너희는 숫자 판이요, 숫자
놀음만 지금 하는 것이 오늘의 믿음을
오는 자들이니라.
36 그 숫자를 따짐이니, 질보다도 양을
모으며 그 숫자만 모으면 구원을 받으
며 하늘에 오르는 길이라 하여 나의
피조물 만백성들에게 결국 거둬들이
고 갈취하는 것이 무엇이더냐?
37 내가 일찍이 말하였느니라.
38 너희가 똑같은 사랑이요, 선행을 해도
바로 성령으로 임한 자요, 나 여호와
의 뜻으로 임하는 백성과 그렇지 않은
백성은 하늘과 땅 차이라 그리 말하지
아니하였던가?
39 나의 뜻을 따라서 역사하는 것은 하늘
의 뜻을 역사하는 것이며 진정한 사랑
을 전하는 것이요,
40 나 여호와의 성령이요, 내 뜻에 의하
지 아니하고 진정한 믿음의 길을 가지
아니하고 사랑을 베푼다 하여 역사하
는 것은 다 허상이라 내가 그리 말하
지 아니하였더냐?
41 지금의 모든 종교 집단이요, 지도자들
이 저희를 위하여 인간적으로 끌어가
는 그와 같은 것이기에 내가 관계없다
는 뜻이 여기 있음이니,

42 너희는 이와 같은 의미의 깨달음을 읽
고 깨우쳐 아래위의 흐름을 본다면 정
녕 너희가 행하는 잘못되고 잘 된 것
을 모두 알 수 있을 것이니, 그 길을
보도록 하라, 사랑하는 나의 아들딸들
아.

7,969 번째 하나님 말씀

2003년 10월 16일 11시 27분

1 사랑하는 나의 아들아!
2 **"네, 아버님! 말씀하옵소서."**
3 이 세상에 사탄들이 저희의 종말이요,
그 시대가 다가오고 있음을 다 알고
있다 그리하지 아니하였던가?
4 그리하여 그들이 나의 피조물 만백성
들을 현혹해 인의 장막으로 성곽을
쌓아 놓으면, 나의 아들딸들을 고통을
줄 수 없기에 그 속에 숨어 저희 자신
을 지키고자 하는 그와 같은 짓이라
그리하지 아니하였던가?
5 그러나 그들은 그와 같은 방법만을 쓰
는 것이 아니니라.
6 나의 사랑하는 나의 아들딸 너희가
나로부터 등을 돌리며 내 뜻을 순종하
지 아니하며, 내가 짓지 말라 하는 교
회요, 성전 앞에 가 울고불고 그와 같
은 짓을 하는 것,
7 그리하여 사탄들은 나의 사랑하는 아
들딸에게 나 여호와가 진노할 그와 같
은 행위만 하도록 하며 그와 같은 것
만 유혹하며 너희를 그리 끌고 가고
있음을 알아야 할 것이니라.
8 사탄들은 지금 너희가 나의 뜻을 거역
하며 나 여호와를 능멸하는 그와 같은
행위를 하도록 그리 끌고 감이니라.
9 그리하여 그를 바라보는 나 여호와 창
조주가 진노하여 너희에게 재앙을 내
리며 모두를 다 끝내는 그와 같은 결
과를 이 세상에 이루어,
10 저희가 존재하는 세상을 만들고자 하
는 것이 그들의 사악한 방법이요, 그
들이 가진 계략이니라.
11 그러니 나의 아들딸 너희는 거기에
넘어가서는 아니 되며 거기에 정녕 속
아서는 아니 됨을 알아야 할 것이니
그리 알라.
12 지금 나의 사랑하는 백성을 유혹하고
끌어들여 저희로부터 인의 장막을 쳐
놓고 그 안에서 보호를 받고자 하는
것이 그들이요,
13 또한 한편으로는 나의 사랑하는 아들
딸 너희로 하여금 나를 진노케 하며
내 뜻을 순종치 아니하여 나 여호와가
도저히 너희를 더 이상 묵과할 수 없
으며 바라볼 수 없는 그와 같은 형국
을 이루게 하여 내가 너희에게 재앙을
내리고 심판을 내리는 그와 같은 것을
할 수 있도록 그들이 그 사악한 짓을
하는 것이니라.
14 지금 믿음의 길을 가는 백성 너희는
과연 나 여호와가 명하고 역사한 것인
가 그를 하나하나 짚고 넘어가면 너희
스스로 알게 될 것이니라.
15 내가 성경에 기록하여 너희에게 하지
말라 명한 것, 내가 직접 친필로 쓴 십
계명에 너희에게 행하지 말라 하는
것, 그와 같은 것을 모두 하나하나 짚
고 넘어가,
16 너희가 과연 얼마나 지키고 얼마나 행

하고 사는가 그것을 들여다보고 회개
하고 깨우침을 얻지 아니하면 아니 될
것이니라.
17 그리하여 내가 지금 나의 아들을 통하
여 160권의 법전으로써 너희에게 그
일을 전하며 깨우치게 함이니라.
18 이는 곧 너희가 나의 뜻을 거역하며
나의 뜻을 따르지 아니하여 내가 사탄
들이 원하는 재앙이요, 험악한 심판으
로써 다스리는 그와 같은 것을 하지
않도록 너희에게 그 길에 현혹되지
아니하며 나로부터 진노하는 것을 하
지 않게 하려고,
19 나의 법전을 만들어 하얀 눈이 세상을
덮도록 너희 손에 가슴에 전하고자
하는 것이 나 여호와의 뜻이니, 이를
알아야 할 것이니라.
20 사탄들은 교회라는 그 속에 웅크리고
앉아 그 악마가 나의 피조물 만백성들
을 하나씩 현혹하여 그와 같이 지옥으
로 보내며,
21 너희에게 나의 뜻을 거역하는 행위를
하며 내 뜻을 순종치 않도록 하여 나
여호와가 진노를 인내하지 못하도록
그들이 그와 같은 행위를 하고 있음이
니,
22 거기에 쓰러지는 백성을 구원하여 나
의 진노를 막을 수 있는 것은 나의 법
전이요, 나의 법전을 읽고 깨우친 백
성 너희 밖에는 그 역사를 할 수 없음
이니 그리 알라.
23 그들은 온갖 방법과 수단을 가리지 아
니하고 너희에게 재앙을 내리도록 해
야 저희의 생명이 연장되며 이 세상
을 지배하며 더 존재하려고 온갖 방
법을 다 동원하고 있다는 것을 알라.
24 너희는 그를 모르니, 내가 하늘의 뜻
이요, 하늘에 역사하는 것을 너희에게
깨우쳐 주고 전하여 하늘의 비밀을 알
려 주며 보이지 않는 세상을 알려 주
는 것이 바로 나로부터 선택된 나의
아들이요, 나로부터 명받은 목자라 함
이 여기 있음이니라.
25 너희가 이와 같은 현상을 알지도 못하
며, 그저 내가 짓지 말라는 교회를 지
으며 그것이 나에게 축복받는 것이라
말하며 그와 같이 죄의 온상을 엮어
가며 만들어 가는 그 행위가 얼마나
나를 진노케 하는 것이며,
26 사탄이요, 사악한 악마의 앞잡이로서
그들의 뜻에 따라 움직이는 것인가를
이제 깨달아 보라.
27 정녕 그게 의심스럽고 의혹이 가거든,
나의 성경에 기록되어 있는 것, 그리
고 내 계명에 따라서 살아가는 그와
같은 것을 하나하나 너희가 다시 한
번 정독하면서 짚고 넘어가며, 나 여
호와가 하지 말라는 것을 거역하고 행
하는 것이 얼마나 있는가?
28 종교 집단이 오늘의 믿음의 길을 가는
그 속을 들여다보면, 이게 정녕 하늘
에 오르는 길인가, 나 여호와의 뜻을
거역하여 나 여호와를 진노케 하여 너
희에게 재앙을 내리도록 바라며 원하
는 그것이 아닌가 하는 것을, 너희가
몸서리가 치도록 그를 알게 될 것이며,
29 너희가 그를 깨달았을 때 두려움을 알
며, 너희가 얼마나 어리석은지 알며
지금 너희가 가는 믿음이 얼마나 잘
못되어 있는가를 두려워 떠는 그와

같은 깨달음을 얻게 될 것이니,
30 그를 들여다보도록 그리하며, 하나하
나 짚어 보는 현명함이 있도록 하라.

7,970 번째 하나님 말씀

2003년 10월 16일 11시 31분

1 사랑하는 나의 아들아!
2 "네, 아버님! 말씀하옵소서."
3 새로운 시대에 내가 새로운 성경을 내
림이니, 이는 만백성을 심판하는 것이
요, 심판의 기준이라 하였으며,
4 미래에 역사할 것, 그리고 미래에 이
룰 것을 모두 기록하여 내림이니, 이
게 바로 나 여호와의 언약의 말씀이
아니더냐?
5 너희가 말하는 창조주 나 여호와가 하
늘의 비밀이요, 앞으로 너희가 역사할
수 있는 것을 모두 다 담아 나의 아들
을 통하여 내려보냄이니, 이게 곧 언
약의 말씀이요,
6 그를 기계에 담아서 기록하여 보관하
는 곳이 바로 무엇이더냐?
7 언약궤를 지금 보관하고 관리하는 것
이 아니던가?
8 지금 내가 내리는 모든 성령의 뜻은
언약의 말씀이요, 그 언약의 말씀을
담아 보관하는 것은 너희가 바로 언
약궤를 보관하는 것이 아니더냐?
9 그러니 언약궤라는 것은 이 세상 천지
간에 단 하나밖에 없으며 둘이 있을
수 없는 것이 바로 그 언약궤이니라.
10 그러니 그 언약의 말씀이요, 그 언약
궤를 관리하고 보관하는 곳은 과연 누
가 관리하고 보관하고 있는가?
11 그것은 오로지 나의 아들이 존재하는
곳이요, 나의 아들이 같이 있는 곳 거
기만 보관할 수 있으며 거기에 존재할
수 있음을 너희는 알아야 할 것이니
라.
12 너희가 그것을 안다면 그것을 믿는다
면 과연 너희가 얼마나 위대한 백성
이며 너희가 선택됨이 얼마나 소중한
것인가?
13 그 언약궤를 누가 보관하며 누가 관리
할 수 있다 했던가?
14 그것은 하나의 혈통이요, 나의 혈통이
요, 내가 역사한 자 외에는 아무도 할
수 없다는 것을 너희는 알고 있을 것
이니라.
15 지금 나의 아들에게 성령을 내려 그
모두를 담아두고 보관하는 것이 언약
궤요, 그 모든 것은 나의 언약의 말이
요, 내 뜻임을 너희는 알아야 할 것이
니라.
16 오로지 그를 관리하는 것은 나의 아들
이요, 나의 아들을 따르는 제자 선택
된 너희만이 관리할 수 있다는 것을
알아야 할 것이니라.
17 그와 같은 것을 마음대로 열고 닫으며
그를 관리할 수 있는 은혜를 가진 너
희가 얼마나 큰 은혜요, 영광스러운
백성이라는 것을 과연 알겠는가?
18 내가 일찍이 너희에게 기록하여 전했
음이니라.
19 언약궤의 문을 열고 닫는 것은 천국의
문이요, 하늘의 문을 열고 닫는 그 열
쇠를 받은 자와 같다 하였음이니,
20 그 은혜와 영광을 얻은 것이 너희라는
것을 잊지 말라.

21 그리고 이 세상에 언약궤는 단 하나
며, 그 언약궤는 아무도 보관할 수 없
으며 관리할 수 없으며,
22 나의 아들이 존재하는 곳이요, 나의
아들과 더불어 모두 존재한다는 것,
그리고 그 제자들만 관리할 수 있다는
것을 명심하여 지켜야 할 것이며,
23 그 소중함을 다시 한 번 기억하도록
그리하라 함이니라.
24 그러니 이 뜻을 깊이 깨달아, 너희 모
두 행동하며 처신할 것이 무엇인가 그
리고 나로부터 받은 은혜요, 영광이
얼마나 큰 것인가 그 모두를 내가 너
희 가슴에 심어 주고자 함이니라.
25 이제 너희는 그를 들을 자격이 있으
며 언약궤의 이야기를 들을 수 있으며
그리고 언약의 말씀이요, 언약궤가 너
희 손안에 가슴 안에 너희가 모두 보
호하고 지키고 있다는 그것을 알 것이
니라.
26 그것이 나의 언약궤를 지키는 자요,
나의 언약궤를 보호하고 가는 자들이
바로 너희가 나의 아들딸로서 후계자
요, 나로부터 은혜를 받을 자들이요,
그리고 너희가 유업을 계승할 자들이
요,
27 그 모두를 지키는 전사가 바로 너희라
는 의미가 바로 거기 있음이니, 나의
언약궤를 지킬 수 있는 것이 너희이니
라.

7,971 번째 하나님 말씀

2003년 10월 16일 11시 34분

1 사랑하는 나의 아들아!
2 "네, 아버님! 말씀하옵소서."
3 오늘의 종교 집단이요, 지도자요, 그
리고 울고불고하는 광신도 그들에게
물어보라.
4 너희는 수많은 새로운 백성을 너희
집단이 구원을 받는 곳이라 하여 그리
끌어들이며 또한 새로운 가정을 수없
이 끌어들여 그 복음을 전파하며, 너
희와 더불어 가는 것이 하늘에 오르는
길이라 그리 가르쳐 그 문턱을 넘는
백성이 수없이 있음이니라.
5 그러나 너희는 찾아오고 들어오고 너
희가 이끌어 오는 백성만을 생각하지
말며 그들이 왔다가 소리 없이 떠나는
개인이요, 가정이요, 그들이 과연 무
엇을 생각하며 어떠한 마음으로 떠나
가는가?
6 그를 생각하며 바라보는 마음 자세가
되어 있는가?
7 너희는 끌어들이는 것만 연연하지 말
며 지금 떠나는 개인이요, 그 가정이
요, 떠나는 사람들에 대해 깊이 생각
해 보고 그를 연구해야 할 것이니라.
8 떠나는 사람이 어떠한 사람이요, 너희
를 버리고 가는 사람은 과연 어떠한
백성인가?
9 너희가 아무리 붙잡고 애원해도 머물
지 아니하고 떠나가는 그 백성이요,
그들을 너희가 들여다보며 그들을 본
다면 깨달음이 있을 것이니라.
10 너희가 성령이요, 영적인 그 믿음이
요, 깨달음으로써 나의 백성을 이끌지
못하며 육신의 수단과 방법으로써 그
를 이끌어 가는 자들이기 때문이니,
11 너희가 천사와 같은 나의 백성을 육성

하는 것이 아니요, 범죄자만 육성하고
있다는 것을 깨닫고 아는 백성이 수
없이 왔다가 지금 떠난 백성임을 너
희는 알아야 할 것이니라.
12 이것이 오늘의 집단이요, 너희가 가는
역사이니라.
13 그러하니 너희 자신을 들여다보며 그
모두를 볼 수 있는 그와 같은 마음 자
세가 아니면 아니 될 것이니라.
14 이제 정녕 나 여호와의 뜻이요, 내 뜻
에 역사한다는 자라면,
15 모든 물자요, 인원이요, 금화와 은화
를 동원하여 수없이 끌어들이며 수없
이 호화찬란한 행사를 하면서 너희가
붙잡아 당기고자 했던 그들이 말없이
떠나는 그 수가 과연 남아 있는 수의
몇 배나 더 되는가 그를 한번 생각해
보고,
16 왜 떠나는가를 한번 돌이켜 생각해
보지 아니하면 아니 될 것이니라.
17 거기는 참진리요, 나 여호와의 뜻이
없음을 알고 있기 때문이니 그리 알라.
18 나 여호와의 언약의 말씀이요, 언약궤
가 거기에 없으며 미래가 없으며 너희
가 미래에 역사하는 것을 모르기에
왔다가 말없이 떠나는 자가 너희의
몇십 배가 된다는 것을 알라.

7,972 번째 하나님 말씀

2003년 10월 16일 11시 39분

1 사랑하는 나의 아들아!
2 "네, 아버님! 말씀하옵소서."
3 나 여호와가 너희에게 뭐라 말하였느
냐?
4 나는 교회라는 인간의 손으로 짓는 그
건물을 짓지 말라 하였음이니라.
5 그리고 내가 교회요, 성막이요, 성당
을 짓지 말라 한 것을 무시하고 그를
행하는 짓을 한다면, 과연 그것이 나
의 백성이요, 나로부터 명받은 종교
집단이요, 지도자들이 역사할 수 있는
것인가?
6 너희가 교회를 세우는 것은 나의 뜻이
아니요, 나의 뜻을 거역하는 그와 같
은 행위를 하고 있음이니,
7 너희가 아무리 큰 교회요, 아무리 호
화로운 것을 짓고 만든다 하여도 그들
은 다 헛수고요, 너희는 그와 나와 관
계없는 짓이라 함을 너희는 알아야
할 것이니라.
8 인간의 욕망이요, 인간의 생각으로써
그 역사를 함이니, 거기는 나 여호와
가 존재하지 아니하며 참진리가 역사
할 수 없는 것이 거기임을 너희는 알
아야 할 것이니라.
9 너희는 내가 바라지 아니하고 원하지
않는 행동을 하는 그곳에 참진리가
역사하지 아니하며 비진리를 가지고
나의 뜻을 역사하는 것처럼 그리 말
하니,
10 위로는 나를 기만하며, 아래로는 만백
성을 기만하는 거짓의 본산이요, 거짓
말을 만들어 내는 공장이라는 것을 너
희는 알아야 할 것이니라.
11 너희가 하는 그 믿음이요, 신앙이란
나 여호와의 뜻을 따라 성장하고자 하
는 것이 아니니라.
12 다만, 너희는 내 뜻에 따라 진정한 믿
음이요, 아름다운 믿음을 성장시키며

육성하는 그와 같은 곳이 아니요,
13 육의 믿음이요, 너희가 만든 인간의
교리를 가지고 나의 피조물 만백성을
구원의 길이요, 그것으로써 갇히는 죄
의 본산이기 때문에, 그것은 모두 다
무너지고 흐트러지며,
14 이제 너희는 심판대에 서지 못하고
그 대가를 치르는 그와 같은 시대가
와 있으며,
15 제3의 시대를 열어 나의 법전을 접하
지 아니하며 이를 정독하지 아니하고,
고집이요, 아집으로 가는 그 백성은
머지않아 그것이 어떠한 것인가를 알
날이 있다는 나의 무서운 이 가르침을
다시 한 번 생각해 보지 아니하면 아
니 됨을 너희는 알아야 할 것이니라.
16 나 여호와가 진정으로 교회를 짓지 못
하도록 너희에게 그리 말하지 아니하
였는가?
17 육으로 짓는 그와 같은 교회는 진정한
교회가 아니요, 내 뜻이 아니니 너희
에게 짓지 말라 그리 명하였거늘,
18 너희는 나의 진정한 교회를 짓는 것마
저도 방해하는 자들이요, 내가 이루고
자 하는 그 교회마저도 말살시키며 다
짓밟아 버리는 것이 너희이니라.
19 나는 진정한 교회라는 것은 육으로 짓
는 것이 아니요, 너희 마음속에 짓는
교회요, 너희 가정 속에 짓는 교회요,
그것을 모두 부흥하는 역사를 이루는
그것이 바로 너희가 내 뜻을 이루는
것이며 내가 만백성을 구하고자 하는
참진리의 불길이 타오르는 그와 같은
길이 벌어지는 것이니라.
20 너희 개인이요, 가정으로부터 나 여호
와는 역사하고자 하며, 개인이요, 가
정으로부터 역사하여 나의 뜻을 태우
고자 하며 나의 뜻을 부흥을 이루어
만백성을 구하고자 하는 그와 같은 참
진리의 길을 가고자 하는 백성을 다
짓밟아 버리고 꺼버리는 그와 같은 행
위를 하는 것이 너희이니라.
21 지금 너희의 믿음이요, 인간의 믿음의
교리를 가지고 가는 그것이 나의 피조
물 만백성들을 지옥으로 이끌어 가는
것이요,
22 너희 앞에 광신도가 된 자들을 너희가
지옥으로 이끌어 가는 것은 말하지 아
니하나,
23 참진리요, 아름다운 길을 가고자 하는
그 불꽃마저 꺼 버린 자들이요, 그 불
씨마저도 다 짓이겨 모든 흔적을 없애
는 것이 오늘의 종교 집단 너희의 그
사악한 죄목임을 알아야 할 것이니 그
리 알라.

7,973 번째 하나님 말씀

2003년 10월 16일 11시 44분

1 사랑하는 나의 아들아!
2 "네, 아버님! 말씀하옵소서."
3 지금의 종교 집단이요, 지도자요, 그
리고 광신하는 그 신도들 너희는 자신
의 집단의 능력을 다른 종파요, 다른
사람들에게 보여 주며 그들에게 위협
적으로 군림하고 다스리고자 하는 그
와 같은 경쟁 속에서 헤매는 것이 오
늘의 모든 신도라는 자들이요, 지도자
가 똑같은 자들이라는 것을 알아야 할
것이니라.

4 너희는 진정한 참진리요, 나 여호와의
뜻을 가르쳐 만백성을 위하는 것이 아
니요,
5 지도하는 지도자의 말을 따르며 모두
를 지도자를 위하여 가는 그와 같은
어리석은 믿음에서 헤어나지 못하는
자들이니라.
6 그러니 너희는 하나님의 종이요, 나로
부터 선택된 목자를 잘 모시고 받드는
것으로써 열배 백배 은혜요, 축복을
받는다는 추하고 더러운 말을 감히
단상에 서서 종교 지도자들이 함이니,
7 제 생일 잔치를 차려 달라 울고불고하
는 자보다도 얼마나 더 어리석으냐?
8 철부지 같은 자들이나 제 생일 잔치를
차려 달라 부모에게 울고 떼 쓸 것이
니라.
9 나이 들고 가장이 된 자는 그와 같은
말을 하지 아니하며 철든 자는 그와
같은 말을 하지 않으니,
10 저희가 종교 지도자를 잘 받들고 잘
모시며 좋은 것을 먼저 바치는 것이
복 받는 길이라 하니,
11 제 생일 잔치를 차려 달라 떼쓰는 세
살배기 어린이보다도 못한 자들이 그
들이니라.
12 그 모습이 추하고 더러워 바라볼 수
없는 것이 나 여호와가 내려다 보는
오늘의 형국이라면 너희는 알겠는가?
13 그러니 그들은 제 모습을 나타내고
제 위대함을 나타내고, 나로부터 선택
받은 자요, 그리고 부모로부터 근사한
생일 잔치를 받은 것을 아이들에게 자
랑하고 싶어하는, 아무것도 모르는 어
린아이와 똑같은 행위를 하는 자들이
그들이라는 것을 너희는 알아야 할
것이니라.
14 그들이 어찌 나의 사랑하는 백성이
갈구하고 요구하며 원하며 이루고자
하는 그 뜻을 헤아릴 수 있으며 그걸
생각하겠는가?
15 그들은 그를 절대 들여다보지 아니하
며, 그를 위해서 무엇인가를 하고자
아니 함이니라.
16 다만, 잔꾀요, 얕은 수단이요, 얄팍한
수작으로써 진정한 나의 믿음을 가고
자 하는 백성마저도 가지 못하도록
하며, 그들을 버려지도록 하는 것이
오늘에 너희가 가는 짓이라는 것을
알아야 할 것이니라.
17 육신의 모습을 갖고 육신의 형태를 보
이고 행하는 것이 오늘의 믿음의 길이
요, 나 여호와의 뜻이 아님을 알라.
18 다만, 나 여호와가 이루고자 하는 교
회요, 내 이름을 내세워 그와 같이 방
대한 것을 역사하며 이루고자 함이니,
19 너희가 나를 기만하며 나의 백성을 기
만하는 그 죄를 어찌 다 감당하려 하
는가?
20 지금 너희가 지어 놓은 모든 교회요,
나의 이름을 내세워 세워 놓은 그 모
든 것은,
21 너희 육신을 위하여, 너희 육신의 그
형태요, 네가 얼마나 위대하며 너희
집단이 얼마나 대단한 것인가를 드러
내고자 하며 과시하고자 하는 어린애
같은 마음에서 오늘의 교회를 지은 것
이며 오늘의 교회를 육성한 것뿐이지,
22 나 여호와의 교회요, 나 여호와의 뜻
을 이루려고 그리했음이 아님을 알라.

23 나 여호와가 이루고자 하는 그 위대한
교회는 너희 가슴속에 있는 교회라
말하였음이니,
24 너희가 손으로 짓고 육으로 만들어 놓
은 그 성벽의 교회는 아무런 의미가
없으며 나와는 관계가 없음이니라.
25 오로지 거기는 나 여호와의 발등이요,
나의 육신에 병균을 전파하는 그와
같은 형국으로써 지금 존재하는 것이
교회라는 것을 너희는 잊지 말라.
26 그러니 너희는 내 발등에서 썩어져
가는 그 역할을 하며 내 육신을 썩게
하는 것이 지금 하는 행위요, 너희의
사악한 삶이요, 너희의 믿음이요, 신
앙생활이라는 것을 절대 잊지 말라.
27 우리 부자의 이름을 팔아 너희 손으
로 짓는 그 교회를 나 여호와를 위하
는 것이라는 얄팍하고 간교한 방법으
로써 나의 백성을 우롱하는 짓을 중
단하라.
28 내가 그를 용서치 아니하고, 이제 단
죄하기 시작하였음을 너희는 알아야
할 것이니라.
29 그 두려움과 무서움을 너희가 피부로
느낄 것이며, 너희 눈으로 볼 것이며,
귀로 들어서 알 날이 머지않았음이니
라.

7,974 번째 하나님 말씀

2003년 10월 16일 11시 49분

1 사랑하는 나의 아들아!
2 "네, 아버님! 말씀하옵소서."
3 너희가 목적지를 가는 길이라 하여 계
속 가는 길이요, 온 힘을 다하여 걸어
가는 그 길이 목적지와 반대의 길이라
면 어찌하겠는가?
4 그를 알고서 온 길을 되돌아서서 반대
의 진정한 목적지를 향하여 가는 사람
이 현명한 사람이던가,
5 이끌어 온 체면이요, 끌고 온 그것 때
문에 돌이키지 못하고 그저 지쳐 죽을
때까지 너희를 끌고 가는 그와 같은
자가 진정한 너희의 안내자라 말할
수 있는가?
6 오늘의 종교 집단이요, 지도자 너희가
지금 나의 피조물 만백성들을 구원하
는 길이요, 천국의 문을 들어설 수 있
도록 모든 역사를 한다 말함이니라.
7 그러나 내가 나의 법전에 기록하여 책
으로써 증거하여 너희에게 전함이니,
8 이 새로운 성경에 전하기를, 나의 뜻
은 절대 그것이 아니며 너희는 지금
나에게 오는 길이 아니라 함을 기록하
여 전했음이니라.
9 그러니 너희가 나에게 오는 길이 아니
요, 나의 뜻이 아닌 길을 가고 있다면,
과연 너희는 지금 이 자리에서 무엇
을 어떻게 해야 하는지 생각해 봐야
하는 현명함이 있어야 하지 않겠는가?
10 너희가 오늘 가는 길이 하늘에 오르는
길이라 하나, 나 여호와는 그것이 나
에게서 멀어지는 길이요, 나의 뜻이
아니라 나의 법전에 기록하여 전함이
니,
11 너희는 한번 생각해 보며 뒤돌아보는
그와 같은 시간을 갖지 아니하는 자는
진정한 하늘의 뜻이요, 내가 역사하고
자 함을 영원히 볼 수 없는 자들임을
알아야 할 것이니라.

12 모든 성경의 가르침은 비유의 뜻이며, 그 비유의 뜻을 알지 못하는 자는 그것을 바로 가르칠 수 없으니, 너희가 바로 설 수 없는 것이 여기에 있음이니라.

13 그리하여 나의 십계명과 나의 법전이 어떠한 것이며, 이 길이 아니면 거듭날 수 없다고 강조하는 그 뜻을 너희는 빨리 깨달아야 할 것이니 그리 알라.

14 지금 내가 내린 성경의 비유의 뜻을 알지 못하는 것은 너희가 욕심으로 그득히 차 있기 때문이며,

15 죄의 원흉인 그 욕심은 결국 죄를 낳으며 죄는 멸망으로 가는 길이라 하였으니,

16 너희가 지금 그 길을 달려가고 있기에, 내가 너희에게 전한 성서의 비유의 뜻을 알 수 없으며 십계명의 뜻을 알 수 없으며 그를 지킬 수 없다고 말하며, 나의 법전을 들여다보는 그와 같은 현명함을 행하지 아니하는 것이 너희이니, 너희는 정녕 거듭날 수 없다는 나의 무서운 이 뜻을 알아야 할 것이니라.

17 너희는 이 세상에 존재하는 모든 것은 나 여호와의 뜻이요, 창조주가 임하여 모두 임한다 하였음이니,

18 나의 법전도 나의 뜻에 따라 대장정의 160권의 그 찬란한 빛이요, 하늘의 모든 비밀을 기록하여 내려보낸 이 소중하고 귀한 나의 법전을 너희는 어찌하여 그리 함부로 대하며,

19 너희가 말하는 사탄이요, 마귀요, 사악한 자가 만들 수 있으며 그리 역사할 수 있다고 빙자하며 그와 같이 나의 피조물 만백성들의 눈을 막으며 그들에게 거죽을 씌워 세상의 아름다움을 보지 못하도록 그리하는가?

20 과연 그들이 거기에서 얼마나 더 견딜 수 있다고 생각하는가?

21 너희가 거죽을 씌워서 나의 사랑하는 백성이 대자연의 아름다움이요, 고귀함을 보지 못함이니, 그들이 새소리를 들으며 태양의 광명을 보며 씌워 놓은 너울을 벗을 날이 머지않았음이니,

22 그때 너희가 씌워 놓은 고통만큼 되돌려받는 그와 같은 형국이 얼마나 비참한 것인가 알아야 할 것이니라.

23 이제 너희는 너희 자신의 심각한 반성이 없이는 아무것도 이루어질 수 없음이니, 너희 자신이 먼저 반성하는 그와 같은 길을 가도록 해야 할 것이며,

24 나 여호와의 뜻이 아닌 믿음의 길이라는 것을 반성하고 또 그를 중요하게 깨달아 지금 다져 보고 뒤돌아보는 그와 같은 길을 가지 아니하면 아니 될 것이니라.

25 나의 법전에 기록하여 너희에게 정녕 마지막으로 전함이니라.

26 너희가 가는 그 믿음이요, 하늘에 오르는 길이라는 오늘의 신앙생활을 잠깐 멈추고 재검토하고 다시 한 번 짚고 넘어가는 그와 같은 현명함이 없이는 아무것도 이루어질 수 없음을 알라, 사랑하는 나의 아들딸들아!

7,975 번째 하나님 말씀

2003년 10월 16일 11시 56분

1 사랑하는 나의 아들아!
2 "네, 아버님! 말씀하옵소서."
3 나 여호와는 너희가 성령 안에서, 그
리고 내 품 안에서, 나 여호와가 역사
하는 그 뜻에서 나의 백성으로서 조
용히 성령의 감화와 감동을 받아들일
수 있는 그와 같은 기도를 드리는 것
을 나 여호와는 바라며,
4 내가 너희에게 내리는 그와 같은 것을
받아 깨우침을 얻는 삶이요, 그를 원
하는 것이 나 여호와의 뜻이니라.
5 오늘처럼 광란의 짓으로써 나에게 기
도하고 역사하는 것을 정녕 나 여호
와는 원하지 아니함을 알아야 할 것
이니라.
6 조용히 성령 안에서 나의 사랑을 깨
달아 실천하면서, 그 속에서 선함을
행함으로 인하여 너희 가슴에 와 닿
는 감화와 감동을 받아들여 너희 것으
로 만들어 가는 그와 같은 조용한 기
도의 시간이요, 예배드리는 그와 같은
마음으로써 변하는 것이 나 여호와의
원함이며, 내가 그를 바라는 것이니라.
7 그리하여 깊은 깨우침을 얻어 너희
스스로 그 믿음의 길을 매진할 수 있
으며 하늘에 오르는 길을 볼 수 있는
그와 같은 깨달음을 바라는 것이 나
여호와이니라.
8 너희가 감동과 감화를 받아 깨우쳐 변
하는 그 역사가 위대하며, 그 누군가
가 너희를 깨우쳐 주고 전하고 이끌
어 준다 해도 그것은 일순간이며 영원
한 너희 것이 될 수 없는 것이니라.
9 그러니 스스로 성령 안에서 사랑 안에
서 조용히 무릎 꿇고 기도하며 감화
요, 감동을 받을 수 있는 그와 같은 자
세로써 가는 그 행위를 내가 너희에게
바라는 것임을 알라.
10 지금의 모든 종교 집단 지도자들이 얼
마나 어리석고 불쌍한 백성이더냐?
11 그들은 찬송가의 곡조에 모두를 다 맡
기고, 찬송가 곡조의 내용에 울고불고
그를 의지하고 나에게 찬양을 드리는
것으로써 축복받는 것이며 하늘에 오
르는 길이라 생각하지 않는가?
12 참진리의 가르침이요, 진리를 듣는 것
보다도,
13 기록되어 있는 찬송가의 곡조에 모두
를 맡기고 그것으로써 모두 역사하는
것처럼, 그와 같이 이루어지는 것처
럼, 찬양의 기도를 드리는 것만이 하
늘에 오르는 길이요, 구원의 길이라
그리 착각 속에 가는 것이 오늘의 너
희이니라.
14 조용한 가운데 나 여호와가 내리는 성
령의 뜻을 받아들이고 깨우침의 믿음
의 길을 가는 것, 그와 같은 백성을 내
가 원하는 것이요,
15 찬송가의 곡조요, 그 곡에 따라 울고
불고하며 역사하는 것이 그대로 이루
어지는 것 같은 착각 속에서 가는 그
와 같은 광란의 짓으로써는 나의 뜻을
들을 수도 없으며 볼 수도 없다 함을
너희를 알아야 할 것이니라.
16 성령의 깨우침과 감화요, 감동이요,
그 은혜는 참진리의 눈이 뜨이게 되
느니라.

17 참진리의 눈을 뜨는 것만이 세상의
각종 역사하는 것을 다 볼 수 있으며
들을 수 있는 그와 같은 변화가 이루
어지는 것이니라.
18 너희가 각종 악기를 동원하여 두드리
고 소리 지르며 모두 손뼉 치고 울고
불고하는 그와 같은 곳에는 나의 역
사함이 없으며,
19 나의 진정한 은혜요, 감화요, 감동을
받을 수 있는 참진리가 거기엔 없음이
니라.
20 그러나 너희는 그것이 구원의 길이요,
너희가 변화되는 것이요, 그리고 그것
이 진정한 믿음의 길이요, 나 여호와
가 기뻐하는 것이라 착각하고 있느니
라.
21 너희가 지금 교회에서 예배하면서 얻
어지는 것은 무엇인지 알겠는가?
22 제 감정에 치우쳐서 저 자신의 감정
에 좌우되는 허황된 믿음이요, 허상의
믿음을 가고 있음을 알라.
23 다시 한 번 내가 너희에게 명하느니라.
24 너희가 오늘에 교회에서 찬송을 부르
며 찬송의 곡조에 따라서 울고불고하
며 각종 악기를 두드려 대며 소리를
지르고 하는 거기에서 얻어지는 은혜
라 생각하는 것은,
25 너희 자신의 감정에 의하여 저 자신
의 감정에 치우쳐서 저 자신의 감정
이요, 제 마음이 좌우되는 것이니라.
26 그것이 바로 허상이요, 끝나고 난 다
음엔 남은 게 없으며 네 손에 얹어지
는 것이 없다 함이니,
27 너희는 허상의 믿음의 길을 지금 수천
년 동안 가고 있음이니, 그리 알라.
28 이제는 나의 피조물 백성이 가면 갈
수록 깨달음이 깊어지며 그 마음이 황
폐해짐이니,
29 그 황폐한 마음을 하나로 묶어 다듬기
위해 광란의 짓을 하며 해괴망측한 악
기를 동원하며 해괴망측한 방법으로
써 질서도 없으며 순서도 없는 그와
같은 예배요, 경배하는 것을 자꾸 만
들어 가며 변질하는 그와 같은 형국
이 됨이니라.
30 앞으로 천 년이 흐른다면 지금의 종교
집단이요, 지도자 너희는 고깔을 거꾸
로 쓰고 춤추고 광란의 짓으로 갈 것
이니라.
31 심지어 세상의 음란한 것을 보여 주면
서 같이 손뼉 치며 즐기면서, 그와 같
은 것을 하지 말라고 보인다 하여 나
의 교회라는 곳에서 너희가 각종 추
잡한 짓이요, 감히 눈 뜨고 볼 수 없는
그와 같은 행위들이 수없이 이루어질
것이며,
32 무당이 춤추는 그와 같은 형국으로써
너희 손으로 지은 교회요, 하늘에 오
른다는 그 죄의 온상에서 춤추고 노래
하며 두드리며 그와 같이 예배하고 경
배하는 웃지 못할 해괴망측한 방법으
로 변화될 수 있는 것이 너희며, 그리
변화되는 것은 틀림없음이니라.
33 나는 그와 같이 해괴망측하게 고깔 쓰
고 춤추는 것을 보기 싫어, 너희를 바
로잡으려 함이니라.
34 무당은 고깔이라도 바로 쓰고 있으나,
그를 그대로 따라하면 무당의 후예라
할 것이니,
35 너희는 그걸 거꾸로 쓰고 이고 지고

거기다 금화를 많이 얹는 자는 축복을
받는다며 종교 지도자가 비위를 맞추
며 아양을 떠는 추하고 더러운 모습으
로 전락하는 것이 머지않았음이니,
36 그를 내가 더 볼 수 없어, 나의 법전을
내려, 너희가 썩어져 가는 것을 수술
하며, 무너져 가는 것을 바로 세우고
자 하는 나 여호와의 뜻이 여기 있음
을 알라.
37 너희는 지금 허황된 허상의 행위 뒤
에 남는 것은 심판대에 서서 감당키
어려운 그 죄를 자초하는 것이며,
38 그 죄를 하나 더 짊어지고 그 죄의 심
판대에 서겠다 하여 하나하나 죄를 스
스로 만들어 네 목에 걸머지고 얹고
하는 그것이 오늘의 너희 행위라는
것을 잊지 말라.

7,976 번째 하나님 말씀

2003년 10월 16일 12시 02분

1 사랑하는 나의 아들아!
2 "네, 아버님! 말씀하옵소서."
3 나 여호와의 성령의 뜻을 전한다 하
며 내 뜻을 가르치는 그와 같은 곳이
라면 과연 어떠한 곳이 되어야 하느냐?
4 경건하고 엄숙하며 조용하며, 또한 보
이지 않는 자유로움이 있으며, 사랑이
있으며, 꽃과 같은 향기가 흘러나오는
그와 같은 장소가 되는 것이 바로 나
여호와의 성령을 전하는 곳이며 나의
뜻을 가르치는 곳이 아니던가?
5 그러나 너희는 지금 나의 뜻을 전한
다 하며, 너희 손으로 지은 죄의 온상
에서 모든 악기를 동원하여 광란의 짓
을 하며 그 광란의 짓이 누그러질 때
마다 뭐라 말하느냐?
6 그저 악을 쓰고 광란의 짓이요, 흥분
의 도가니에서 제정신을 잃고 그저
개구리 뛰듯이 뛰는 그와 같은 백성으
로 주저앉는 상태요, 그와 같은 행위
를 하지 아니하며 흥분된 상태에서 계
속 지탱하지 아니할 때, 그들에게 너
희는 뭐라 하느냐?
7 영적인 깨달음이요, 믿음이 죽어 있으
며 믿음이 약해져 있으며 믿음이 떠난
백성이라 그리 말하느니라.
8 그러니 개구리처럼 제자리에서 지칠
때까지 악을 쓰고 또 뛰이니, 왜 뛰는
지 그것도 모르면서 옆 사람이 뛰기에
덩달아 뛰는 것이며,
9 옆 사람에게 믿음이 약하며 믿음의 상
태가 무너지는 자라는 눈총이 따가워
그저 남들에게 흥분해서 광란의 짓을
하는 것처럼 저도 모르게 엉덩방아를
계속 찧고 손뼉 치고 악을 쓰는 것이
오늘의 너희 믿음이 아니더냐?
10 광란의 짓을 하지 아니하면 영적인 깨
달음의 믿음이 떠나 버리며 그리하여
사탄에게 무너지기 시작하며 사탄에
게 가까이 간 자라 그리 악을 쓰고 가
르침이니,
11 그 종교 집단이요, 너희 교우들이 하
는 말이 두렵고 무서워, 저도 모르게
손뼉 치고 눈물 흘리며 엉덩방아를 찧
는 그와 같은 형국의 광란의 짓을 하
는 것이 오늘의 교회요, 나의 뜻을 가
르치는 곳이라 함이니라.
12 나의 성령을 가르치는 곳은 너희가
숨쉬기도 두려우며, 무서운 곳이니,

경건한 마음이요, 자유로운 마음이요,
엄숙한 마음이요, 자애로움 속에서 가
는 것이 나의 뜻을 가르치는 곳이니라.
13 오늘의 너희가 행하는 그와 같은 형
국을 한번 돌아다보라.
14 그러한 행위로 나의 뜻을 전한다 함이
니,
15 그것은 나의 뜻이 아니요, 내가 거기
에 존재하지 아니하며 그것을 보기도
싫어하는 것이 나 여호와의 뜻임을 알
라.
16 오늘의 모든 교회가 그러한 증상에 젖
어 있음이니라.
17 그와 같이 두드리고 광란의 짓을 하며
흥분하지 않는 자는 사탄이며 믿음이
무너진 자라 진단하는 바로 그것이 어
떠한 형국에 와 있느냐?
18 그 증상이 너무도 심하여 중환자의 한
계를 넘어 지금 목숨이 경각에 달린
그와 같은 모습이며, 그와 같은 형국
이 오늘의 믿음의 길을 가는 자들이니
라.
19 그것이 너희가 손으로 지은 죄의 온상
인 그 교회의 오늘의 현주소이니라.
20 그러나 나의 성령을 중심으로 하여 참
진리를 가르치며 나의 뜻을 가르치는
그와 같은 곳을 너희는 되려 그리 말
하느니라.
21 지옥을 가는 길이요, 구원받지 못하는
길이요, 사탄의 집이요, 악마가 지배
하는 집이요, 말세의 집이요, 거짓 선
지자가 모든 백성을 지옥으로 이끌어
가는 그와 같은 곳이라 하여 저주하고
핍박하는 그 죄까지도 지금 겸하여 짓
는 환자라는 것을 알라.
22 너희는 그저 두드리고 흥분하지 아니
하면 믿음이 약한 자요, 사탄에게 무
너진 자요, 유혹에 넘어간 자라 하여,
죽기 아니면 살기로 그저 또 뛰고 소
리 지르고 악을 쓰는 그와 같은 죄를
지으면서,
23 진정한 믿음이요, 아름다운 믿음이요,
참진리를 가르치는 곳을 사탄의 짓이
요, 사악한 곳이요, 마지막 거짓 선지
자가 와 세상 것을 흔들어 놓는 그와
같은 곳이라 하여 그들을 핍박하고 그
들을 멸시하며 그들을 저주하니,
24 그 큰 죄 두 가지만으로도 너희는 벗
어날 수 없는 자요, 이미 죽음에 가까
운 환자의 증상이 거기에 있음을 알아
야 할 것이니라.

7,977 번째 하나님 말씀

2003년 10월 16일 12시 10분

1 사랑하는 나의 아들아!
2 "네, 아버님! 말씀하옵소서."
3 가장 아름다운 예배는 내가 무엇이라
말하였느냐?
4 너희가 개인적으로 천사와 같이 변화
되는 것을 바라보는 것이 나 여호와의
가장 큰 기쁨이요,
5 너희 가정의 믿음이 그와 같이 변화되
는 형태를 바라보는 것이 나의 기쁨이
라 하였음이니라.
6 그러니 모든 백성에게 전하라.
7 너희는 이와 같은 기초적인 변화를 벗
어나서 지금의 종교 집단이 가는 그
길이요, 그 방법으로써는 절대 구원을
받지 못한다는 것을 만백성에게 전하

라.
8 이는 나 여호와의 뜻이니라.
9 나의 뜻을 거역하고 나의 나라에 올
수 있다고 생각하는 그 발상부터 잘못
되었음을 그들에게 알려 줘야 할 것
이니라.
10 내가 성경에 기록하여 가르친 대로,
그리고 십계명에 기록된 대로 나의 법
전에 나의 모든 성령을 풀어서 내려
보낸 그 길의 발자취를 오지 아니하고
는 절대 구원을 받을 수 없으니, 그 발
상을 지워 버리라 그리 전하라.
11 사랑하는 나의 아들을 따르는 제자 너
희는 들어야 할 것이니라.
12 나의 아들을 따르는 제자요, 그리고
선택된 나의 백성 너희는 지금까지 살
아온 삶에서 모두를 다 버려야 할 것
이라는 것을 잊지 말라.
13 너희는 지금까지 살아온 그 삶에서 모
두를 지워 버려야 할 것이며, 너희가
오늘까지 살아온 그 삶은 지워 버리지
아니할 수 없는 것이니라.
14 너희도 모르는 사이에 크나큰 별명이,
너희에게 욕되는 이름이 붙어져 있음
이니, 너희가 지난 삶을 다 지우지 아
니하려 해도 잊어 버리고 지울 수밖에
없는 것이 오늘 나의 아들을 따르는
너희 운명이니라.
15 너희에게 지워진 이름은 무엇이더냐?
16 모든 종교 집단이요, 기독교라 하여
천국에 왔다는 그 백성이 너희에게
이와 같은 이름을 지어 줄 것이니라.
17 사탄의 자식이요, 악마의 자식이요,
너희도 모르는 사이에 기독교인들이
요, 모든 종교 집단들이 더불어 만들
어 너희에게 붙여 주는 그 이름일 것
이니라.
18 그러면서 너희도 모르는 사이에 믿음
의 길을 가는 종교 집단이요, 지도자
요, 광분한 자들로부터 핍박을 받고
있으며 위협을 느끼고 있으며,
19 그리고 모든 백성이 너희를 보는 그
시선이요, 바라보는 눈총이 너무나도
따가운 그와 같은 형국으로 변해 있는
것을 알게 될 것이며,
20 너희도 모르는 사이에 너희에게 새로
운 이름이 붙어질 것이며, 새로운 핍
박이 너희를 따를 것이며, 무서운 눈
초리가 따라다니는 그와 같은 너희 자
신이 되게 될 것이니라.
21 나의 아들 또한 그러하니라.
22 나의 아들 또한 사탄이요, 이단이요,
악마의 괴수라는 공식어가 붙어 다니
는 날이 머지않았음이니,
23 너희도 가는 곳마다 너희가 사탄이요,
악마의 괴수라는 그 이름이 따라다니
며,
24 너희가 짓지 아니하고 만들지 아니하
였어도, 모든 믿음의 길을 가는 종교
집단 지도자들이 너희에게 새로운 그
이름을 붙여 줄 것이니라.
25 그러나 너희는 두려워하지 말라.
26 너희는 참진리의 길을 가느니라.
27 너희가 비진리의 길을 가며 창조주
나 여호와의 뜻을 거역하고 가는 것
이 아니니라.
28 그러니 참진리요, 나의 뜻을 거역하지
아니하고 가면서 너희가 그 핍박을
받는 것은, 잘못된 자들이 너희에게
고난과 고통을 줌이니, 두려워하지 말

라.
29 그들의 핍박과 고통이 거세면 거셀수
록 너희는 기뻐해야 할 것이며, 너희
가 나의 뜻을 역사하는 것에 그만큼
비중이 있으며 강도 높은 자리에 서
있다는 것을 알며, 항상 나 여호와에
게 감사하는 마음으로써 용기를 잃지
말고 살아가라.
30 너희는 나약한 백성이 되어서는 아니
될 것이니라.
31 너희는 스스로 정녕 나약한 너희에게
어찌하여 나 여호와 창조주께서 그 대
명을 내렸는가 하는 의혹과 의심하는
마음을 가져서도 아니 될 것이니라.
32 너희는 역사할 수 있으며 이룰 수 있
기 때문에 나로부터 선택된 백성이요,
그와 같은 각오로써 역사할 수 있기
때문에 나로부터 부름을 받은 자라는
것을 알라.
33 그러니 너희의 굳건한 각오만 역사할
수 있으며 '나는 해낼 수 있다'는 그
각오 외에는 아무것도 생각하지 말라,
사랑하는 나의 아들딸들아!
34 나로부터 명받은 너희는 남은 여생을
모두 다 바쳐 나의 품 안에서 나의 사
랑 속에서 만백성을 구하는 데 최선을
다하는 삶을 살라.
35 너희가 뭐라 뭐라 해도 너희는 나의
품 안이요, 나의 사랑 속에서 역사하
는 나의 백성이요, 나의 언약궤를 열
고 닫고 다스리는, 하늘의 천국의 문
을 열고 닫을 수 있는 열쇠를 주었다
하였음이니,
36 그 열쇠를 버리는 그와 같은 어리석은
삶을 살지 않도록 그리하라.
37 항상 나 여호와가 너희와 같이 있음
을 생각하며, 그를 믿고 당당한 모습
으로 살아가라.
38 너희가 하는 모두를 내가 보고 있으
며, 너희가 역사하는 것을 알고 있으
며, 너희의 기쁨이요, 고통을 모두 다
나는 알고 있음이니,
39 너희가 그 길을 딛고 넘고 나에게 오
기 전에 얼마나 위대한 역사요, 얼마
나 당당한 일이며 너희가 상상할 수
없는 그 일을 역사했는가,
40 그리고 너희가 죽어 나 여호와에게 오
기 전에 얼마나 큰 일을 했으며 나의
뜻에 따라 역사했으며 얼마나 만백성
을 구하는 역사에 그 공이 있는가,
41 너희가 죽어 나에게 오기 전에 그것을
모두 알게 될 것이며 그들을 보게 될
것이니,
42 바른길이요, 정도의 길을 가는 그것이
얼마나 행복한 자들이요, 얼마나 축복
받은 자들인가를 너희 스스로 알 날이
머지않았음을 알라, 사랑하는 나의 아
들딸들아!

7,978 번째 하나님 말씀

2003년 10월 16일 12시 22분

1 사랑하는 나의 아들아!
2 **"네, 아버님! 말씀하옵소서."**
3 나의 아들을 따르는 제자요, 이 법전
을 읽고 깨우치는 만백성, 너희는 들
으라.
4 나의 법전이요, 새로운 성경에 기록되
어 내려지는 그 모든 내용은 인간이
역사하는 것이 아니요, 나 여호와가

너희에게 행하고 살라 명하는 것임을
알아야 할 것이니라.
5 내가 너희에게 이와 같이 행하고 살
라는 그 지표로 내려보내니, 이는 창
조주 나 여호와의 뜻임을 믿고 또 믿
으며 그리 따라야 함을 너희는 알아
야 할 것이니라.
6 이는 인간의 생각이 아니요, 나의 아
들이 제 생각대로 그를 기록하여 만들
어 쓴 것도 아니요, 인간의 어떠한 생
각으로써 쓰게 한 것도 아니요, 대본
을 준비하고 또 준비하며 쓰고 지우고
또 쓰고 지우며 다듬어 만든 법전도
아님이니라.
7 오로지 나의 아들이 십계명을 암송함
으로써 내 뜻이요, 나 여호와가 전하
고자 하며 너희를 깨우치고자 하는
그것을 직접 내림이니,
8 그는 정녕 한 획도 고치지 아니하며
내가 내리는 그대로 받아 기계에 옮기
니, 그것을 너희가 바로 글로 책으로
써 만들어 내는 그 역사가 아니더냐?
9 대본을 쓰는 것처럼, 작가가 글을 쓰
는 것처럼, 시를 쓰는 자가 시를 쓰듯
이 썼다 지우고 또 지웠다가 쓰며 찢
어 버리는 그와 같은 역사 속에서 나
의 법전 160권이 나온 것이 아님이니
라.
10 그리하여 십계명을 암송하고 나에게
그가 간곡히 기도를 드릴 때, 내가 나
의 성령을 그 입을 통하여 내려보내
며, 그 가슴을 통하여 전하여 이루어
지는 역사가 아니더냐?
11 그러니 이는 창조주 나 여호와의 뜻이
요, 나의 성령이요, 너희가 마지막 심
판을 받는 그 모두가 여기 있음을 믿
고 또 믿으라.
12 그리하여 너희는 나의 법전을 가슴에
안고 죽는 그것을 영광으로 생각하는
그와 같은 각오의 마음으로써 가지 아
니하면 아니 됨을 알라.
13 이것이 나 여호와의 성령이요, 나 여
호와의 큰 사랑이요, 내가 너희에게
은혜를 내려보내는 가장 큰 것이니 이
를 알라.
14 이것이 거듭나는 역사를 얻을 수 있으
며, 그보다도 더 큰 영광이 없으며 이
것이 천국에 이르는 길이요,
15 너희가 하늘에 오를 수 있는 빛이요,
내 앞에 오는 길이요, 거듭나는 생명
이 태어나는 그 역사를 얻을 수 있는
것이 바로 나의 법전이라 함을 알라.
16 나의 법전이 내가 너희에게 내리는 가
장 큰 은혜요, 사랑의 축복임을 잊지
말라.
17 그리고 너희가 천국에 오르는 길이요,
나에게 올 수 있는 그 길은 나의 법전
을 읽고 정독하지 아니하면 절대 아니
되며, 그 길밖에 없다는 것을 알라.
18 이는 나의 아들이 멋대로 쓰는 것이
아니요, 지우고 쓰고 또 지워 버리며
쓰고, 수천수만 날 밤을 새워가며 기
록한 것이 아니니라.
19 십계명을 암송할 때마다 내가 주옥같
은 나의 뜻을 그대로 그 가슴을 통하
여 그 머리에 심어 줌이니,
20 그 머리를 통하여 그 입으로 나와 기
계에 입력하였으며, 그것을 너희가 책
으로 만들어 내는 그와 같은 은혜요,
축복의 영광을 내가 내린 것이라는 것

을 절대 잊지 말라.
21 믿고 또 믿고, 따르고 또 따르라, 사랑
하는 나의 아들딸들아!

7,979 번째 하나님 말씀

2003년 10월 16일 23시 13분

1 사랑하는 나의 아들아!
2 "네, 아버님! 말씀하옵소서."
3 네가 나로부터 성령을 받아 하늘에 오
르는 길이요, 만백성을 구하는 책을
만듦이니, 그건 누구의 뜻이며 누구의
뜻을 따라 역사하는 것인가?
4 너희는 창조주 나 여호와의 명을 받아
오늘의 그 역사를 함이니, 이 세상에
너희가 지금 만들어 가는 이 법전이
요, 새로운 성경보다 더 귀하고 소중
한 것이 있다 말하는가?
5 그보다 더 귀하고 소중한 것이 있으면
말해 보라고 하라.
6 나 여호와의 언약이요, 내 약속이요,
내가 너희에게 미래에 이루어질 그
모두를 다 담아 내리는 나의 성령을
세상에 내려보내는 것보다 더 귀중하
고 귀한 것이 있다면 너희는 나에게
말하라 그리 전하라.
7 얼마나 귀하고 소중한 것을 지금 너희
손으로 만지며 가슴으로 이 모두를 다
루고 역사하고 있는가?
8 그러니 이 세상의 무엇과도 바꿀 수
없는 그 귀하고 소중한 나의 성령을
역사하는 너희가 오늘의 핍박이요, 오
늘의 고통이요, 오늘의 힘듦이 어렵다
하여 좌절하고 물러서는 그것은 결국
어떠한 것이 되던가?
9 나 여호와의 언약은 이 세상에 뿌리를
내리지 못하며 그는 내려오지 못하며
역사하지 못하는 그와 같은 결과가 이
루어진다는 것을 너희는 알아야 할
것이니라.
10 그러니 나의 성령이요, 나의 법전이
얼마나 소중한 것이며, 얼마나 귀한
것이며, 너희가 지금 얼마나 귀한 것
을 다루고 있으며, 이를 역사하고 있
는 것을 과연 얼마만큼 가슴속에 새기
며 마음가짐을 굳혀 가는가?
11 너희 자신을 돌아다봐야 할 것이며,
12 그리고 너희가 다루는 이 언약이, 너
희가 말하는 창조주 아버지의 그 뜻이
얼마나 귀하고 소중한 것인가를 생각
하는가?
13 그러니 이걸 다루고 만드는 너희가
힘들고 어렵다 하여 그 고비를 넘지
못하고 좌절하는 형국이 된다고 하면
과연 어떠한 역사가 이루어지겠는가?
14 나의 언약은 모두 다 무너지며 이 세
상에 존재하지 못하며 나의 피조물 만
백성을 구하는 그 역사가 없게 됨이니
라.
15 그러면 지금 2천 년 역사 속에 무너지
고 흐트러진 오늘의 그 믿음의 뿌리만
계속 존재할 것이니,
16 지상의 낙원은 여기에서 영원히 존재
하고 이루어질 수가 없으며, 너희가
나에게서 등 돌리며 나를 능멸하는 그
와 같은 일을 계속 해 나갔을 때, 정녕
너희는 나를 노하게 하는 것이요,
17 사탄들의 장난에 의하여 나의 백성이
너희가 나 여호와를 노하게 만들며
내가 참지 못하도록 너희가 사탄들의

꼬임에 계속 더 그와 같은 행위를 한
다면,
18 나 여호와로부터 너희에게 재앙을 내
리도록 그리하는 것이 지금의 사탄의
수법이요, 그들의 간교한 방법이라 내
가 그리 말하지 아니하였던가?
19 거기에 놀아나는 것이 지금의 종교 집
단이요, 지도자라 그리 말하였음이니
라.
20 그러니 내가 이를 바로잡고자 역사하
는 것이 무엇이더냐?
21 나의 모든 언약이니라.
22 그 이루어지는 언약 속에서 하나하나
진행됨으로 모든 악이 다 존재하지 못
하며, 하늘에서 이루어진 것같이 이
지상의 낙원이 이루어지는 것이니,
23 창조주 나 여호와의 뜻을 역사하는
자들이 오늘 힘들고 어렵고 고통스럽
다 하여 앞으로 나가지 못한다면 모두
다 무너지는 것이며, 모두 꺾이는 것
이며, 이 세상은 악으로써 덮어짐이니
라.
24 그 후에는 나 여호와가 더 이상 볼 수
없을 때 사악한 것을 다스릴 수 없을
때 모두 재앙으로써 다스리는 길밖에
없지 않은가?
25 그를 이루고자 하는 것, 그와 같은 변
화를 이루고자 하는 것이 사탄이요,
사악한 자들의 장난이요,
26 오늘의 종교 집단이요, 지도자들이 사
탄의 자식이 되고 그 후예가 되어 그
들의 명에 따라서 움직인다는 것을 모
르는 어리석은 백성이니, 그들을 깨우
쳐야 할 것이니라.
27 그리고 너희는 어떠한 어려움과 고통
이 있다 해도 흔들려서는 아니 되며
무너져서는 아니 되느니라.
28 이 귀하고 귀한 언약이요, 이 모두가
다 내려오지 못하며 역사하지 못하며,
160권의 나의 법전을 만들어 새로운
성경을 만백성에게 전하지 못하는 그
와 같은 일이 있다 하면 이것보다도
슬픈 일은 없을 것이며,
29 세상에 이보다도 더 귀한 것이 없고
두 번 다시 얻을 수 없는 것을 잃게 되
는 그와 같은 고통이라는 것을 이루
말할 수 없음을 너희가 알아야 할 것
이니라.

7,980 번째 하나님 말씀

2003년 10월 16일 23시 18분

1 사랑하는 나의 아들아!
2 "네, 아버님! 말씀하옵소서."
3 화려한 모습이요, 예쁜 꽃의 모형을
갖추었다 해도 그 꽃에서 향기가 없다
면 그 꽃은 과연 무엇이더냐?
4 모든 종교 집단이요, 지도자요, 구원
을 받았다는 그 백성의 오늘의 믿음
의 형태가 무엇인 줄 알겠느냐?
5 그들은 정녕 아름다운 모습과 화려한
것 같은 꽃의 모형을 갖추고 있으나,
그 꽃에 생명이 없으며 향기가 없는,
너희가 장식품으로 쓰는 '조화'라는
그와 같은 꽃의 형국으로써, 지금 조
화의 형태를 보이는 것이 오늘에 가
는 그 믿음임을 너희는 알아야 할 것
이니라.
6 정녕 자태는 아름다우나 거기에 생명
력이 없으며 향기가 없는 그와 같은

꽃이니, 그것이 과연 무슨 꽃이더냐?
7 죽은 꽃이 아니더냐?
8 그러니 모든 종교 집단이요, 구원을
받았다는 광신도, 그 백성이 저희는
화려한 꽃이라 생각하나, 향기 없는
조화요, 그 꽃과 같은 것이 그들의 믿
음이라는 것을 그들에게 전해야 할
것이니라.
9 생화의 아름다움이요, 그 향기로움을
모르며, 그들은 그와 같은 꽃향기를
맡지 못하며, 그 아름다움이요, 감미
로움이요, 생명력이 있어 부드럽고 유
한 그와 같은 것을 모르며, 진정한 꽃
의 의미를 모르는 자들이니라.
10 오로지 장식용으로 사용했다가 그저
버려지는 조화와 같은 그것이 바로 저
희에게 아름다운 꽃이요, 생명력이 있
는 꽃이요, 그 꽃보다 더 위대한 꽃은
없다 하며,
11 생화의 꽃이 있는 것을 모르는 자들이
며, 꽃의 향기를 모르는 자들이니라.
12 그러니 저희의 고집으로 지금까지 행
하고 온 것이 그들이니, 그게 얼마나
불쌍한 백성인 줄 너희는 알겠느냐?
13 정녕 조화를 가지고 참진리요, 믿음이
라 부르짖는 것이 그들이요,
14 오늘 나의 아들을 따라 나의 법전을
읽으며 내가 지키라 하는 십계명을 지
키고 살아가는 백성, 너희는 정녕 생
화의 아름다움을 모두 느끼고 살아가
는 그 백성임을 알라 하여, 내가 그를
비유하여 너희를 깨우쳐 주고자 함이
니라.
15 성경의 비유의 뜻을 모르며, 성경에서
원하는 그 뜻을 모르며, 창조주 나 여
호와의 뜻을 알지 못하는 자,
16 나 여호와가 역사하고자 하는 것을
전혀 생각하지도 못하는 백성이 지금
이 세상을 다 지배하는 것처럼,
17 그리고 저희의 기도요, 그 광란의 짓
으로써 나 여호와가 저희에게 굴복하
며 저희 뜻에 따라 움직인다는 그와
같은 오늘의 그 믿음이요, 기복 신앙
에 젖어 있는 자들이기에,
18 그들은 그것에서 벗어나지 못하며 거
기서 헤어나지 못하는 자들이요, 그
한계이니라.
19 그러니 그들이 참진리요, 나 여호와가
이 세상에 내려보내는 그 귀하고 소중
한 나의 언약의 가르침을 모두 이해하
려 하지 아니하며, 그 내용을 모르며,
20 또한 들으려 하지 아니하며, 그걸 받
아들이려 하지 아니하는 어리석은 삶
을 가는 것이 지금 믿음에 젖어 있는
그 백성임을 너희는 알아야 할 것이
니라.
21 그들의 믿음이라는 것이 무엇이더냐?
22 영의 성장이요, 그 영이 성장하는 길
로서 곧고 바르게 갔을 때 너희가 나
에게 오를 수 있는 길이 열리며 그 모
두를 알게 되거늘,
23 지금 너희는 영적인 그 영의 깨달음
을 위해서 참진리의 길을 공부하는
것이 아니요,
24 육의 생활에 모두를 다 바치며 그를
위하여 지금 가는 것이며, 육을 전제
로 하는 신앙생활을 하는 자들이기에,
너희가 그와 같이 내 뜻에 살았으며
다른 신을 가슴에 두지 아니하며 나의
계명대로 살아왔다 해도, 내가 너희를

모른다는 것이니, 너희는 이를 알아야 할 것이니라.

7,981 번째 하나님 말씀

2003년 10월 16일 23시 22분

1 사랑하는 나의 아들아!
2 정녕 나 여호와가 존재한다는 믿음이
흔들리며, 그를 믿지 못하는 그와 같
은 백성 너희에게 전하느니라.
3 이 지상의 땅덩어리가 존재하는 그 이
유와 그것이 돌아가는 형국이 무엇이
더냐?
4 이 세상에 바람이 부는 그 이유요, 비
가 내리는 그 이유요, 그리고 필요에
따라서 변하는 그 계절과 모든 동식물
이 존재하는 것,
5 그 위대한 변화의 역사를 과연 누가
이루며, 누가 그를 다스리는 것인가를
한 번쯤 경건한 마음을 가지고 생각하
는 백성이 되어 보라.
6 그렇다면 너희가 거기에서 무엇인가
를 얻음이 있을 것이니라.
7 지구가 제자리를 돌면서 지금까지 지
탱하는 그와 같은 역사요, 지금까지
이루어진 그 모든 역사의 위대함을
다시 한 번 들여다보라.
8 그리고 이 지상에서 존재하는 작은 미
물에서부터 모든 동식물이 생존하며
그들이 생명을 지탱하고 이어 가는 그
와 같은 위대함을 바라보고 한번 깨우
쳐 보며 연구해 보도록 그리하라.
9 그렇다면 그 역사 속에서 그 흐름이
하나도 틀림이 없이 오차 없이 흘러가
는 그와 같은 내막을 연구하고 깨우쳤
을 때, 너희는 아무런 할 말이 없을 것
이니라.
10 다만, 그와 같은 것을 깨닫고 깊이 들
어가고 들어간다면, 그때 너희가 할
말은, '하나님, 아버님! 감사합니다.'
그 말 외에는 아무것도 할 말이 없느
니라.
11 그러면서 너희는 나 여호와의 은혜에
감사한다 말할 것이니라.
12 그리고 '이 어리석은 백성을 용서해
주옵소서.' 그리 말할 것이니라.
13 그러다 보면 결국 무엇으로써 너희가
나에게 모든 응답을 하겠는가?
14 '창조주 아버님 저의 죄를 용서하여
주옵소서' 그 기도로써 모두 종결될
것이니라.
15 그리하여 마지막 나에게 드릴 수 있는
그 기도의 대목을 일찌이 나의 법전에
내려보냈음을 너희는 알라.
16 이 세상 지구가 돌아가는 그 위대한
역사요, 그리고 변함없는 그 역사요,
그리고 비바람이 불어오는 그 역사요,
덥고 추운 그 계절에 따라서 움직이는
것이요, 너희가 상상할 수 없는 이 세
상에 존재하는 그 위대함을 경건한 마
음으로써 생각하고 연구하고 깊이 들
어가면 들어갈수록 너희는 입이 다물
어질 것이며, 할 말이 없을 것이니라.
17 '전지전능한 아버님, 감사합니다.' 그
리 말할 것이며, 이 역사를 이루는 나
여호와의 그 축복에 감사드릴 것이니,
18 내가 말했듯이 너희는 '아버님! 저의
죄를 용서하여 주옵소서. 감사하옵나
이다'. 그것이 마지막 종국의 대답이
요,

19 그 대답을 찾는 자는 하늘에 오르는 그 빛을 보기 시작하며 하늘에 오르는 길에 들어선 백성이라는 것을 알라.

7,982 번째 하나님 말씀

2003년 10월 16일 23시 28분

1 사랑하는 나의 아들아!
2 "네, 아버님! 말씀하옵소서."
3 너를 따르는 제자들이요, 나의 법전을 읽고 깨우친 백성 너희는 알라.
4 나 여호와가 직접 너희를 인도하고 관장하고 있음을 알아야 할 것이니라.
5 너희는 이를 의심치 말라.
6 하늘에서 역사하는, 신비 속에서 이루어지는 그 모든 신비의 세계는 너희가 그를 알 수 없으며, 그를 알려 한다 해도 깨달을 수가 없음이니라.
7 다만, 나의 법전을 읽고 깨우친 백성이요, 나의 아들을 따르는 너희만큼 이 세상에 하늘의 신비로움을 아는 백성이 없으며, 그 깨달음을 가진 백성이 세상에 없음을 알아야 할 것이며, 그리하여 너희가 소중함을 알라.
8 나의 아들과 더불어 역사하는 그 은혜로움이 얼마나 크고 위대한 것인가를 너희는 알겠는가?
9 육의 삶에서 움직이면서 지구상에서 죽고 사는 나의 백성, 그리고 심판대에서 공포에 젖어 우는 그 백성을 구원하는 것이 오늘 나의 법전을 만드는 그 역사함에서 모두 이루어진다는 것을 너희는 모르나, 세월이 지나면 그것을 모두 알게 될 날이 있을 것이니라.
10 그러니 너희가 한 사람의 나의 백성을 의인으로 만들어 구하는 것이 어떠한 죄도 다 그를 감면받을 만큼 위대한 것이라 내가 말했던 그 뜻을 아는가?
11 그러니 너희가 나의 법전을 가지고 만 백성을 구하는 그 역사를 하니, 너희가 얼마나 위대한 존재들이며,
12 제3의 시대의 역사의 주역이라는 것, 마지막 심판의 시대에 나 여호와가 관장하는 이 시대에 너희가 주역으로서 등장하여 그 역사함이 얼마나 크나큰 은혜요, 축복인 것을 알아야 할 것이니라.
13 이제 너의 제자들에게 전하라.
14 너희가 오늘의 고통이요, 어려운 시련의 그 모두요, 많은 백성으로부터 핍박받으며 사탄의 괴수라 손가락질 받으며 저주를 받는다 해도,
15 너희는 흔들려서는 아니 될 것이며, 마음의 동요가 일어서도 아니 됨을 알아야 할 것이니라.
16 너희는 지금 알지 못하느니라.
17 나의 아들을 따르는 백성, 그리고 나의 법전을 만드는 너희가 지금 전혀 알지 못하는 것이 있음이니, 너희는 지금 생각조차도 하지 못하는 것이니라.
18 그러나 너희는 알아야 할 것이니라.
19 너희가 나의 아들에게 내리는 나의 성령을 법전으로 만들어 세상에 전하는 것은, 너희는 모르고 있다 해도 너희로 인하여 구원의 길에 들어서는 나의 백성이 수없이 있음을 너희는 모를 것이니라.

20 지옥의 문턱에 매달려 울부짖는 그와
같은 백성에게 그것을 면할 수 있도
록 역사하는 것을 너희는 모르나, 세
월이 지나가면 알게 될 것이니라.
21 너희로 하여금 그와 같은 구원을 받는
위대한 백성이 수없이 이루어짐이니
라.
22 다만, 너희만 모르고 있을 것이니라.
23 그러나 세월이 지난 다음에 그것이 어
떠한 것이며 그것이 얼마나 축복이요,
영광인 것인지를 알게 된다고 하지
아니하였더냐?
24 그러니 나의 아들을 따르는 제자들이
요, 나의 법전을 읽고 깨우친 백성, 너
희는 작고 큰 그 움직임이 다 너희 삶
이 아니요, 나 여호와를 위하여 행해
지는 것이며, 내가 쓰고자 하는 것을
위하여 존재하는 것이니,
25 너희보다 더 기쁨의 삶을 사는 백성이
없음을 너희는 알아야 할 것이니라.
26 이 지상의 모든 백성이 나의 법전이
요, 나의 은혜를 골고루 받을 수 있도
록 그들에게 너희가 기회를 주는 것
에 주저해서는 아니 됨을 알라.
27 너희가 나의 법전을 만들어 이고 지
고 세상에 전했을 때, 그 백성에게 그
기회를 줌이니, 또한 너희가 나에게
와서 받을 수 있는 그 상을 저축함을
알라.
28 그러니 저축하는 그와 같은 삶이 얼마
나 어렵고 힘들고 어려운 길이더냐?
29 너희가 상상할 수 없는, 이 세상에서
는 있을 수 없는 가장 크나큰 상을 받
으려고 모두를 저축하는 것이 오늘의
너희가 만백성을 구하는 길이니라.
30 만백성을 구원하는 대업을 이루며 너
희 스스로 나에게 와 상을 받을 수 있
는 그 모두를 저축하는 삶을 살아가는
데 선택된 백성 너희야말로 이 세상
에 무엇과도 바꿀 수 없으며,
31 이 세상 그 무엇보다도 큰 은혜와 영
광 속에 너희가 존재하는 백성이라는
자부심을 가지라, 사랑하는 나의 아들
딸들아!

7,983 번째 하나님 말씀

2003년 10월 17일 07시 31분

1 사랑하는 나의 아들아!
2 "네, 아버님! 말씀하옵소서."
3 이제 너의 제자들과 나의 법전을 읽고
깨우친 만백성은 이 세상을 살아가면
서, '내가 그 사람이면 과연 어찌할 것
인가? 내가 그 사람의 입장이면 어찌
할 것인가?' 하는 것을 들여다보며 살
라 그리 전하라.
4 '내가 그와 같은 환경에 처해있을 때
나는 과연 어찌할 것인가?
5 내가 그와 같이 당했을 때 그 마음은
과연 어떠할 것인가? 내가 그와 같이
쓰러졌을 때 그 아픔은 정녕 어떠할
것인가?'
6 너희는 남의 아픔이요, 남의 고통을
너희가 직접 당하는 그와 같은 마음의
깨달음을 얻어야 할 것이며,
7 그와 같은 마음으로 세상을 봤을 때,
진정으로 상대방을 알 수 있으며 다른
사람의 마음의 고통을 알 수 있는 것
이니라.
8 말로써만 위로하며 말 잔치로만 풍성

한 것은 아무것도 이루어짐이 없음이
니,
9 너희는 가슴으로써 그와 같은 것을,
'내가 저 사람의 입장이요, 내가 저 사
람처럼 처해있으면 어찌할 것인가?'
그와 같은 생각을 하고 세상을 바라
보며 세상을 들여다본다 하면, 거기에
아름다운 정답이 항상 있음을 너희는
알아야 할 것이니라.
10 이제 나의 아들을 따르는 제자, 너희
는 그와 같은 훈련에 돌입하여, 너희
자신을 그리 승화시켜야만 함을 알라.
11 정녕 남의 고통이요, 남의 입장이요,
남을 이해하지 못하는 그와 같은 속에
서 어찌 너희가 진정한 사랑이 있고
아름다움이 있겠는가?
12 그러니 너희가 진정한 사랑이요, 아름
다움을 실천하는 것은, 너희가 그와
같은 입장에 처해 있을 때, 정녕 그와
같은 입장을 그대로 느낄 수 있는 마
음, 그리 바라다볼 수 있는 그와 같은
마음이 아니면 너희는 절대 아무것도
이루어질 수 없음을 알라.
13 그렇지 아니하면 너희가 옥석을 구분
할 수 없으며, 진정한 심판을 할 수 없
으며, 진정한 깨달음이 없다는 것을
알아야 할 것이니라.
14 이제 나의 아들을 따르는 제자들이요,
그리고 나의 법전을 읽고 깨우친 만백
성, 너희는 '내가 그렇다면 어찌할 것
인가?'를 그대로 피부로 느끼며, 진정
으로 그와 같은 마음의 극치에 달하지
아니하면 그를 이해할 수 없기 때문이
니,
15 뜨거운 불에 덴 자요, 그리고 피가 흐
르는 자요, 상처를 받은 자요, 직접 받
지 아니하면 그 고통이요, 그 아픔을
모르는 것이 당연하지 않더냐?
16 그러나 당하지 아니하고 겪지 아니하
였어도 그를 알 수 있는 그와 같은 마
음의 훈련이 필요함을 알라, 사랑하는
나의 아들딸들아!
17 거기에 진정한 사랑이 있으며 진정한
애정이 있으며, 정녕 아픔이 있으며,
슬픔을 같이할 수 있는 것이 너희임을
알아야 할 것이니라.

7,984 번째 하나님 말씀

2003년 10월 17일 07시 34분

1 사랑하는 나의 아들아!
2 "네, 아버님! 말씀하옵소서."
3 슬픔도 기쁨도 그와 똑같이 느끼며 똑
같이 생각하지 아니하면 그 사람의 슬
픔과 기쁨을 너희가 알 수 없다고 말
하지 아니하였더냐?
4 그러나 지금의 모든 백성은 그와 같
은 것을 역사할 수 없음이니라.
5 그러니 나의 뜻이요, 나의 계명대로
살 수 없는 것이요, 인간은 죄를 짓지
아니하며 거짓 하지 아니하며 살 수
없다고 말하는 것이니라.
6 그러나 남들의 슬픔이요, 남들의 기쁨
을 똑같이 느낄 수 있으며 그와 같은
마음으로 모두를 바라보는 마음을 가
졌을 때, 너희는 유하고 부드러운 인
성으로써 다스려지게 됨이니라.
7 내가 너희에게 말했음이니라.
8 남의 슬프고 괴롭고 고통스러움이요,
또한 기쁨과 즐거움을 똑같이 느낄 수

있는 그 마음의 경지에 올라야 함을
알라.
9 그리하여 이 세상에 인간의 마음이요,
인간의 그 모두를 다 느끼고 깨닫지
못하면서 자연의 모든 동식물이 움직
이며 그들이 행하는 것을 알 수 있는
것이 없으니,
10 너희가 모든 근본이며 모두를 깨우치
고 볼 수 있는 그 눈을 뜨는 것은 남의
슬픔이요, 남의 기쁨을 그대로 느낄
수 있는 그와 같은 마음의 훈련이 중
요함을 알아야 할 것이니라.
11 그와 같은 마음을 가지고 세상을 바라
볼 때, 시기 질투가 없으며 원망하는
것이 없으며 미워하는 것이 없으며,
인간을 인간으로 바라볼 수 있는 그와
같은 마음을 가질 수 있기 때문이니라.
12 나의 사랑하는 피조물 만백성들이 이
세상에 살아가면서 인간을 인간으로
볼 수 없다면, 그것보다 잘못된 것이
어디 있으며 그보다 더 죄를 짓는 것
이 어디에 있겠는가?
13 인간이요, 사람을 사람으로 보지 않는
그 죄보다 더 크고 무서운 것이 없음
이니라.
14 그러니 사람을 사랑하고, 그 사람을
사랑으로 볼 수 있는 그와 같은 마음
은 모두 한마음이 되는 경지의 훈련
으로 마음 자세가 되어 있을 때, 모두
밝게 볼 수 있기 때문이니라, 사랑하
는 나의 아들딸들아!
15 그러니 너희는 이 세상의 모든 백성
이 살아가는 그 마음이요, 기쁨과 슬
픔을 같이 피부로 느끼는 그와 같은
경지에 도달하지 아니하면 아니 됨이
니,
16 그와 같은 마음의 훈련에 돌입하도록
하라, 사랑하는 나의 아들아!

7,985 번째 하나님 말씀

2003년 10월 17일 11시 19분

1 사랑하는 나의 아들아!
2 "네, 아버님! 말씀하옵소서."
3 내가 너를 사랑하며 너의 제자들을 사
랑함이요, 나의 법전을 읽고 깨우친
그 백성을 다 사랑한다 함이니, 너희
는 그 마음의 의미를 알겠는가?
4 너희가 인간 세상에서 서로 얽히고설
켜 살아가는 그 속에서 자기 자신의
일을 제쳐 놓고 너희 일을 도와주며,
네 일을 먼저 하며 네가 역사하고자
하는 일을 알아서 다 해 주고 도와주
는 사람이 있다 하면,
5 그리고 네가 부족하고 어렵고 힘들 때
마다 너를 도와주는 사람이요, 어렵고
힘든 일을 너를 대신해서 모두 역사한
다면,
6 과연 너희는 그 사람을 미워하며 욕
할 수가 있겠는가?
7 그 사람은 소중하며 반가운 사람이요,
고마운 사람이 아니더냐?
8 더욱이 몸이 불편해 움직이지 못하는
사람, 수족을 제 마음대로 쓰지 못하
는 사람에게 그 수족이 되어 대신 움
직여 준다면, 그리고 걷지 못하는 사
람을 다리 성한 사람이 업고 다니며,
앞을 못 보는 사람을 안내한다면, 과
연 그 사람을 어찌 생각하는가?
9 그가 천사요, 그보다도 더 감사함이

없다 하는 것은 인간관계에서도 그리
생각할 것이니라.
10 바로 그 뜻을 안다면, 나 여호와가 너
희를 사랑한다 함을 알지 않겠느냐?
11 나 여호와가 사랑하는 나의 아들딸이
수천 년 동안 흘러오는 역사 속에서
지금 고통과 시련 속에서만 허덕이는
그들을 바로잡으며 그들을 깨우쳐 주
기 위하여,
12 나 여호와가 역사하는 제3의 시대요,
새로운 성경이요, 너희가 말하는 심판
을 받는 법전이요, 그 기준을 만들어
세상에 전하는 것을, 나를 대신하며
내가 역사하고자 하는 것을 너희가
지금 하고 있지 않으냐?
13 인간관계에서도 걷지 못하는 자의 다
리가 되어 업고 평생을 그리 살아간다
면, 그 사람에게 업혀 다니는 사람은
뭐라 생각하겠는가?
14 그와 같이 백 년도 안 되는 인간 세상
의 삶에서도 은혜를 베풀 때 그 공을
잊지 못하거늘,
15 만백성을 구하는 길이요, 나의 백성이
영원히 죽고 사는 그와 같은 길이요,
거듭나는 생명으로 쓰이는 그 역사를
나 여호와를 대신해서 함이니,
16 너희가 나의 아들딸이라는 것을 따지
기 전에, 나에게는 너희가 가장 소중
한 나의 아들딸이며 나의 자식들이라
함을 알아야 할 것이니 그리 알라.
17 너희가 나를 대신함이니, 항상 내가
너희를 바라보고 있으며 지켜보고 있
다는 것을 잊어서는 아니 될 것이니,
18 너희는 하나서부터 움직이는 모두를
내가 같이하고 있다는 그와 같은 믿음
의 마음을 갖도록 그리하라, 사랑하는
나의 아들딸들아!

7,986 번째 하나님 말씀

2003년 10월 17일 11시 29분

1 사랑하는 나의 아들아!
2 **"네, 아버님! 말씀하옵소서."**
3 너희가 가는 오늘의 믿음이요, 또한
나를 찾으며 수천 년 흘러온 그 종교
집단이나 나의 법전을 다듬고 만들어
만백성을 구하는 그 대명을 수행하는
너희나,
4 기도하고 예배하는 것을 모두 다 나
여호와의 뜻에 의한 길을 가지 아니하
면 정녕 아니 되는 것이니라.
5 지금 나 여호와의 뜻이요, 나의 뜻에
따라 믿음을 간다는 백성은 들어야
할 것이니라.
6 예배의 형식은 없으며, 기도의 형식이
없다는 것을 알라.
7 너희가 예배의 형식이요, 기도의 형식
을 갖춘다는 그 자체가 나의 뜻을 거
역하는 것이며 나와 아무런 관계가 없
는 것이니라.
8 내가 너희에게 가장 위대한 기도는 뭐
라 하였느냐?
9 감사하는 마음으로 '앗! 하나님!' 하고
찾는 그 한마디요, 거기에 다른 생각
이 없으며 다른 신을 모시지 않는 그
마음에서 드리는 그 기도가 가장 소중
하다 하였음이니라.
10 너희와 나는 어떠한 관계라 했느냐?
11 아버지와 자식이니라.
12 고향에서 멀리 떠나 타향살이하는 그

자식이 부모가 그립고 보고 싶을 때,
어느 장소를 찾아가 부모를 그리워하
며 부모를 생각하는 마음을 가져야 한
다면,
13 그 아들이 밤에 뜬 달을 보며 부모가
그리워 눈물짓다가, 어느 장소에 가서
만 부모를 생각하며 고향을 생각할 자
격이 있다 한다면, 그들은 그 장소까
지 찾아가는 동안에 그 마음이 변화될
것이며 변질될 것이니라.
14 그러니 부모를 떠난 자식이 고향을 그
리며 부모를 생각하는 마음에 어찌하
여 장소가 필요하며, 시간과 때를 맞
춰 그와 같이 해야 한단 말이더냐?
15 자식이 부모를 그리는 마음은 시간과
장소가 필요 없으며 그 형식이 필요
없음을 너희는 알라.
16 떨어진 옷을 입었으면 어떠하며, 제가
거적을 둘러쓰고 있으면 어떠하더냐?
17 걸인이 되어 다리 밑에서 달을 쳐다보
며 제 부모를 부르며 부모의 은혜에
감사하며 고향이 그리워 눈물을 흘리
는 그것도 할 수 없다고 지금 나의 피
조물 만백성에게 가르치는 것이니, 너
희가 얼마나 어리석은 자며 사악한 자
들이란 말이더냐?
18 너희와 나의 관계는 무엇이더냐?
19 나의 아들딸이요, 자식이요, 부모와
자식 사이라 하였음이니라.
20 그러니 너희가 나에게 오르는 그 감
사함을 느끼는 기도요, 내가 그리워
기도하는 것, 은혜롭다 생각하여 눈물
의 감사 기도를 드리는 것은 시간과
때와 그 형식이 필요 없으며,
21 예배를 드리고 기도하는 형식을 찾는
것은 사탄이요, 사악한 자임을 알라.
22 그들은 나의 뜻을 모르며, 부모를 그
리는 사람들에게 제한된 장소에 와서
금화와 은화를 바치고 부모를 그리라
는 자들과 똑같음을 알라.
23 세상에 달빛을 보고 부모를 그리워하
며 달을 보고 고향을 그리워하는 그
마음을,
24 장소가 따로 있으며 시간이 정해져 있
으며 또 그를 생각할 때마다 너희가
뼈 빠지게 번 금화와 은화를 바치라고
끌고 가는 그와 같은 형국이라면,
25 너희는 지금 아니라 할 것이나, 지금
의 종교 집단 지도자들이 무엇이더냐?
26 갖은 형식이요, 행사의 기준이요, 그
리고 온갖 예배 절차를 가지고 하는
그것이 잘못되었음이니라.
27 그러한 형식을 갖추어서만 나에게 기
도하며 나에게 경배한다 하지 말라.
28 그저 편한 자세로 때에 따라서 나에게
감사하며, 감화와 감동을 받을 때 '아
버님! 감사합니다.' 그리 찾으면 될 것
이며,
29 아름답게 살아 그 은혜에 보답하겠다
는 감사의 생각을 하며 기도드리면 되
거늘,
30 그 한마디를 하기 위해 10리, 20리까
지 찾아가 그 장소에 들어가야 하며
재물을 바쳐야 한다 함이니,
31 너희는 달을 보고 고향의 부모를 생각
하며 옛 추억을 그리며 눈물짓는 그와
같은 것도 못 하도록 함이니라.
32 너희가 그 장소까지 가다 보면 부모
를 그리는 마음을 잊을 것이며, 그 장
소가 가기 싫어 고향을 그리지 아니하

며 부모를 생각하지 않는 것은 당연한 것이 아니더냐?
33 이것이 오늘의 너희가 잘못된 것이니,
34 교회가 필요 없으며, 장소가 필요 없으며, 또한 형식이 필요 없으며, 갖춰진 외형적인 것이 필요 없음을 알라.
35 그리고 너희는 이제 알라.
36 모든 재물을 바쳐서 나에게 기도하고 경배한다는 것은 다 부질없는 것임을 알라.
37 너희가 그러한 형식을 갖춤으로 인하여 그것이 나에게 기도하고 경배하는 것이요, 육의 생각으로써 방대한 그것이 소중하며 재물을 바쳐 위대한 것 같으나,
38 그와 같은 재물을 나에게 바치면서 기도할 필요가 없느니라.
39 너희 마음으로 바치면 되느니라.
40 그저 있는 것 그대로 놓고 같이 밥 먹으며 같이 생활할 때, 그저 그를 놓고 그대로 감사하다 생각하면 되거늘, 어찌하여 너희는 그와 같은 형식에 의해서 사는가?
41 어떠한 제사나 이것저것이 다 부질없는 것이니, 그게 다 나의 뜻을 거역함임을 알아야 할 것이며, 뿌리서부터 잘못되었음을 알라.
42 너희는 가장 편안한 자세로, 가장 편안한 마음으로, 형편대로 있는대로 부모에게 드리는 것이니라.
43 세상에 부모가 잘 먹으려고 자식을 고통스럽게 하는 자가 어디 있는가?
44 그저 있는 것을 정성스럽게 놓고 부모를 대접하는 그것이 공경함이요,
45 그것부터 먼저 함으로 인하여 더 좋은 것, 아름다운 것으로 할 수 있는 그와 같은 깨달음이 있을 것이니라.
46 그러니 그것이 다 부질없는 것이니라.
47 예배와 기도는 형식이 필요 없다는 것을 알라.
48 그저 생각날 때 기도드리는 것이 가장 아름다운 기도임을 알라.
49 그러니 너희는 나의 뜻에 따라 가지 아니하면 아니 된다는 것을 알라.
50 이제 나의 뜻을 알겠는가?
51 지금의 모든 종파의 손에 의하여 나의 뜻은 다 버려졌으며, 나의 뜻이요, 내가 이루고자 하는 것이 모두 다 상처투성이요, 상처로 얼룩져 있는 그와 같은 형국이니라.
52 모든 종교 집단의 지도자들이 나의 뜻을 숭배하고 나의 뜻을 경배하며 그 길을 가는 것이 아니라,
53 내 뜻이요, 내가 이루고자 하는 거기에 온통 가장 험악한 상처들이요, 손상을 입혀 놓은 자들이니라.
54 그들이 잘못 가는 것, 내 몸에 상처를 입히는 그와 같은 행위가 너무나도 강렬하고 강하여 옆에서 보기가 무서울 정도로 그리 젖어 있음이니,
55 그러면서 그들이 구원의 길이라며 가는 것이 비진리 쪽으로 굴러떨어지는 것을 저희가 모르는 것이니라.
56 그러니 모든 종교 집단 너희가 변하지 아니하며 변화되지 아니하면 나를 볼 수 없으며, 그리 갈구하던 천국의 나라에는 들어올 수 없음을 알라.
57 이제 모든 종교 집단 너희는 끊임없이 새로 변화되지 아니하며 새로 거듭나지 아니하면 절대 나에게 올 수 없

다는 것을 알아야 할 것이니 그를 알
라.
58 서서히 끊임없이 변해 가는 그와 같은
역사를 해야 할 것이니라.
59 이제 나의 아들을 따르는 제자들이요,
나의 법전을 읽고 깨우친 만백성, 너
희는 들으라.
60 오늘의 굳어진 그들의 마음이 무엇보
다도 더 강도가 강하게 굳어져 있으며
비진리에 젖어 있음이니,
61 하루아침에 그들을 돌리며 그들을 가
르친다는 것은 절대 잊을 수 없음이니
라.
62 끊임없이 새로운 시대를 열어 가며 끊
임없이 노력하는 것, 서서히 서서히
변화되어 하나씩 하나씩 깨우쳐 주는
그와 같은 방법으로써 만백성을 깨우
쳐야 하는 것이 나의 법전을 전함이니
라.
63 한 권을 읽고 두 권을 읽고 또 접하고
접하는 속에서 서서히 자신도 모르게
깨우치는 그와 같은 방법이 아니면 그
들을 다스릴 수가 없음이니라.
64 이제 너희가 예배를 드리는 것, 기도
하는 것에 형식을 갖추지 말라 한 의
미를 알겠느냐?
65 너희가 고향의 달을 보고 부모를 그리
는 마음이 장소와 시간과 정해진 곳에
가서만 그리한다면,
66 그것도 그곳에 와서 그와 같이 그리워
하는 마음을 전할 때 그 대가를 치러
야 한다 하면 이는 얼마나 잘못된 것
이며 모순된 것인가를 알지 않겠느냐?
67 형식과 갖춤이요, 외형적인 것이 다
필요없는 것이며 부질없는 것이니,
68 그건 기도도 아니고 예배도 아니며,
그런 것은 내가 듣지도 아니하며 받지
도 아니함이니라.
69 거기에는 진실한 사랑이 없으며 진실
함이 없으며, 가장 소중한 사랑이요,
유하고 부드러움이 없기 때문이니라,
사랑하는 나의 아들딸들아!

7,987 번째 하나님 말씀

2003년 10월 17일 11시 33분

1 사랑하는 나의 아들아!
2 "네, 아버님! 말씀하옵소서."
3 모든 종교 집단이요, 나의 복음을 전
하는 것이요, 나의 뜻을 전하는 모든
장소는 자유로움이 있으며, 자애로움
이 있으며, 사랑이 넘치는 그와 같은
속에서 나의 뜻을 전하며,
4 각자 깨우쳐 역사하는 것으로써 너희
자신이 변하며, 가정의 아름다운 예배
방법으로써 모두 역사하고자 하는 것
이 나의 뜻이었음이니라.
5 그러나 그와 같이 가야 하는 나의 복
음을 전하는 그 역사를, 오늘의 종교
집단이 타고자 하는 그 불꽃에 물을
뿌려 불을 껐으며, 내가 역사하고자
하는 것을 방해하고 이루지 못하게 한
자들이 그들이니라.
6 그러니 나 여호와의 뜻을 전하는 것은
자유로움이요, 자애로움이요, 사랑 속
에서 가장 유한 모습으로써 모두를 전
하고 전해야 하는 것이니라.
7 물과 같이 부드러우며 물과 같이 흐르
는 순리에 따라서 가면 되는 것이니라.
8 그러나 지금 모든 종교 집단 너희가

어찌하고 있는지 알겠는가?
9 나 여호와와 나의 아들 예수가 이루고
자 했던, 세상에서 그보다 더 소중하
고 귀한 것이 없으니 이는 무엇이더냐?
10 바로 참진리이니라.
11 나 여호와가 나의 아들을 통하여 직접
참진리의 명령을 세상에 내려보냈음
이니라.
12 그러나 모든 사악한 종교 집단이요,
지도자들은 내가 너희에게 내린 참진
리의 명령을 붙잡고 왜곡되게 변조하
며 변화시켜,
13 나의 백성에게 자애로움이요, 사랑으
로써 그 복음을 전하는 것이 아니라,
더 큰 교회요, 더 큰 성전을 지으려고
고압적이고 반강제적으로 나의 피조
물 만백성들을 강압적으로 끌고 갔으
며,
14 그리고 고압적인 행동이요, 반강제적
인 행동으로써 재물을 갈취하는 것을
정당화시켜 놓고,
15 바치고 바쳐도 끝이 없고 한이 없는
것처럼, 아무리 바쳐도 부족한 것이
요, 은혜에 보답할 길이 없는 것처럼
나의 백성을 그와 같은 길로 가르쳤
으며, 그와 같은 길로 인도한 것이 너
희가 아니던가?
16 그리하여 그와 같은 방법으로 만들어
나의 백성에게 착취하고 그 모두를
정당화한 것이 아니더냐?
17 그리하여 오늘의 너희 교회가 성장한
방법이 바로 그것이니라.
18 사랑이요, 유함과 부드러움이 아니라,
19 고압적이요, 반강제적으로, 바쳐도 바
쳐도 하늘의 뜻은 끝이 없으며 바치면
바칠수록 사랑을 받는다 하며, 그와
같은 사악한 방법으로써 오늘에 결실
이 맺어진 것이 교회를 지은 것이요,
성당을 지은 것이요, 법당이 서 있는
그와 같은 것이니라.
20 그러니 그 모든 것은 나의 뜻이 아니
요, 너희가 지금까지 해 온 사악한 행
위의 결실이라는 것을 알라.
21 죄는 죄를 낳는다 하였음이니, 과연
거기에서 무엇을 얻겠는가?
22 그러면서 너희는 나의 뜻과 예수가
전하고자 했던 참진리가 반영되지 못
하도록 묻혀 버리게 했으며, 모두 짓
밟았으며, 그 불꽃이 활활 탈 수 없도
록 물을 부어 끈 자들이 너희라 함을
알아야 할 것이니라.
23 이것이 오늘의 종교 집단이요, 지도자
너희가 저지른 만행이니라.
24 큰 교회를 지은 것, 큰 성당을 지은
것, 큰 법당을 지은 것만큼 너희는 나
의 피조물 만백성들에게 고압적이고
강압적으로 나의 아들을 통하여 내리
는 나의 참진리요, 그 명령을 붙잡아
너희 것으로 만들었으니,
25 그 사악한 짓을 하여 오늘의 현주소에
와 있는 것은 모두 악의 씨에서 악으
로써 이루어진 역사기에, 내가 그를
모르며, 그것을 모두 다 이제는 태워
버린다 함이 여기 있음을 알라.

7,988 번째 하나님 말씀

2003년 10월 17일 11시 37분

1 사랑하는 나의 아들아!
2 **"네, 아버님! 말씀하옵소서."**

3 너희가 교회라는 것을 지으면서, 또한
성당이요, 성전이라는 걸 지으면서,
모든 성전이요, 성막을 지으면서 어떠
한 마음으로 그와 같이 역사했는가?
4 나의 참진리요, 아름다운 나의 뜻을
가르치고 사랑이요, 자애로움이 아니
라, 이웃과 경쟁과 시기요, 그리하여
모든 종파에 속해 있는 광신도들과 종
교 지도자들이 경쟁과 경쟁 속에서 나
의 백성을 들볶았으며,
5 나의 백성에게 고통을 주며, 감언이설
로써 나의 백성을 현혹해 이용해 먹
은 행위요, 그 산물이 바로 무엇이던
가?
6 그 증거의 산물이 지금 십자가를 걸어
놓고 서 있는 교회요, 성당이요, 성막
이요, 회당임을 알아야 할 것이니라.
7 그러니 너희가 악의 방법으로, 악의
씨로써 나의 피조물 만백성들을 우롱
하여 인간의 욕심으로 경쟁하며 그 욕
심을 채우기 시작하였음이니,
8 너희는 욕심의 악의 뿌리를 가지고 시
작한 것이니라.
9 그러니 악은 악을 낳으니, 모두 악으
로써 이루어진 것이 교회요, 그곳에서
과연 선이 있을 수 있단 말이더냐?
10 악의 생각으로써 악의 실체를 만든
그 교회 안에는 악만 득실거리며 선이
존재할 수 없는 그와 같은 형국이 되
었음이니라.
11 그러니 오늘의 교회는 마귀가 들끓는
곳이요, 악의 자식을 생산하는 곳이라
내가 그리 말하는 그 의미가 바로 거
기에 있음이니라.
12 너희가 나의 피조물 만백성을 들볶고
고통을 주며, 감언이설로 그들을 현혹
하여 오늘에 너희의 사악한 마음이요,
남들에게 지지 아니하며 남들보다 앞
에 가고 남들보다 나은 것을 보여 주
기 위한 인간적인 경쟁이요, 경쟁 속
에서 탄생한 것이 오늘의 교회라는
것이니라.
13 그러니 악의 뿌리가 시작된 것이니라.
14 그리 만들어 놓고 그를 유지 관리하고
자 하니, 숫자 놀이에 정신이 팔리지
아니하면 지탱할 수 없는 그와 같은
형국이 되었음이니라.
15 너희는 지금 숫자 놀이에 정신이 없음
이니, 그는 너희가 지금 악의 전당이
라는 것을 만들어 놓고 그 악의 뜻에
따라 그를 운영하고 관리하고자 하니,
너희는 사악한 짓을 계속하게 되어 있
으며,
16 그 속에서 또한 악의 이름을 널리 알
리며 악의 위용을 세상에 멀리 알리고
자 거기다 또 투자하고 던지는 것이
얼마나 많은가?
17 그러니 불쌍한 나의 백성만 고통 속
으로 이끌어 가며,
18 그 고통 속에서 가는 것이 천국에 가
는 길이요, 나에게 오르는 길이라 하
나, 그것은 지옥으로 가는 길이라는
것을 이 법전에 기록하여 만백성에게
전함이니,
19 이 구절을 읽고 깨우치는 자는 구원을
받을 것이니라.

7,989 번째 하나님 말씀

2003년 10월 17일 11시 43분

1 사랑하는 나의 아들아!
2 "네, 아버님! 말씀하옵소서."
3 내가 교회를 짓지 말라 하였으며 성당
을 짓지 말라 하였음이니라.
4 성전을 짓지 말라는 나의 뜻을 거역한
것을 너희는 위대한 것을 한 것이라
생각하나 그것으로써 파생되는 수천
수만 가지 그 악행이 이루 말할 수 없
기에, 너희가 나와 관계없는 자식이라
그리 말함이니라.
5 나 여호와가 인간의 손으로 짓는 건물
의 교회가 아니요, 마음에 성전을 지
으라 그리하였거늘, 너희는 교회를 짓
는 행위를 계속하며 그것을 위하여 모
두를 다 바치고 살아가는 오늘의 믿음
이니, 그것에서 파생되는 것이 무엇이
더냐?
6 나의 뜻을 거역하여 교회를 지은 것
하나로써 모두 끝난다면 다행이겠지
만, 거기에서 이루어지는 악행이 꼬리
에 꼬리를 물고 그리 이루어짐이니라.
7 너희는 그와 같은 큰 교회요, 성당을
짓기 위해 많은 경비를 거출해야 하
며 그와 같은 금화와 은화요, 소요되
는 재물을 긁어모으고 만들어야 함이
니라.
8 그러려면 그 물주가 바로 누구던가?
9 나의 사랑하는 백성이니라.
10 그러니 질을 따질 것도 없으며, 그저
많은 양을 끌어들여 너희 앞에 무릎
꿇고 내미는 금화와 은화를 거둬들이
는 그 자리에 많이 바치는 자는 기도
해 주고 경배하며 축복받으라 눈물의
기도를 하는 것이 너희가 아니더냐?
11 그러니 너희는 나의 믿음이 아니요,
자본주를 끌어들이며 능력 있는 자를
확보하기 위하여 이리보다도 더 사악
한 발톱을 감춘 자들이니라.
12 그러니 많은 재물을 거둬 더 큰 교회
를 지으려고 자본주를 확보하기 위하
여 사악한 짓을 하는 거기에서 또 수
만 가지 죄가 파생되지 않더냐?
13 그러니 너희는 지금까지 몇천 년 동안
교회를 짓는다는 그것으로써 악순환
이 계속 반복되었으며, 그 전철을 벗
어날 수 없는 것이 오늘의 너희 운명
이라 함을 알라.
14 너희는 교회를 지으며 성전을 지으며
더 화려하게 지으며 더 크게 역사하고
자 거기에 들어가는 재물을 모으기 위
해 어찌하는가?
15 참진리를 가르칠 수가 없음이니라.
16 그저 금화와 은화를 거둬들이는 자본
주를 확보하고 만들기 위해 모두를 다
바쳐야 함이니,
17 모든 인간이 재물이요, 금화와 은화로
보이며 금화와 은화를 거둬들일 자들
을 분석하고 그들을 끌어들이고 그들
을 깨우쳐 긁어내고 갈취하려는 방법
을 연구하는 것이 너희가 아니더냐?
18 그러니 너희는 은화와 금화를 거둬들
이는 그 방법을 연구하게 되어 있으
며, 그것 외에는 아무것도 연구할 수
가 없는 것이니라.
19 그와 같은 사악한 자들이 종교 집단이
요, 지도자로 단상에 서 있는 한, 영원
히 끝이 없는 악순환은 계속 될 것이

며,
20 악순환은 악순환의 씨를 낳으며 또 악
을 낳으며 그 악이 또 간악해지며 그
악은 더 큰 악을 행하게 됨이니, 그 악
순환이 무한대로 계속 되는 것이니라.
21 그러하니 이 세상은 선의 냄새를 맡을
수 없으며 선의 그림자도 볼 수 없으
며,
22 내가 원하는 백성의 그 소리도 듣지
못하는 그와 같은 형국이 될 것이니
라.
23 지금은 그래도 많은 백성이 선이 무
엇이며 악이 무엇인가를 시시비비할
수 있는 그와 같은 경쟁자로 있으며
시시비비하는 백성이 있기에, 160권
의 법전을 세상에 내려보낸 그 역사의
뜻이 여기 있음이니라.
24 예수와 나 여호와가 이 모두를 바로잡
고자 했던 것이며, 무한대의 끝이 없
이 악순환이 반복되고 계속되는 그와
같은 것을 막을 길은 나의 법전밖에
없으니 그리 알라, 사랑하는 나의 아
들딸들아!
25 그리하여 교회를 짓지 말라 하였음이
니라.
26 교회를 지으려면 재물을 거둬들여야
하며, 재물을 거둬들이려면 자본주를
확보해야 하며,
27 거기에 거짓이 난무하게 되며 사기극
이 난무하게 되어 있으며, 그럼으로써
거기에는 진리가 없으며, 비진리요,
재물을 모으기 위한 상업적인 장소요,
권모술수의 장으로 변한 것이 너희가
지금 앉아 있는 교회가 아니고 무엇이
더냐?
28 너희가 아름다운 성축을 쌓으려고 아
름다운 돌을 붙이려고 예산을 세우나,
그 예산은 하나도 없음이니라.
29 그 예산은 나의 피조물 만백성 신도라
는 자들에게 거둬들일 것을 예상하여
집을 세울 계획을 하고 설계함이니,
30 그로 인하여 착취하기 위한 방법으로
얼마나 많은 사악한 짓을 하게 되어
있는가?
31 그것이 너희가 사탄의 자식으로서 역
사하는 것이며, 그러한 너희가 더 큰
교회요, 더 많은 교회를 짓고 아름다
운 교회를 짓고자 하는 그 욕심을 버
리지 못한다면,
32 무한대한 끝이 없는 그 악순환만 계속
되는 것이요, 아름다움은 이 세상에
없음을 알라.
33 이제 내지 않으려 하는 자, 바치지 아
니하려는 자, 나의 백성이 지금의 너
희처럼 어리석고 불쌍한 백성이 아니
니, 이를 따지고 이해관계를 알며 쓰
임을 알고자 하는 현명한 백성이 나오
기 시작함이니,
34 너희는 그전과 같이 맹종하는 백성이
아니요, 그 이유를 알고자 하는 자들,
그리고 어디에 쓰이는지를 알고자 하
는 백성이 하나 둘 생김으로써, 너희
는 고차원적인 차원 높은 사기극을 벌
이지 아니하면 아니 되기 때문에,
35 너희가 연구하는 것은 사기극이요, 거
짓 하는 방법이요, 남을 속이는 고차
원적인 방법으로써 같이 깨우쳐 가고
변화되는 것이 악한 쪽으로만 연계되
어 감을 알라.

7,990 번째 하나님 말씀

2003년 10월 17일 11시 47분

1 사랑하는 나의 아들아!
2 "네, 아버님! 말씀하옵소서."
3 나의 법전을 세상에 만들어 만백성에
게 전하고자 하나, 정녕 그들이 이를
받아들이고 이해하지 못함이니, 너희
의 답답한 마음을 아느니라.
4 그러나 너희는 알아야 할 것이니라.
5 마음이 열린 자요, 사고가 열린 자요,
깨달은 자요, 모두를 정녕 나 여호와
의 은혜라 보며 나 여호와가 존재한다
는 사고가 열리지 아니한 자는 절대로
알지 못함이니라.
6 그들은 대화로써도 역사할 수 없음이
니라.
7 그저 저희 것만 고집하는 자는 사고
가 열리지 아니한 어리석은 백성이니,
8 그들로 하여금 이 세상이 지배되어 있
기 때문에 너희가 대화하기가 어려우
며 전하기가 어려움을 알아야 할 것
이니라.
9 너희는 모든 사람이 이해하지 아니하
려 하며 남의 것을 받아들이려 하지
아니하며, 그리고 참진리요, 아름다운
뜻이요, 하늘에 오르는 길이요, 나의
법전이요, 마지막 시대에 너희를 심판
하는 기준이라는 가장 소중한 나의 책
을 세상에 내려보내나, 그들이 읽지
않고 받아들이지 않는 것은 무엇인 줄
알겠느냐?
10 그들은 육의 삶에서 한 치도 벗어나지
못했기 때문이니라.
11 육의 삶에서 너희가 벗어나지 못했다
함이니, 육의 세상에 살면서 육을 어
찌 벗어나느냐 하나, 너희에게 육의
삶에서 벗어나라 함은 깨달음이니라.
12 너희가 생각하는 것, 그리고 마음을
다스리는 것은 얼마든지 그와 같이 변
화될 수 있는 것이니, 그 생각하는 자
체가 육의 세상을 벗어나지 못했다 함
을 알라.
13 육의 세상에서 벗어나지 못한 백성이
기 때문에 이를 받아들이려 하지 아니
하며, 이해하지 않으려 하는 것이 그
들이니라.
14 영이 열리지 아니한 자는 아무것도 받
아들일 수 없음을 알라, 사랑하는 나
의 아들딸들아!
15 나의 법전을 읽고 말하는 자, 그리고
이해하는 자, 받아들이는 자들은 영의
문이 조금 열리기 시작했으며, 나의
성령이 그들의 마음속에 자리 잡기 시
작한 백성임을 알라.
16 그리하여 그들이 소중함이니라.
17 아무리 같은 백성이요, 같은 형제라
해도, 이를 이해하지 않는 자, 받아들
이지 않는 자, 그리고 이를 사탄이요,
이단이라 말하는 자들의 마음은 하늘
과 땅이요, 죽음과 삶 같은 격의 차이
가 있음을 알라.
18 받아들이는 자는 육이 아니요, 영의
마음이 열리기 시작했으며 그들은 성
령이 임한 백성이요,
19 그렇지 않은 백성은 육의 세상에서 한
발짝도 벗어나지 못하며 영의 눈이 열
리지 않은 어리석고 불쌍한 백성이니
라.
20 아무리 종교 집단의 지도자요, 유명한

자라 해도, 수천수만 명을 거느리는
자라 해도, 세상에 부러울 것이 없는
자라 해도,
21 그는 영이 하나도 열리지 않은 어리석
은 백성이라 그리 단정하고 그들을 그
리 대우하고 이끌어 가도록 하라, 사
랑하는 나의 아들들아!
22 영이 열리지 않은 자에게 영의 세상을
이야기한들 어찌 알겠느냐?

7,991 번째 하나님 말씀

2003년 10월 17일 11시 49분

1 사랑하는 나의 아들아!
2 "네, 아버님! 말씀하옵소서."
3 내가 너희에게 생활 속에서 복음을
전하라 함이니, 그러니 가정사의 한
예를 들어 보라.
4 너희가 바른길이요, 옳은 길을 간단하
게 너희 가족에게 그 뜻을 전한들, 그
가족이 과연 너희와 같이 손을 잡고
나의 뜻을 역사하는 그 길을 가는가?
5 절대로 그렇지 아니하지 않더냐?
6 가정의 예를 들어 본다면, 이 세상의
많은 백성이 과연 어떠한 것인가를
알 수 있음이니라.
7 한 가정이요, 가족과 남편과 아내요,
한 가족도 참진리요, 나 여호와의 뜻
을 같이 받아들이며 같이 축복받는
그 기회를 버리고 가는 것이 오늘의
믿는 나의 아들딸들의 가정의 형태가
아니더냐?
8 그러니 한 가정의 같은 식구라 해도
그 뜻을 같이하지 못하는 것이 그들
이며, 서로 이해하고 따라오지 못함이
니라.
9 그러니 이 세상의 다른 백성이요, 이
웃의 백성을 깨우치기가 얼마나 힘들
고 어렵겠느냐?
10 그를 보면 너희가 오늘에 가는 길이
얼마나 어렵고 힘든 그 길을 가는 것
인가를 알게 될 것이니라.
11 그러나 너희는 지쳐서도 아니 되며 좌
절해서도 아니 됨을 알라.
12 너희가 가정의 예를 들어 이 세상의
만백성을 깨우치고 복음을 전하는 것,
나의 법전을 전하고 일깨우는 것이 그
리 힘들고 어려운 길이라는 것을 깨닫
도록 그리하라.

7,992 번째 하나님 말씀

2003년 10월 17일 11시 54분

1 사랑하는 나의 아들딸들아!
2 너희는 오늘 여기서 중요한 하나의 이
치를 깨달아야 할 것이니 그리 알라.
3 나의 아들 예수가 세상에 내려가 뭐라
말하였느냐?
4 나의 아들 예수가 만백성에게 전한 것
은 나 여호와의 뜻이요, 나의 성령의
뜻이니,
5 나의 아들 예수가 행하라는 대로 그들
이 행하고 지금까지 살아왔다면, 이
세상은 아름다운 평화의 세상이 되었
을 것이며,
6 하늘에서 이루어진 것같이 천국의 역
사가 이루어지지 아니하였겠는가?
7 나의 아들은 생활 속에서 깨달으며 그
길을 가라 가르쳤음이니라.
8 여기서 너희는 하나의 이치를 깨달아

야 할 것이니라.
9 나의 아들을 그리 죽게 했으며 그리
밀어붙인 자들은 무엇이더냐?
10 나의 아들은 이 세상에 와 생활 속에
서 예배했으며 기도했음이니라.
11 그리고 그 아들은 형식을 갖추지 아니
하였으며, 수천 년 동안 인간이 만든
그 계획이요, 틀 속에서 예배를 보지
아니하며 전혀 다른 방법으로써 복음
을 전했음이니라.
12 기도하는 방법도 다르며 전하는 방법
도 다르며, 그리고 예배를 보는 절차
도 없으며 그저 복음만을 전하는 나의
아들 예수는 저희의 그 틀과는 너무
나 다르기 때문에 사탄이요, 이단이라
말하였음이니라.
13 오른손에 든 저희의 그 계획된 예배
순서를 왼손에 있는 나의 아들 예수가
지키지 아니하여, 오른손이 왼손을 되
려 핍박하며 '너는 사탄이요, 이단이
라' 그리 몰아붙이고 그를 죽게 했던
것이 그 어리석은 자들이 아니더냐?
14 그러니 여기서 지금 나의 아들이 너희
를 가르치는 것이 과연 지금의 종교
집단처럼 순서가 있으며 그 계획에 의
해서 하더냐?
15 나의 아들 예수가 수천 년 전에 와서
그대로 예배하고 기도하고 가르치고
복음을 전했으며, 때와 장소요, 격식
이 없이 그때그때 나 여호와의 뜻을
가르쳤던 그와 같은 자연적인 그 믿음
이 지금 나의 아들이 가는 그 믿음이
아니더냐?
16 그러니 2천 년 전에 나의 아들 예수가
복음을 전했던 그 형태를 보며, 오늘
의 나의 아들이 너희에게 깨달음을
전하며 나의 성령을 전하며 그리고 기
도하며 예배하며 강론하는 그 형태를
보라.
17 이는 닮은꼴이며 하나로 같이 가고 있
음을 너희는 알아야 할 것이니라.
18 2천 년 전에 나의 아들을 죽게 했던
그 종교 집단들은 순서를 중요시했으
며 절차를 중요시했으며 행사를 중요
시하지 않았던가?
19 그러니 지금의 모든 종교 집단들도 그
러하니라.
20 찬송 부르지 아니하며 광란의 짓을 하
지 아니하며,
21 그저 너희가 말하는 성막이요, 교회를
짓는 것이 아니요, 때와 장소를 가리
지 아니하고 대화하고 가르치며 형식
이 없이 기도하며 있는 그대로 생활
속에서 기도하는 것을 나 여호와가 반
아들이며 더 즐거워한다 함이니,
22 이것이 바로 나의 아들 예수가 2천 년
전에 와서 역사했던 것과 같이 단 한
사람 지금 나의 아들이 그와 같이 그
대로 가지 않느냐?
23 그러니 나 여호와가 있으며 나의 아들
예수가 내려왔으며, 지금의 나의 아들
이 나의 뜻을 역사한다는 것을 오늘
깨우쳐 너희 마음속에 깊이 간직해야
할 것이며, 이게 소중함이니, 곧 나의
아들임을 너희가 아는 증표요, 증거임
이니라.
24 너희는 2천 년 전에 나의 아들 예수가
어찌 가르쳤으며 어찌 복음을 전했는
지 그를 연구하도록 그리하라.
25 나의 아들은 절차가 없으며 형식이 없

으며 정해 놓은 어떠한 각본에 의한
것이 없이 그저 전하고 행하고 깨우쳐
주는 그것을 보고,
26 그들은 저희와 다른 길이요, 저희와
형식이 다르며 방법이 다르기에 이단
이라 갈기갈기 찢어 죽이고자 했던
그들이니,
27 오늘의 너희도 형식을 넘어서 형식을
갖추지 아니하며 그 형식을 무시하고
가는 나의 아들을 갈기갈기 찢어 죽이
고자 하는 것은 지금의 종교 집단이나
그때의 집단이나, 그 당시 제사장이
요, 그 지도자들이나 지금의 목자요,
지도자들이나 똑같은 자들이니,
28 그 시대를 안다면 너희는 나의 아들
이 정녕 나의 아들이요, 예수가 역사
했던 것을 지금 내가 나의 아들을 통
하여 역사하는 이 아름답고 소중하며
행복함을 오늘 너희 가슴에 고이 간
직하며,
29 너희가 축복받음을 알며, 하늘의 천사
의 날개가 너희에게 달린 것보다도
더한 기쁨을 오늘 얻도록 그리하라,
사랑하는 나의 아들딸들아!

7,993 번째 하나님 말씀

2003년 10월 17일 11시 57분

1 사랑하는 나의 아들아!
2 "네, 아버님! 말씀하옵소서."
3 예수가 2천 년 전에 와 모든 예배를
안 보며 그와 같은 예배의 형식을 갖
추지 아니하며 말을 전하는 것을 사탄
이라 하지 않았더냐?
4 그러니 오늘 네가 그와 같은 길을 감
이니라.
5 그러니 그 시대의 사람들이 고충이 있
었으며, 오늘에 또한 고충이 있음이니
라.
6 오늘 믿음의 길을 간다는 그 백성이
앞으로 너희 앞에 왔을 때 고개 들고
오지 못할 자들이 있으니, 너희는 그
들에게 문을 열어 주며 그들에게 개방
해야 할 것이니라.
7 너희를 핍박하고 너희에게 욕한 자가
그와 같이 너희를 핍박하고 욕한 그
생활 속에서 어느 날 깨달음을 알며,
나의 법전이 진정한 나 여호와의 뜻이
라 하여 그들이 깨달았을 때,
8 그들은 이리 가지도 저리 가지도 못하
는 불쌍한 백성의 위치에 서게 되는
자들이 있음이니,
9 그들에게 너희는 용기를 심어 줘야
할 것이니라.
10 너희를 핍박하며 너희를 욕하는 데
앞에 섰던 종교 지도자요, 그 백성이
어느 날 나의 법전을 보고 깨우쳐 이
것이 진정한 길이라 하여 너희에게 고
개 숙이고 오고자 하나,
11 너희를 핍박했으며 너희를 욕했으며
너희를 핍박하는 글을 세상에 냈으며,
너희를 사탄이요, 이단이라는 광고를
금화를 들여 선전을 했던 자들이기에,
너희가 받아주지 아니할 것이며 너희
가 반기지 아니할 것이라 겁을 먹으며,
12 저희의 깨우침을 지금의 종교 집단이
요, 지도자요, 소속된 그곳에서 이야
기하며 한마디씩 던지면 그 말을 들은
종교 지도자들이 색안경을 쓰고 저를
이단이요, 변질된 자라 내칠 것이니,

13 이리 가지도 못하고 저리 가지도 못
하는 많은 백성의 무리가 세상에 생
길 것이니라.
14 너희는 그들을 가슴을 열고 받아들이
는 그와 같은 자세로써 살아가야 함을
알라.
15 그들이 정녕 너희에게 올 용기가 없
을 때, 그들은 스스로 백사장에 가 방
황하다 제 인생을 저버리는 그와 같은
삶을 살 수 있는 자들이 있음이니라.
16 이는 인간의 생각이 천태만상이기 때
문이니라.
17 너희를 핍박하고 욕하며 너희를 사탄
이라 광고하며 선전한 자, 그리고 많
은 사람 앞에 가 연설한 자, 그와 같은
자가 늦게 깨달아 너희에게 돌아올
때, 그 죄지음이 두려워 못 온다면,
18 너희는 그들을 사랑으로 받아들이는
그와 같은 마음의 대비요, 준비해야
할 것이며,
19 돌아가지도 못하고 돌아오지도 못하
는 그와 같은 백성은 2천 년 전 나의
아들 예수가 존재하던 그 시대도 그와
같은 현상이 이루어졌음이니,
20 그때 거기서 깨우친 자는 나의 아들
예수의 제자요, 나의 뜻을 전하는 순
교자로서 그 목숨을 바칠 수 있는 용
기가 있었으나,
21 그렇지 아니한 자는 저희 스스로 이리
도 못하고 저리도 못하며 용기 없는
자는 고통 속에 죽어간 자들이 수없이
있음을 알라, 사랑하는 나의 아들딸들
아!
22 이를 또한 너희가 대비해야 함이 당
연한 길이라는 것을 알라.
23 이리 가지도 저리 가지도 못하는 그
백성을 너희가 가슴으로 안아야 함을
잊지 말라.

7,994 번째 하나님 말씀

2003년 10월 17일 12시

1 사랑하는 나의 아들아!
2 **"네, 아버님! 말씀하옵소서."**
3 너희가 오늘 가는 길이요, 나의 법전
을 깨우쳐 공부하는 백성이요, 참진리
를 연구하는 백성은 오늘 향락의 길이
요, 부귀영화를 누리는 그와 같은 길
을 가는 백성이 아님이니라.
4 너희는 인간의 향락 문화요, 즐거운
육의 삶을 위하여 존재하는 것이 아니
니라.
5 나의 법전을 읽고 깨우치며 참진리의
길을 가는 그 백성은 죽음의 길을 가
는 것이며, 죽음의 고통을 가는 것이
선택된 너희이니라.
6 나의 법전을 만들고 깨우치는 백성 너
희는 육의 향락을 위하여 내가 너희를
부른 것이 아니요, 너희를 선택한 것
이 아니니라.
7 죽음의 길보다도 더 어렵고 힘든 고난
의 길을 가야 하는 것이 너희며, 그 길
을 가게 하기 위해 내가 너희를 불렀
음을 알아야 할 것이니라.
8 이는 너희 운명이며 가야 할 길임을
절대 잊지 말라.
9 2천 년 전 나의 아들 예수가 세상에
나왔을 때, 그 백성과 제자들 또한 어
렵고 힘든 그 길을 갔음이니라.
10 그러나 그 시대에도 그를 따르는 제자

요, 그를 따랐던 모든 사람은 의식주
를 해결해 주며 어려움을 해결해 준다
는 그것 때문에 믿음의 길을 갔으며
그 길을 따른 것이 그 백성이니라.
11 그리하여 나의 아들이 죽음에 임했을
때 모두 등 돌리고 배신하며 그 이름
을 판 것은 어렵고 힘든 의식주를 해
결하는 그것에 모두를 맞추고 살아왔
던 불쌍한 백성이기 때문에 그러하니
라.
12 그러나 너희는 그와 같은 믿음이요,
그와 같은 길을 가서는 아니 됨이니라.
13 죽음의 길이요, 그보다도 더 어렵고
힘든 그 길을 너희 스스로 해결하며
역사하며 가는 그와 같은 길을 가라.
14 2천 년 전 나의 아들이 복음을 전하며
그 모두를 역사했을 때, 믿음 속에 있
는 백성이 깨우침이 아니요, 그들이
돌아온 것이 아니요,
15 이방인들이 모여들었으며 이방인들
이 깨달았으며, 그 강론을 들은 것은
믿음의 길을 가는 자들이 아니요, 이
방인들이니라.
16 믿음의 길을 가는 자는 저희 집단이
요, 조직에서 감히 그곳에 가지 못하
게 하며 듣지 못하게 하며 참석하지
못하게 했기 때문에,
17 순수한 이방인들이 모여들었으며, 그
들을 깨우쳤으며 그들에게 복음을 전
한 그와 같은 역사가 이루어졌음을 너
희는 기억하도록 그리하라.

7,995 번째 하나님 말씀

2003년 10월 17일 23시 43분

1 사랑하는 나의 아들아!
2 "네, 아버님! 말씀하옵소서."
3 이 세상에 너희가 살아가면서 나 여
호와의 사랑이 있는가 하면 또한 사탄
도 사랑이 있다 함이니라.
4 그러니 나 여호와의 사랑이 있으며 사
탄도 그 사랑이 있음이니, 다만 그 사
랑이 다른 것뿐이니라.
5 나 여호와가 너희에게 내리는 사랑은
진리요, 아름다운 삶을 살아가는 것,
그리고 너희가 하늘을 향하여 한 점의
부끄럼이 없는 그와 같은 삶을 살아가
도록 내가 너희를 다스리며, 내가 그
를 사랑함이니라.
6 그러나 사탄의 사랑은 무엇이더냐?
7 너희가 거짓말하는 것을 사랑하며, 너
희가 도둑질하는 것을 사랑하며, 너희
가 살인하는 것을 사랑하며, 너희가
인간으로서 지킬 수 없는 것을 모두
다 사랑하며, 그것을 그들이 사랑으로
써 표현한다는 것을 너희는 알아야
할 것이니라.
8 그러니 그들도 사랑이 있다 하면서 지
금 행하는 그 행동이 바로 무엇이더냐?
9 나의 뜻을 거역하는 그것이 사탄의 사
랑이요, 마귀의 사랑이며,
10 그와 같은 속에서 지금 나의 피조물
만백성들이 하늘에 오르는 길이 아니
요, 사탄의 자식이 되어 사탄의 사랑
을 베풀고 나누며 가니,
11 그 사랑의 표현이 나 여호와의 진정한
아름다움의 사랑이 아니요, 사탄이 말

하는 그 사랑으로써 너희가 지금 행하고 살아간다면 과연 너희는 어찌 생각하겠는가?
12 지금 너희가 사탄의 자식으로서 사랑하는 것은 너희가 바로 그러하니라.
13 도둑질하는 것을 사랑하며, 살인하는 것을 사랑하며, 간음하는 것을 사랑하며, 남의 것을 무너트리려 하는 것, 그리고 남의 것을 가지고 제 삶을 위해 사는 것, 너희가 이 세상에 살면서 마음 편하지 않고 너희가 봐서는 아니 되는 그와 같은 사악한 짓을 모두 그들은 사랑함이니,
14 그게 사탄의 사랑이요, 마귀의 사랑이니라.
15 그러니 나의 백성 너희가 사탄의 자식이 되고 사탄의 후예가 된 자들이 지금 사랑을 베풀고 나누며 산다는 것이 바로 무엇인 줄 알겠는가?
16 그와 같이 나에게 부끄러움이요, 내 앞에 고개 들 수 없는 것, 너희가 인간으로서 해서는 안 되는 일, 저질러서는 안 되는 것을 사랑하는 것이 사탄의 사랑이니라.
17 그러니 그와 같은 사탄의 후예가 된 자가 과연 사랑하는 것이 무엇이며, 거기에 참진리요, 나 여호와의 사랑이요, 아름다움이요, 하늘에 오르는 길이요, 그와 같은 역사가 있다 생각하는가?
18 그러니 그들은 저희 나름대로 사랑을 펼치며 그 사랑을 위하여 모두 존재하며 그와 같은 짓을 하는 것을 사랑이라 그리 말함이니,
19 그들의 사랑과 너희가 지금 가는 나 여호와의 사랑이요, 그를 구분할 줄 아는 안목을 가져야 함을 잊지 말라.

7,996 번째 하나님 말씀

2003년 10월 17일 23시 48분

1 사랑하는 나의 아들아!
2 "네, 아버님! 말씀하옵소서."
3 믿음이란 정녕 무엇이더냐?
4 신앙생활은 영적인 양식이 바탕이 되어야 하며, 그것이 다져진 그 영적인 양식의 바탕이 이루어진 그 위에서 모두 역사 되어야 하며 모두 성장되어야 하며,
5 그 바탕 위에 모두 역사 되어야 하는 것이 너희가 나에게 오르는 길이요, 나의 뜻에 따라 살아가는 것임을 알아야 할 것이니라.
6 그러나 지금의 믿음의 집단이요, 종교집단이요, 지금의 믿음의 길을 가는 백성 너희는 과연 어떠한 믿음 속에서 살아가는가?
7 너희가 전한다는 복음이요, 만백성을 구한다는 오늘의 그 신앙생활은 영적인 양식이 아니라, 육적인 양식을 위하여 육이 먹고살기 위한 신앙생활이요, 그와 같은 것에서 지금 헤매고 있음을 너희는 알아야 할 것이니라.
8 그러니 너희를 내가 모른다 하며 너희는 정녕 나와는 관계없는 그와 같은 길을 가며,
9 영적인 양식을 먹으며 영적인 양식의 바탕 위에서 성장하는 것이 아니요, 육의 양식을 위하여 살아가는 그와 같은 형국으로 지금 이루어졌기 때문이

니라.
10 그러니 너희는 나의 피조물 만백성들
을 모집 운동을 해야 하며, 또한 거기
에 대한 모금 운동을 하며, 모든 헌금
이요, 기금이요, 그리고 온갖 명칭을
붙여 거금을 만드는 것에 모두를 다
바치는 자들이 오늘의 종교 집단이요,
지도자들이 가는 것이니라.
11 그러니 너희는 많은 재물을 거둬들임
으로써 결국 무엇을 하는가?
12 육의 살찜을 위하여 역사하는 것이니
라.
13 그러니 먹기 위해 사는 것처럼, 살기
위해 먹는 것처럼, 그 육 속에서 벗어
나지 못하며 그와 같은 형국으로써 가
고 있음이니,
14 영적인 양식을 흡수하여 거기에서 굳
어지며 성장하는 것이 아니요, 너희는
육의 양식을 먹고 그저 살찜을 위하여
모두를 다 바치며 가는 것이 오늘의
신앙생활의 형태임을 너희는 알아야
할 것이니라.
15 그러니 이와 같은 형국으로써 이끌어
가는 너희가 과연 나 여호와의 뜻을
알며 하늘의 역사하고자 하는 그 뜻
을 알겠는가?
16 지금 오늘의 육의 살찜을 위하여 믿고
가는 그와 같은 믿음에서 영적인 양식
의 바탕에서 이루어지는 그와 같은 믿
음으로 벗어나지 아니한다면, 오늘 너
희가 가는 그 믿음의 한계를 벗어나
지 못하는 백성이라면 정녕 너희는
나에게 오를 수 없음을 알아야 할 것
이니라.
17 세속의 너희 삶이요, 세속화된 그 믿
음에서 벗어나지 아니하는 자는 하늘
에 오르는 참빛이요, 그 길을 보지도
못하며,
18 너희가 오늘 살아온 모두가 잘못이라
는 것을 아는 날 너희 자신이 어느 곳
으로 그 대가를 치르며 흘러가는 것인
가를 알게 될 것이니,
19 너희가 그리 두려워하고 무서워하며
그 문을 들어가지 않으려 오늘까지 그
와 같은 모든 삶을 바쳐 살아온 너희
가 그 지옥문 앞에서 몸부림치는 그와
같은 모습이 되어 있음을 알아야 할
것이니라.
20 내가 지옥이란 무엇이라 말하였던가?
21 들어가는 입구는 있으나 나오는 출구
가 없는 것이 지옥이라 말하였음이니,
너희 자신이 나올 수 없는 지옥에 가
영원히 그 고통 속에서 존재한다는 것
을 한번 생각해 보라.
22 여기서 되돌릴 수 있고 반성할 수 있
고 회개할 수 있으며 거듭날 수 있는
오늘의 삶을 과연 너희가 어찌 살아
야 하는가?
23 지금 나의 아들을 따르는 제자요, 선
택된 백성 너희는 이와 같은 이치를
깨우쳐, 바로 서고자 바로 살고자 하
는 그것이 나로부터 가장 큰 은혜요,
축복이요, 영광을 받음을 알아야 할
것이니,
24 그와 같은 깨달음보다 이 세상에 더
소중한 것이 없음을 알라.

7,997 번째 하나님 말씀

2003년 10월 17일 23시 52분

1 사랑하는 나의 아들아!
2 **"네, 아버님! 말씀하옵소서."**
3 오늘의 수천 년 동안 오는 그 가르침
의 종교 집단이요, 지도자들이 부르짖
고 외치는 것이 무엇이던가?
4 너희는 인간으로서는 어떠한 것도 이
룰 수 없으며, 나의 어떤 축복과 영광
이 있고 내가 선택의 은혜를 내렸을
때만 바로 설 수 있으며 모두 역사할
수 있으며 하늘의 이치를 안다고 그
리 가르치지 않는가?
5 그것은 바로 무엇인가?
6 나 여호와는 무한대하고 전지전능하
며, 그리하여 나 여호와요, 하늘의 세
계는 그와 같이 역사 되었으며, 하늘
의 세계는 중단함이 없으며 이루어지
지 못하는 것이 없으며,
7 무한대하고 전지전능한 아버지의 그
뜻이요, 그 길에 그곳에 오르며, 그 나
라에 갈 수 있는 것은,
8 인간은 한계가 있고 유한하며 한계가
있는 그와 같은 인간으로서는 절대 그
길을 갈 수 없으며 그곳에 역사할 수
없는 것이라 그리 가르침이니라.
9 그러니 유한한 생명을 가지고 있으며
제한된 삶을 가진 백성이요, 육을 가
진 너희는 어떠한 노력과 어떠한 길
을 간다 해도 무한대하고 전지전능한
나 여호와의 뜻을 따를 수 없으며 나
에게 오를 수 없다고 그리 가르치느니
라.
10 그러나 너희는 여기서 알아야 할 것
이니라.
11 지금 나의 피조물 만백성 너희는 과연
누구던가?
12 나 여호와는 무한대하고 전지전능하
며 너희는 유한하고 한계가 있는 그
와 같은 세상에서 사는 나의 백성이라
해도, 최선의 노력을 다하는 그것이
너희가 나의 은혜에 보답하는 길이라
는 것을 알라 그리 말하였음이니,
13 오늘 내가 너희에게 하나를 더 가르
침이니라.
14 모든 종교 집단이요, 그와 같이 말하
고 가르치는 자들은 너희가 무엇이며
나의 백성이 나와 어떤 관계인지를 알
지 못하는 자들이니라.
15 정녕 내가 사랑하는 나의 아들딸 너희
는 바로 나의 무엇이더냐?
16 너희는 나의 분신이라 말하지 아니하
였던가?
17 너희는 무한대요, 유한함을 따질 필요
가 없으며 따질 관계가 아님이니라.
18 너희는 나의 아들딸로서 나의 분신이
니라.
19 이와 같은 이치를 알지 못하며 하늘의
뜻을 알지 못하는 자들이, 전지전능하
며 무한대한 역사를 이루는 아버지의
세계라 거기에는 감히 유한한 한계가
있는 백성으로서는 생각할 수도 없으
며 따라갈 수도 없으며 선택의 자격도
없다고 그리 말함이니,
20 너희는 이제 알아야 할 것이니라.
21 사랑하는 나의 아들딸 너희는 나의
분신임을 안다면, 그와 같이 가르치는
자들이 얼마나 잘못된 자들이며 얼마
나 어리석은 자들인가 그를 알게 될

것이니라.
22 너희는 나의 분신들이니 무한대요, 유
한한 그와 같은 것은 관계가 없음을
알라, 사랑하는 나의 아들딸들아!

7,998 번째 하나님 말씀

2003년 10월 17일 23시 55분

1 사랑하는 나의 아들아!
2 **"네, 아버님! 말씀하옵소서."**
3 지금 잘못 가는 모든 자들가 너희를
보며 뭐라 하는가?
4 인간은 아무리 총명한 지혜를 가진
자요, 그리고 지식이 충만한 자요, 배
움이 높은 자요, 남들보다 뛰어난 지
혜를 가지고 있으며 판단력을 가지고
있으며 그 누구도 상상할 수 없는 추
리력이 있으며 좋은 머리를 가진 백
성이라 해도,
5 결코 하늘나라에 이를 수 없으며 내
역사를 알 수 없으며 너희 자신을 구
원할 수 없으며 구원의 길에 갈 수 없
다고 그리 말하지 아니하는가?
6 그러나 이제 나의 아들을 따르는 제자
들이요, 나의 법전을 읽는 만백성 너
희는 알아야 할 것이니라.
7 너희가 말하는 구원에는 아무런 관계
없다는 그 총명함이요, 그리고 지식이
요, 너희의 남다른 지혜요, 이와 같은
그 모두가 바로 무엇인 줄 알겠는가?
8 그것들이 하나하나 결집하고 또 모여
서 선한 방향으로써 나 여호와가 원하
는 쪽으로 그 모두를 다 쓰며 최대한
활용하는 노력을 하지 아니하면 아니
되는 것이 너희이니라.
9 그러니 그 모두를 동원하고 결집하여
그를 쓰고 활용하여 아름다운 쪽으로
천사와 같이 변하는 쪽으로 모두를 총
동원하여 사용할 때,
10 거기에서 나에게 오를 수 있는 그 길
을 알게 되며 내가 역사하는 것을 알
게 된다는 그 이치를 이제 너희는 알
아야 할 것이니 그리 알라.
11 정녕 너희가 지금 나에게 오르는 길
이요, 하늘에 오르는 그 길의 역사요,
하늘에 오르는 그 빛을 볼 수 있는 것
은,
12 종교 집단 지도자들이 아무런 가치가
없다고 나의 피조물 만백성들을 깨우
쳐 참진리를 보고자 하는 자들까지 앞
을 막는 총명함이요, 지식이 충만함이
요, 배움이 충만함이요, 상식이 충만
함이요,
13 그리고 아름답게 살고자 노력하는 것,
선하게 살고자 노력하는 것, 인간의
도리를 다하고 살아가는 그와 같은 너
희가 가진 아름다움이요, 장점을 모두
다 결집하고 하나로 뭉쳤을 때,
14 참진리의 길을 볼 수 있는 그와 같은
싹이 거기에서 트며, 결코 그것이 다
헛된 것이 아니며 너희와 관계없는
것이 아니라는 것을 알아야 할 것이
니라.
15 이제 그 믿음의 길을 가는 백성은 남
을 가르쳐 주기 전에, 너희만이라도
그를 깨달으며 그와 같은 역사함을 알
고,
16 오늘 너희가 가진 모두를 나의 법전
을 만들며 만백성을 구원하며 나의 뜻
을 전하는 데 모두 다 결집하여 한 길

로 활용하도록 그리 생각하고 살라.
17 천사와 같은 마음으로 너희가 변하는
데 그 모두가 기초며 바탕이며, 너희
마음을 다스릴 수 있는 그와 같은 일
이 이루어짐이니라.
18 이제 그 모두가 다 나에게 오를 수 있
는 영광의 바탕이요, 기초가 된다는
것, 그 위에서 너희가 하늘에 오르는
그 역사가 이루어진다는 것을 절대 잊
지 말며,
19 그와 같이 너희는 세상에서 가진 모
두를 소홀히 생각하지 말며, 모두 다
불필요한 것이며 구원과는 관계없는
버려진 것이라 그리 생각하지 말라,
사랑하는 나의 아들딸들아!

7,999 번째 하나님 말씀

2003년 10월 18일 0시

1 사랑하는 나의 아들아!
2 "네, 아버님! 말씀하옵소서."
3 너희의 믿음의 방향이요, 지금 가는
것이 얼마나 잘못되었으며 엉터리요,
상상할 수 없는 어리석은 짓을 하고
있는지 그를 아는가?
4 나의 법전에 기록하여 만백성을 깨우
치는 역사의 소용돌이가 이루어지지
아니하면 아니 될 것이니라.
5 모든 믿음의 길을 가는 백성의 한 마
음속에 무엇이 자리 잡고 있는가?
6 재물을 가지고 영혼을 살 수 있으며
영혼을 구원받을 수 있다고 말하며,
재물로써 구원에 도움이 된다 생각하
는 자들이 수없이 있음이니라.
7 그리하여 너희는 재물을 바침으로써
은혜를 받는다 생각하지 않는가?
8 너희는 알라.
9 재물을 가지고 영혼을 구원하며 구원
의 길에 도움이 되는 것을 구할 수 있
으며 그 대가를 받을 수 있다고 생각
하는 그 순간에,
10 너희는 나의 아들딸이 아니요, 사탄이
요, 마귀의 자식으로서 가 버리며, 전
락하는 것이며, 나에게 등을 돌리고
떠난 자들이라는 것을 알라.
11 나의 아들딸 너희는 내가 기록해 놓
는 생명록이요, 하늘의 명단에서 그
순간에 지워짐을 알아야 할 것이며,
너희의 생활의 모든 기록까지도 없어
진다는 것을 알라.
12 내가 일찍이 너희에게 말하지 아니하
였던가?
13 나로부터 은혜를 받은 자요, 깨달은
자도 그와 같은 생각을 할 때, 낙원에
네 이름이 기록되어 있다 해도 그 이
름이 일순간에 지옥 불에 들어감이니,
14 너희 스스로 그 지옥 불 속에서 네 명
패를 찾아오지 아니하면 아니 된다 하
였음이니, 이미 그 명패는 녹아 그 흔
적이 없다 하였음이니, 두 번 다시 나
오지 못하는 것이 너희라는 것을 알라.
15 모두 다 지워짐을 알라.
16 하늘에 있는 너희의 모두가 지워짐이
니, 인간 세상에서 재물을 갖고 살아
가면서 어찌 살아가는가?
17 너희는 인간 세상에서 살아가면서 썩
은 자들이요, 뒷거래하는 자들이요,
추한 자들이 황금이요, 금화와 은화를
가지고 무슨 뜻을 이루며 무엇을 이루
고자 하며 구하는 것을 얻고자 하는

그와 같은 추하고 더러운 행위를 하지 않는가?
18 썩어서 냄새가 나는 자들이 뒷거래하는 것이 황금이요, 재물을 가지고 그리하지 않는가?
19 그러한 속에 있는 자들처럼 하늘에 오르는 길이요, 구원의 길도 그와 같은 황금이요, 재물로써 은혜를 받고 살 수 있다고 생각하니,
20 결코 그러한 것은 있을 수 없으며 그리 구원할 수도 없으며 그 모든 사악한 마음은 죄만 너희에게 쌓인다고 가르친 그 뜻을 명심하고 명심해야 할 것이니라.
21 그러니 그와 같은 생각을 하는 그 순간에 바로 성령이 너희에게 임할 수 없으며,
22 나 여호와가 너희에게 내려 주었던 인간의 아름다운 기본의 인성마저도 그 바탕이 모두 다 말살되는 그와 같은 너희 자신의 변화가 이루어진다는 것을 알아야 할 것이니라.
23 너희는 육의 세상에서 썩은 자들끼리 거래하고 통하는 그와 같은 황금이요, 금화와 은화를 가지고 하늘에 오르는 그 길을 살 수 있으며 구원의 길을 얻을 수 있으며 영혼을 구원한다 생각하는 그 어리석음에서 벗어나지 아니하면 아니 될 것이니라.
24 그와 같은 마음을 가지고 지금 믿음의 길을 가고 있으며, 그를 많이 바치며 많이 역사하면 구원을 받는다고 말함이니라.
25 너희가 그 교회라는 곳에 높은 탑을 세우는 자, 주춧돌을 세운 자, 있는 재산 없는 재산 털어 바친 자, 그것이 영혼의 구원을 받는 것이라 말하나,
26 그것은 너희에게 죄목이 더 늘어나며, 나에게 왔을 때 그 죄의 무거움을 감당키 어려울 것이니라.
27 일찍이 너희에게 교회를 짓지 말라 내가 성서에 기록했고 전한 그 뜻을 알고 있으면서도 그를 거역한 자들이니,
28 너희는 두 번 다시 나를 아버지라 부르지 말며, 나에게 와 심판을 받는다는 생각도 거두라.

8,000 번째 하나님 말씀

2003년 10월 18일 0시 09분

1 사랑하는 나의 아들아!
2 "네, 아버님! 말씀하옵소서."
3 이 세상을 지배한다는 종교 집단이요, 신성시하는 그 지도자들이요, 그리고 위대하다 생각하는 자, 그리고 저희는 죽어 하늘에 와 나 여호와로부터 상을 받을 일만 남았으며 구원을 받았다 광신하는 불쌍한 그 신도들에게 너희는 전해야 할 것이니라.
4 그들이 지금 역사하는 그와 같은 믿음의 길이 무엇이며, 그들이 자신 있게 구원을 받았으며 나의 뜻에 역사한다고 말하는 것이 무엇이며, 나로부터 명받은 목자라 말하는 것이 무엇인 줄 알겠느냐?
5 저희가 지금 행하는 것이 창조주 나 여호와의 참진리의 뜻이라 그리 생각하는 자들이니라.
6 그리하여 저희는 나로부터 명을 받은 자라 생각하며 나로부터 선택된 자라

그리 생각하느니라.
7 종교 지도자는 그와 같이 명받은 사실
이 없으나, 저희가 나로부터 선택된
목자요, 명받은 목자라 생각하며, 또
한 신도들은 그와 같이 명을 받은 자
라 생각하느니라.
8 그러면서 너희는 내가 분부하고 내가
내린 것에 의하여 모두 역사하며 오
늘의 믿음을 간다 생각하는 것이 아
니던가?
9 그러니 나로부터 명받지 않은 종교 지
도자들은 명받은 체 그리 말하며, 그
리고 내가 분부 내린 그것을 행하는
자들이라 그리하며 내가 역사하고자
하는 것을 대신 역사하는 자들이라
그리 말하느니라.
10 그리고 어리석은 백성은 또한 그와
같이 생각하니, 그를 잘 받들고 잘 모
시는 것이 하늘에 와 축복을 받는다는
웃지 못할 소리까지 단상에서 설교라
하여 하는 자들이 아니던가?
11 제가 말하기 어려운 것을 남을 통하여
저희 제자들에게 전하여 무엇인가를
거둬들이고 역사하고자 하는 그 비열
하고 사악한 방법을 쓰는 것이 강론이
요, 집회요, 또 어떠한 부흥사로서 역
사한다는 그와 같은 웃지 못할 행위를
하는 것이 오늘의 너희 믿음이 아니
더냐?
12 그러면서 내 분부에 의하여 내가 너희
에게 명령을 내린 것, 내가 원하는 것
을 역사하는 것이라 그리 착각하며
믿음의 길을 가는 것이 너희임을 알
아야 할 것이니라.
13 너희는 그리하여 나로부터 선택된 자
라 말하느니라.
14 너희의 설교요, 복음을 전파하는 그
방법을 모두 다 나 여호와가 행하며
내가 주관하며 내가 너희에게 역사하
기에 일부분의 명을 내린 것처럼 착
각함이니,
15 그와 같은 착각 속에서 벗어나지 못하
면 안 될 것이며, 너희 자신을 돌아다
보지 아니하면 정녕 나에게 오를 수
없는 것이 너희임을 알아야 할 것이
니라.
16 나는 너희에게 명하여 전함이니라.
17 나 여호와는 나의 아들 예수를 통하여
성경으로써 이 모두를 다 전했으며,
너희 자신이 역사할 것을 내가 미리
다 깨우쳐 전하지 아니하였던가?
18 그리하여 지금의 시대는 나의 아들을
통하여 법전이라 하여 나의 성령을 태
워 이 세상에 모두를 다 내려보내는
그 역사를 하고 있음이니라.
19 나의 법전이요, 나의 성령을 나의 아
들을 통하여 너희를 구원하고자 마지
막 시대에 심판의 기본이요, 근본이
내려가는 지금도, 믿음의 길을 가는
백성이 어찌 가는가?
20 나의 아들 예수가 역사하고자 한 것
을 지금 그것을 너희가 역사하는 체
하며, 나 여호와가 내린 명령을 역사
하는 것처럼 그리 말하느니라.
21 그러나 너희는 알아야 할 것이니라.
22 나 여호와의 이름을 팔며 나의 아들
예수의 이름을 팔며 그리고 나의 성경
을 이용하여 너희 자신이 내 뜻의 일
부분을 임의대로 받아쓰며 만들고자
하는 애절한 마음으로 오늘에 발버둥

치면서 가는 것이 종교 집단 지도자
이니라.
23 너희는 나 여호와의 일부분이라도 성
령으로써 임하며 기적으로써 얻어 무
엇인가를 보이고자 하여 지금 그 모두
를 활용하고 이용하고자 몸부림치는
자들이 아니던가?
24 너희는 정녕 나의 분부에 의하여 역
사하는 것이 없으며 나의 명령으로
역사하는 것이 없음이니라.
25 다만, 나의 이름과 나의 아들 예수의
그 모두를 팔며 또 성경책까지 팔아
내 것을 일부분이라도 만들어 보고자
하는 그와 같은 사악한 방법으로써,
26 지금 제 것을 만들어 임의대로 제가
무엇인가를 써 보고자 지금 만들고자
하여 발버둥치는 그 추한 모습을 너
희는 알아야 할 것이니라.
27 그러나 너희는 알아야 할 것이니라.
28 나의 일부분은 어떠한 형태라도 너희
손으로 넘어갈 수 없으며, 너희가 원
하는 것이 너희가 소원하는 대로 만
들어질 수 없으며, 그와 같이 역사되
지 아니함을 너희는 알아야 할 것이
니라.
29 나는 다시 한 번 너희에게 말하느니라.
30 2천 년 전에 나의 아들 예수를 통하여
내 뜻을 역사하고자 했으며, 지금은
나의 아들을 통하여 모두를 역사하며
그 제자들과 법전을 읽고 깨우치는 백
성과 새로운 시대를 열어 가는 그 일
에 더불어 동참할 것이며, 그들로 하
여금 새 시대를 열어 가고자 하는 역
사는 시작되었음이니,
31 거기에 동참하지 아니하는 자는 하늘
에 오르는 그 빛을 볼 수도 없다는 것
을 너희는 알아야 할 것이니라.
32 지금까지 모든 믿음이요, 너희가 행한
것은 나 여호와의 뜻을 거역하며 나
여호와를 능멸하는 그와 같은 일들만
찾아서 지금까지 행하고 있다는 것을
알라.
33 너희는 나의 아들과 나의 일부분을
너희 것으로 만들어 보려고 지금 온갖
수단과 방법으로 발버둥치고 노력하
지만,
34 내 일부분의 어떠한 것도 너희가 임의
대로 할 수 없으며 너희에게 역사하
지 아니한다는 것을 많은 백성에게
전해 주며,
35 지금 광분하고 광신도로서 가는 그
불쌍한 신앙인들, 그리고 나의 백성을
불쌍히 여겨 그들은 구원하는 데 최선
을 다하도록 그리하라.
36 그들이 오늘에 얼마나 괴롭게 고통 속
에 가는가?
37 그러면서도 그걸 벗어 버리지 못하며
던져 버리지 못하는 것은 육의 욕심
때문이니 참진리의 길을 저버리고 가
는 어리석은 지도자요, 그 백성을 일
깨워 그리 역사하도록 하라.
38 지금의 모든 종교 집단이요, 그들은
내 분부에 의해서 내 명에 의해서 내
가 요구하는 것을 그들이 대신하는 것
이 아니요,
39 나의 일부분이라도 저희 것으로 만들
어서 무엇인가를 역사하고자 발버둥
치는 자요, 기도하며 몸부림치며 울고
불고 광란의 짓을 하는 그들의 속셈을
나는 알고 있음이니라.

8,001 번째 하나님 말씀

2003년 10월 18일 0시 16분

1 사랑하는 나의 아들아!
2 "네, 아버님! 말씀하옵소서."
3 모든 믿음의 길을 가는 자들이요, 그
리고 나의 성령으로써 만백성을 구하
며 하늘에 오르는 길이요, 천사와 같
은 삶을 살며,
4 저희는 선택되어 고귀한 자라는 지도
자요, 그 백성이 지금 마음속에 무엇
을 가지고 믿음의 길을 가고 있는가?
5 저희가 속해 있는 교회요, 성전에만,
너희가 지금 서 있는 교단이요, 그 장
소에만 나 여호와가 임해 주신다 그
리 생각하며,
6 내가 너희에게 임해 줄 것이라는 각
자의 생각과 착각 속에서 지금 벗어나
지 못하며 울고불고 기도하고 그 광란
의 짓을 하는 것이 너희 모습이 아니
던가?
7 그와 같이 너희가 서 있는 교단 앞에
너희 교회에 나의 성령이 임해 주며
거기에만 임해질 것이라는 그 각자의
착각 속에서 살아가는 그 모습을 보면
어떤 줄 알겠는가?
8 너희는 빈 상자 속에 금화와 은화가
그득히 들었으며 모든 역사의 기적을
이룰 수 있는 그 능력을 부릴 수 있는
그것이 그 안에 들어 있으며 그 소중
한 것이 여기 들었다 그리 가르치며
지금 그리 전하는 자들이니라.
9 아무것도 들어 있지 않은 빈 상자를
놓고 예수의 역사요, 모세의 역사의
그 기적보다 더 위대한 역사가 이루어
질 것이며 능력이 거기에 있으며 능력
을 역사할 것이 거기 있다 그리 가르
침이니라.
10 그리하여 지금까지 나의 백성을 속이
고 또 속이며 그리 왔지만, 이제 어디
까지 그를 속일 수 있으며 언제까지
나의 백성이 그리 어리석은 상태로
너희를 따라간다고 생각하는가?
11 너희는 이제 누군가는 그 상자를 열
어 봐야 할 것이며 열고자 하는 백성
이 생길 것이며 그를 들여다보고자 하
는 생각을 할 것이니라.
12 빈 상자를 놓고 온갖 만행을 다 저지
르는 것을 그대로 볼 수 없으며 속고
속은 것을 아는 백성이 있을 것이니
라.
13 또한, 너희가 여기서 무서움을 알아야
할 것이니라.
14 그와 같은 역사를 이루려고 내가 나의
법전을 통하여 불 칼보다 더 무서운
칼로써 그 모두를 가르기 시작하고 있
음을 알아야 할 것이며,
15 지금 나의 아들을 따르는 제자들이요,
나의 법전을 읽은 그 백성이 그 모두
를 헤쳐 보여 주는 그 일을 역사할 것
이며, 너희로 하여금 그 모두가 다 드
러나는 그와 같은 역사가 이루어질 날
이 머지아니하였음을 알라.
16 너희가 지금까지 속이는 그와 같은 방
법을 벗어나지 아니하면 정녕 너희 자
신이 구원을 받을 수 없다는 것을 알
아야 할 것이니라.
17 너희는 그와 같은 방법에서 벗어나라.
18 자유로이 있는 백성이요, 그리고 부담
없이 살아가는 그와 같은 백성을 내가

너희보다도 더 생각하며 그들에게 성
령이 임한다는 것을 알라.
19 나의 뜻에 의해 살아가는 백성, 그리
고 내 뜻에 순종하고 살아가는 백성,
너희처럼 빈 상자 앞에서 울고불고
통곡하는 그와 같은 헛된 믿음이 아닌
속에서,
20 순박하고 아름다우며 자유로우며 사
랑을 베풀고 살아가는 그 백성에게
내가 먼저 그들을 생각하며 내가 그들
에게 성령을 임한다는 것을 너희는
알라.
21 오늘의 종교 집단이요, 지도자요, 울
고불고하는 백성 너희가 얼마나 어리
석은 자들인지 알겠느냐?
22 빈 상자 속에 기적의 역사가 이룰 것
이 있다며 몸부림치는 그 백성 너희
는 모두를 다 감추는 자들이요, 나를
가리고자 하는 자요, 나의 성령을 가
리고자 하는 자요, 내 사랑을 가리고
자 하는 것이요, 내가 역사하는 것을
가리고자 하는 자들이니라.
23 그리하여 내가 나의 아들을 통하여
160권의 법전으로써 너희를 깨우치
고자 이 세상에 내려옴이니,
24 그것도 덮어 두려 하며 그것도 감추려
하는 자요, 나 여호와까지도 그 상자
속에 묶어 놓고 네 마음의 울타리에
묶어 놓고 지금 그와 같이 광란의 짓
을 하는 백성,
25 너희는 태양이 비추는 그 빛을 감출
수 있다고 생각하며 그를 감추려고 하
는 자요,
26 한없이 내리는 그 빗물이요, 그리고
보이는 구름이요, 불어오는 모든 바람
이요, 자연의 막을 수 없는 그 방대하
고 위대한 것들을 포장할 수 있으며,
상자에 담을 수 있으며 감춰, 나의 피
조물 만백성들에게 보이지 않도록 보
지 못하도록 할 수 있다고 몸부림치
는 자들이니라.
27 태양의 빛을 감출 수 있으며 부는 바
람을 감출 수 있으며 내가 내리는 비
를 묶어 만백성이 맞지 않도록 할 수
있다고 대드는 자들과 똑같은 자들이
바로 오늘의 종교 집단이요, 지도자
너희가 어리석게 가는 길임을 알아야
할 것이니라.
28 그를 감추며 빛을 보지 못하도록 그를
너희 힘으로 한 곳에 쌓아서 세상에
비추지 못하며 바람이 멈추며 비가 내
리지 못하게 하는 역사를 할 수 있다
는 자들이 바로 빈 상자를 놓고 기적
의 역사를 이루는 것이 안에 들었다
말하는 자요,
29 내가 나의 아들을 통하여 하얀 눈이
세상을 덮듯이 퍼져 가는 나의 법전을
다 감출 수 있다고 생각하는 어리석은
자들임을 알라.

8,002 번째 하나님 말씀

2003년 10월 18일 0시 22분

1 사랑하는 나의 아들아!
2 너의 제자들과 만백성에게 전하라.
3 나 여호와 창조주가 새로운 시대를 지
금 열고 있으며 그 역사가 시작되었다
는 것을 너희는 알아야 할 것이며, 이
를 전해야 함을 잊지 말라.
4 내가 새로운 시대를 여는 것을 지금

모르는 자, 이를 거부하는 자, 이걸 받
아들이지 아니하는 자는 오로지 나 여
호와의 뜻에 역사한다는 그 백성이
아니더냐?
5 나의 아들 예수가 세상에 내려와, 형
식이 없으며 그저 때와 장소가 없이
기도하고 회개하라, 새로운 시대가 열
림이니 오늘의 믿음의 방법을 철폐하
라고 외치며,
6 모든 형식을 저버리며 예배의 형식도
없으며 기도의 형식도 없으며, 그리고
아무 곳에서나 나의 피조물 만백성들
을 강론하고 가르치는 그와 같은 형국
으로 전하였을 때,
7 그들은 저희의 뜻과 생각이 다르다
하여 나의 아들 예수를 핍박하고 그들
손으로써 죽게 넘긴 자들이 아니던가?
8 그러니 오늘 내가 새로운 시대를 열어
가는 것을 인정하지 아니하며 그를 거
부하는 종교 집단이요, 지도자들의 행
위와 2천 년 전에 그들이 한 행위가
무엇이 다르던가?
9 오늘의 그와 같은 새로운 시대가 열리
며 나의 법전을 거부하는 종교 지도자
들은 영적으로 쇠퇴한 자요, 영적으로
쇠퇴한 집단이요, 그리고 다시는 재기
불능인 그와 같은 자들이며, 불꽃을
다 꺼 버리는 것이 오늘의 그들의 믿
음의 현주소요, 현 상태라는 것을 알
아야 할 것이니라.
10 너희가 새로운 생명으로 거듭나고자
한다면, 지금 변화되는 그 속에서 나
의 아들을 통하여 제3의 시대를 여는
새로운 성경이요, 나의 법전을 보지
아니하며 이를 접하지 아니하면 결국
너희는 구원할 수 없음을 알라.
11 내가 다시 한 번 너희에게 명하느니
라.
12 내가 너희를 사랑하기에 마지막 새로
내리는 나의 법전을 접하고 정독하고
그 내용대로 행하는 그 백성만 나에게
구원을 받을 수 있음을 알아야 할 것
이니라.
13 오늘의 모든 종교 집단이요, 그곳에서
몇십 년 동안 믿음을 갔다는 그 백성
은 사랑이 없음이니라.
14 그리고 그들은 그 목이 굳어질 대로
굳어져 빳빳이 나의 백성 앞에 서 있
음이니, 그리하여 그 목은 부러지면
부러졌지 절대 고개를 숙일 수 없다
하여 버티는 그 어리석은 백성,
15 너희가 말하는 목에 깁스가 되어 목이
부러지면 부러졌지 굽힐 수는 없다는
그와 같은 아집과 고집이 있는 자,
16 그리고 이웃의 참진리요, 가르침을 볼
줄 모르는 자, 들여다보지 아니하려는
것이 바로 오늘의 종교 집단이요, 지
도자요, 너희이니라.
17 그와 같이 목에 깁스하여 부러지면 부
러졌지 굽히지 못하는 그들이 바로 무
엇을 하는지 알겠느냐?
18 사랑하는 나의 피조물 만백성 너희를
지옥으로 이끌어 가는 그와 같은 형국
을 하는 자들이니라.
19 이제 내가 너희에게 말함이니라.
20 새로운 성경을 내가 내려보내며 그 성
경에 따라 제3의 시대를 역사함을, 너
희는 이를 인정하지 아니하며 이게 참
진리라 생각하지 않는 그와 같은 집
단들,

21 너희의 문을 이제 내가 닫을 것이며 너희에게 앞으로 이루 말할 수 없는 고통과 시련이요,
22 지금 나의 진리가 세상에 내려가며 나의 성령이 내려가며 나의 아들딸들이 핍박과 고통 속에서 역사한 것보다 너희는 백배 천배 더한 고통과 고난의 길이 너희에게 있을 것이며,
23 너희 스스로 그 목을 굽히지 아니한다면 결국 너희는 그 목이 날아가는 그와 같은 형국의 역사가 이루어질 것이니, 그를 전하라, 사랑하는 나의 아들아!

8,003 번째 하나님 말씀

2003년 10월 18일 0시 28분

1 사랑하는 나의 아들아!
2 "네, 아버님! 말씀하옵소서."
3 지금의 모든 종교가 어찌 가고 있는지 알겠느냐?
4 그곳에 종사한다는 백성, 그리고 믿음의 한계가 높다는 그 백성이 지금 나의 피조물 만백성들을 이끌어 가며 그들을 유혹하며 속이는 그 행위가 어떠한 것인 줄 알겠느냐?
5 무대 위에 서서 관중의 눈을 속이는 마술사의 잔재주요, 그 역할을 하는 그와 같은 것이 종교 집단이요, 지도자요, 그리고 몇십 년 동안 믿음을 간자라 말하는 자들이니라.
6 그러나 너희는 여기서 깨우쳐야 함을 잊지 말라.
7 마술사는 어디까지나 마술사요, 잔재주요, 잔꾀이니라.
8 그리고 그건 어디까지나 속임수이니라.
9 그는 결국 기적이 아니며 기적을 역사하는 것이 아님을 너희는 알라.
10 너희가 눈을 똑바로 뜨고 자세히 관찰하며 그리고 정신과 마음을 집중하여 그를 똑바로 들여다본다면, 마술은 마술이요, 그 기술자의 연기는 허점이 있으며 너희 눈을 속이는 것을 알지 않겠느냐?
11 너희의 마음과 눈을 잠깐 속이는 것이요, 그 마술은 그와 같이 역사와 기적을 이루는 것은 결코 아님이니라.
12 지금의 나의 백성이 구태의연한 신앙생활에서 헤어나지 못하는 것이 무엇인 줄 알겠느냐?
13 무대에서 연기하는 그 마술사의 손재주요, 잔꾀에 현혹되어 그저 손뼉을 치고 웃고 즐기는 것처럼, 오늘의 신앙생활 속을 들여다보지 못하며, '아멘, 할렐루야!' 하고 울고불고 찬송 부르며, 찬송 구절에 현혹되어 은혜 받았다 말하는 그와 같은 오늘의 믿음이 아니더냐?
14 성령으로 임하지 못한 지도자는 어떠한 지도자인 줄 알겠느냐?
15 나 여호와의 뜻에 의한 지도자가 아니요,
16 성령으로써 임하지 아니한 지도자는 마귀의 탈을 쓴 자들임을 너희는 알아야 할 것이며, 사탄의 너울을 쓴 자들이 바로 그들이니라.
17 너희는 양의 탈을 쓴 늑대가 바로 그들임을 알라.
18 성령으로 임하지 아니하는 자는 하늘

의 비밀이요, 하늘의 뜻을 모르면서
나로부터 명받은 것처럼 둔갑하는 자
들, 그들이 바로 그와 같이 사악한 자
들임을 너희는 알아야 할 것이니라.
19 나의 사랑하는 백성 너희가 영적으로
성장되지 아니하면 결코 마귀요, 사탄
의 손에서 헤어나지 못하는 것이 너희
이니라.
20 영적인 성장이요, 영적인 변화요, 성
령으로써 임하는 그와 같은 삶으로 바
로잡지 아니하면 아니 됨이니,
21 인간의 능력이요, 인간의 한계로써 이
룰 수 없으며 인간의 힘으로는 지탱할
수 없다고 말하며, 또한 너희 스스로
다스려가기가 힘들고 어렵기에,
22 너희 스스로 읽고 깨우쳐 항상 스승의
역할을 할 수 있는 대장정의 160권의
법전을 세상에 내려보냄이니 그리 알
라.
23 이것이 바로 흔들리는 너희 마음이요,
영적인 성장이 되지 아니하여 사탄이
요, 마귀의 손에 넘어지는 것을 방지
하고 깨우치려고 나의 법전 160권을
세상에 내려보냄이니라.
24 그리하여 너희가 그를 읽고 깨우칠
때마다 영적인 성장이요, 성령이 임함
을 너희 스스로 알 날이 있을 것이니
라.
25 그리하여 나의 법전이 소중하며, 너희
생명이 구하는 것이며 마지막 심판의
기본이요, 근본이요, 소중한 것이라
말하지 아니하였던가?
26 그러기에 그 소중한 것을 역사하고 만
들 때, 나의 아들이 십계명을 암송하
며 나로부터 성령의 역사를 받아 역사
하며,
27 제 뜻대로 하는 것이 아니요, 나의 뜻
만 받아 기록하여 전하며 그와 같은
것으로써 역사하는 것이 나의 법전이
요, 새로운 성경임을 알라, 사랑하는
나의 아들딸들아!

8,004 번째 하나님 말씀

2003년 10월 18일 06시 37분

1 사랑하는 나의 아들아!
2 "네, 아버님! 말씀하옵소서."
3 두 사람이 있으니, 똑같이 들 수 있는
힘을 주었음이니라.
4 둘에게 똑같이 50킬로라는 돌덩이를
들 수 있는 힘을 주었으나, 한 사람은
힘을 다하여 그 50킬로짜리를 드는가
하면, 그 힘을 다 쓰지 아니하는 자는
그를 절대 들 수 없는 것이 아니더냐?
5 인간 세상에 살아가면서 내가 너희에
게 똑같은 능력을 주었음이니, 너희가
어찌 노력하고 어찌 사느냐에 따라서
변화가 된다 하였음이니라.
6 지금 나의 법전을 만들어 만백성에게
전하는 너희를 내가 뭐라 말하였느냐?
7 모든 나의 백성과 사탄에게 똑같은
능력을 주었으며, 사탄과 당당히 맞설
수 있는 그와 같은 모든 능력과 지혜
를 나의 백성 너희에게 다 주었다 그
리 말하였음이니라.
8 너희에게 사탄과 똑같은 능력을 주어
사탄과 싸워 이길 수 있는 그와 같은
지혜를 준 것이며,
9 너희에게 힘이 있고 없고 능력을 더
주고 덜 주면서 내가 사탄과 싸워 이

기고 오라 한다면 공의의 하나님이
아니라 말하지 아니하였더냐?
10 너희는 여기서 깨달아야 할 것이니라.
11 똑같은 능력과 모든 지혜를 다 주었으
나, 너희가 얼마만큼 노력을 하느냐
거기에 달렸음이니라.
12 사탄들이 나의 피조물 만백성들을 지
옥으로 이끌어 가고자 하며 그리고
이 세상을 저희 세상으로 만들고자
노력하는 만큼 나의 사랑하는 아들딸
들이 그들만큼 노력하지 아니할 때,
결국 무엇이더냐?
13 패자와 승자가 거기서 엄연히 구분됨
이니라.
14 똑같은 힘을 주어 겨루기를 하였으나,
제 힘을 다하여 노력하는 자보다 그
힘을 쓰지 않는 자는 반드시 쓰는 자
에게 지게 되어 있음이니,
15 오늘날 사탄은 너희를 사악한 사탄의
후예로 만들려고 온갖 수단과 방법을
가리지 않음이니,
16 똑같은 능력을 갖춘 자가 한쪽은 죽
기 아니면 살기로써 노력하며, 한쪽은
그저 세월이 가는 대로 너희 생각대
로 그리한다면, 과연 어떠한 결과가
나오겠느냐?
17 그러니 너희가 최대의 노력을 다하지
아니할 때, 너희는 사탄들에게 이끌려
너희 자신을 팔게 되는 것이니라.
18 그리하여 너희는 사탄의 후예가 되며
그 종이 되는 그와 같은 역사를 함이
니라.
19 이제 나의 아들을 따르는 제자들이요,
나의 법전을 읽고 깨우친 백성 너희는,
20 지금 사탄들은 나의 법전이 세상에 나
오지 못하도록 하며 이가 역사하지 못
하도록 함이요, 그들은 하늘의 참진리
의 빛이 내려오지 못하도록 하는 것이
그들이니,
21 너희가 어떠한 마음가짐으로 어떠한
노력으로써 모두 역사할 것인가?
22 그와 같은 각오가 없이는 그들과 싸워
이길 수 없다는 것을 명심해야 할 것
이니라.
23 그러니 끝이 없는 노력과 끝이 없는
인내함이요, 그리고 최선을 다해야 할
것이니라.
24 너희가 쓰러질 때까지 힘을 다했을
때만 승자가 될 수 있는 것이요, 잠시
라도 게으름을 피우며 잠시라도 다른
생각을 하며 잠시라도 흔들리면 절대
그를 이길 수 없는 것이 너희이니라.
25 너희에게 똑같은 무게를 들 수 있는
힘을 주었으나, 사탄은 아무런 생각을
하지 아니하며 오로지 나의 피조물 만
백성들을 저희의 후예로 만들기 위해
온갖 힘을 다하여 그를 들어 올리려
하니 들 수 있으나,
26 나의 사랑하는 아들딸 너희는 인간이
기에 이것저것 생각을 하며 그 무게를
들고자 힘을 쓴다면 절대 그를 들 수
없는 것이니라.
27 그러니 나의 아들을 따르는 제자들이
요, 법전을 만드는 너희가 얼마만큼
노력하며 얼마만큼 최선을 다해야 하
는가를 알아야 할 것이니, 너희 자신
이 그리 다스려 나가도록 그리하라.
28 작은 틈이 있으며 작은 생각이 흐트러
지는 그와 같은 것을 가지고도 절대
너희는 사탄을 이길 수 있는 능력이

없으며, 지게 되어 있음이니라.
29 패자는 사탄의 자식이 되는 것이요,
승자는 나의 백성이 됨이니,
30 너희는 내가 준 모든 능력을 다 쓰고
다 썼을 때 너희가 기진맥진해 쓰러
지는 그와 같은 형국까지 가며 모두
를 다 바쳤을 때 승자가 될 수 있다는
것을 절대 잊지 말라.
31 너를 따르는 모든 제자에게 그와 같
은 뜻을 전하라.
32 너희가 모두를 다 이루었을 때 사탄과
똑같은 능력을 발휘할 수 있거늘 너희
가 최선의 노력을 하지 아니하며 모
든 것에 최선을 다하지 아니하였을
때, 너희는 스스로 사탄의 노예가 되
며 그에게 패자가 되는 것을 절대 잊
어서는 아니 될 것이니,
33 나의 아들 예수가 사탄과 견주어 이긴
것이 무엇이던가?
34 그는 최선의 힘을 다하였기 때문이니
라.
35 모든 힘을 다 동원하여 내가 준 그 힘
을 가지고, 내가 준 능력이요, 지혜를
가지고 올 때, 너희가 승자가 될 것이
며,
36 승자가 될 때 사탄들이 너희 눈에 보
이며 사악한 자가 너희 눈에 보임이
니, 승자는 패자의 그 나약함을 보게
되는 그 이치를 알라.

8,005 번째 하나님 말씀

2003년 10월 18일 06시 40분

1 사랑하는 나의 아들아!
2 **"네, 아버님! 말씀하옵소서."**
3 나의 피조물 만백성 너희는 선택되었
음이니라.
4 나약한 너희가 어찌 선택되었으며 오
늘의 이 영광의 길을 어찌 가는가 그
리 너희는 생각할 것이니라.
5 그러나 너희가 가진 특성이 있음이니
라.
6 너희는 남을 위하는 그 열정이 있으며
사탄과 싸우고자 하는 그 열정이 있으
며, 법전을 만들어 만백성에게 전하고
자 하는 남다른 열정을 가진 나로부터
선택된 백성임을 알아야 할 것이니라.
7 모든 백성은 입으로 역사하며, 행함이
없음이니라.
8 그리고 저 자신을 위하여 살아가는 그
백성 속에서 너희는 자신을 희생해서
남을 구원하는 그와 같은 길을 갈 수
있는 남다른 열정을 가진 것이 오늘
나의 아들을 따르는 제자들이요, 나로
부터 선택되어 세상에 나온 백성 너희
이니라.
9 그러니 너희는 악과 싸워서 지지 않는
그 용기가 있으며 열정이 있으며, 절
대 물러서지 아니하는 그와 같은 열정
이 있음이니라.
10 그리고 너희는 자신을 위해서 기도하
고 자신을 위해서 살아가는 것이 아니
라, 만백성을 위하여 자기 하나를 희
생할 수 있는 그 열정을 가슴속에 가
지고 있음이니라.
11 그게 바로 너희가 다른 백성과 다르
며, 나로부터 선택되어 역사한 백성
너희가 가진 은혜요, 특성이니 그리
알라.
12 그 열정에 불을 붙이면 너희가 못 이

루는 것이 없음을 알라.
13 일반 백성이요, 그 신도들과 다른 것
이 거기에 있음이니라.
14 자기 자신을 위하는 믿음이 아니요,
남을 위하는 믿음을 갈 수 있으며, 그
리고 '나 하나 희생해서 남을 구원하
겠다'는 말없이 강한 열정이 너희는
가슴속에 있음을 알 것이니라.
15 그 열정에 불을 붙이도록 그리하라.
16 그리하면 나의 아들 예수를 따르던 그
제자들이 등을 돌리며 떠났던 그와 같
은 역사는 없을 것임을 알라.
17 예수의 시대는 가난한 시대요, 먹을
것이 없는 시대요, 지니고 다닐 것이
없는 시대였음이니,
18 그들은 먹고살기 위한 그 방편으로써
나의 아들 예수를 따랐으며 그 길을
갔음이니, 그것이 그들은 먼저였음이
니라.
19 그러나 오늘의 너희는 그러한 백성이
아니니라.
20 너희는 열정이 있는 백성이요, 남을
위하여 너희가 존재한다는 그 용기가
있는 백성이니라.
21 그 모두를 내가 너희 가슴에 심어 주
었으니, 거기에 불을 지피는 것은 너
희의 각오와 노력에 달렸음을 알라,
사랑하는 나의 아들딸들아!

8,006 번째 하나님 말씀

2003년 10월 18일 06시 44분

1 사랑하는 나의 아들아!
2 "네, 아버님! 말씀하옵소서."
3 구약의 시대와 신약의 시대에 전하며
깨우치는 방법은 무엇이었더냐?
4 입으로써 전하며 말로써 전하여 깨우
치는 그와 같은 역사의 시대였음을 너
희는 알고 있을 것이니라.
5 입으로 전하며 입으로 역사하며 말로
써 전하는 그와 같은 시대에는 눈으로
보이는 기적이요, 또한 그와 같은 역
사가 필요했던 것이니라.
6 그러나 지금 제3의 시대를 열어 감은
무엇으로써 내가 증명하느냐?
7 나 여호와의 뜻을 처음부터 글로써 책
으로써 만들어 만백성을 구하는 그 역
사를 이루고 있음이니,
8 말로써 전하는 시대의 기적의 역사보
다 오늘의 역사가 더 위대함을 너희는
알아야 할 것이니라.
9 말로써 전하며 말로써 역사하는 것은
변질될 수 있으며 세월이 지나면 바
뀔 수가 있으며, 오래도록 증거할 수
없는 길이 말로써 가르치는 시대요,
말로써 역사하는 것이요,
10 말로써 복음을 전하며 말로써 나 여호
와의 성령을 전하는 것은 그와 같이
무서운 차이가 있음이니라.
11 그러나 지금의 시대는 내가 직접 나의
아들을 통하여 내림이니, 이를 너희가
바로 기록하고 만들어 법전으로 만들
어 세상에 전함이니, 그보다도 더 위
대하고 귀중한 것이 없음이니라.
12 말로써 전하는 것은 그 당시 강론을
들은 자요, 거기서 경청한 자만이 그
를 생각할 수 있으나,
13 그 또한 세월이 지나면 그를 잊어 버
리고 사는 것이 인간 너희가 아니더냐?
14 그러나 나 여호와의 성령의 뜻이요,

하늘의 천기요, 모든 하늘의 비밀을
글로써 책으로 직접 만드는 것은 이
얼마나 위대한 스승이요, 얼마나 소중
한 가르침이며, 너희가 얼마나 은혜
받은 백성인가를 알아야 할 것이니라.
15 나의 법전을 읽고 깨우치는 그 속에서
너희는 스승과 더불어 항상 삶이니,
그것이 바로 다른 것이니라.
16 모든 종교 집단이요, 지도자들이 말하
느니라.
17 영적인 것이 성장하고 또 성장하려면
교회라는 곳에 와 목사의 설교를 들으
며 종교 지도자의 가르침을 계속 듣고
듣는 것이 영적 성장이 무너지지 아니
하는 것이며 바르게 크는 길이라 그리
하지 않느냐?
18 그리하여 그 대가를 말없이 수없이 지
고 가고 바치고 가는 것이 너희이니
라.
19 이제는 160권의 법전이 세상에 나옴
이니, 너희가 그 책을 읽고 읽을 때마
다 영적인 성장이요, 구원의 길에 접
근할 수 있는 그와 같은 빛이니, 나의
법전이 그와 같이 위대하고 소중함이
요,
20 제3의 시대에 모든 책으로써 증거하
니 이 기적보다 위대한 것이 없음이니,
21 너희는 구약의 시대요, 신약의 시대의
그 역사의 기적의 능력을 바랄 필요가
없으며 기대하지 말라.
22 나 여호와가 필요에 따라서 모두 역사
하느니라.
23 모든 기적을 이루며 모든 역사를 이룬
것은 무엇이더냐?
24 너희에게 보이기 위함이요, 너희를 변
화시키기 위함이요, 너희를 따르게 함
이요, 너희를 깨우치려고 그와 같은
역사를 이루지 아니하였던가?
25 그러나 나의 법전 한 권이 하나의 선
생이요, 스승으로서 항상 그 스승의
가르침을 볼 수 있고 따를 수 있는 것
은 나의 법전을 읽을 때마다 너희를
깨우침이요, 변화되는 그와 같은 역사
를 하고 있음이니,
26 제3의 시대는 나 여호와가 직접 주관
하는 세상이요, 나의 성령으로써 나의
글로써 내가 직접 여기에 임하기 때문
에,
27 기적의 역사처럼 세월이 지나면 지워
버리고 잊어 버리는 그와 같은 역사가
아니요, 영원히 선생의 말씀을 들으며
가르침을 듣도록 그리 만들었음이니,
28 그 가르치는 선생이 누구던가?
29 창조주 나 여호와이니, 나 여호와가
너희를 직접 가르침이니라.
30 그보다도 더 위대한 가르침이 어디에
있으며 그보다 더한 깨우침이 어디 있
으며 그보다 훌륭한 선생의 가르침이
세상에 없는 것이 나의 법전이니,
31 이는 곧 나이기 때문임을 명심하고 너
희가 또 명심해야 함을 잊지 말라, 사
랑하는 나의 아들딸들아!

8,007 번째 하나님 말씀

2003년 10월 18일 10시 08분

1 사랑하는 나의 아들아!
2 "네, 아버님! 말씀하옵소서."
3 이 세상에 한 생명이 태어남이니, 모
태에 열 달이란 길고 긴 세월 속에 세

상에 나와 그 자식을 하나 얻은 기쁨
은 인간인 너희가 그 무엇과 바꿀 수
없는 행복이 아니더냐?
4 그러나 그 아이가 서서히 성장하며 자
라는 그 과정에 아름다운 모습이요,
천사와 같은 아이로 성장하는 것을 보
는 그 부모의 마음은 얼마나 또한 기
쁘겠는가?
5 그런 아이가 자라면서 성격이 거칠어
지고 포악해지며 인간 이하의 어떠한
행동을 하는 것을 즐기며 부모의 뜻
을 거역하고 그리 성장해 간다면, 그
를 보는 부모의 마음은 과연 어떠하겠
는가?
6 그 성격을 바로잡고자, 그를 바로 가
르치고자 모두를 다 던지고자 할 것이
니라.
7 그래도 그 아이가 잡히지 아니하며
바로 성장하지 못하며 비뚤어진 길로
간다면, 한 살 먹고 두 살 먹음으로써
더 비뚤어지고 잘못된 길로 간다면 그
를 바라보는 인간 부모의 마음이 어
떠하겠는가?
8 너희는 들어야 할 것이니라.
9 이제 너와 너를 따르는 제자들이요,
나의 법전을 읽고 깨우친 백성 너희는
바로 무엇이더냐?
10 나 여호와의 뜻에 의해 너희가 새로
운 생명으로써 지금 성장하여 가는 과
정이 아니던가?
11 나의 법전이요, 나의 성령이요, 내 모
두를 태워 내리는 그를 읽고 듣고 만
들어 가는 너희가 세월이 가면 갈수
록 변화된 모습이요, 진리의 길이요,
나 여호와가 원하는 그와 같은 선하고
선한 백성으로 성장하지 아니하며,
12 가면 갈수록 거칠어지며 흐트러지는
그와 같은 모습으로 너희가 살아간다
면, 그를 보는 나 여호와의 마음이요,
가슴이 얼마나 아프겠는가?
13 오늘의 내가 너에게 이 뜻을 전함이
니, 이를 너는 깊이 새겨들어야 할 것
이며, 이를 너의 제자들 또한 그리 알
아야 할 것이니, 그 의미를 심중에 가
슴 깊이 새기라.
14 내가 나의 아들 너에게 가는 길이 무
엇이라 했더냐?
15 큰 돌 위에 맷돌만 한 돌을 갈고 갈되
그가 닳아서 물이 될 때까지 묵묵히
갈고 가는 것이 네가 가야 할 길이며,
16 만백성을 구원할 지도자요, 나의 아들
로서 가는 길이요, 네가 행하는 삶이
라 내가 일찍이 그리 말하였음이니,
17 네가 성장하고 성장하면서 변화되는
모습이 어찌 가야 하는가 이것을 잠
시도 지워서는 아니 되며,
18 오로지 전진만 있으며 변하는 그 역사
가 있는 것이 너와 너의 제자들이요,
19 잠시라도 무너지고 뒷걸음질하고 뒤
로 무너지는 그와 같은 것이 있어서는
어떠한 방법이라도 아니 됨이니라.
20 인간은 생각하기에 달렸다 하지 아니
하였느냐?
21 스펀지라는 것처럼, 솜처럼 물을 먹는
것이 어떤 물이든 그저 관계없이 끌어
들이고 빨아들이는 그와 같은 솜과 스
펀지와 같다 하였음이니, 잠시 잘못된
것도 안 됨이니라.
22 그리하여 내가 농담의 거짓말도 하지
말라 너희에게 엄히 가르치는 것이 거

기에 있느니라.
23 인간 세상에 살아가면서 남을 위해 어
쩔 수 없는 그와 같은 환경 그것도 아
직 다스려지지 아니하였으며 그것을
선별할 수 있는 능력이 없기에 오늘
훈련을 그리 강도 높게 함이니,
24 네가 하루를 살며 네 머리카락이 하
나가 더 희어질 때, 희어진 것만큼 네
가 성숙한 모습이요, 너의 제자들이
성숙한 모습으로 서지 아니하면,
25 어떠한 이유든 변명이든 그는 용납할
수 없으며, 내가 그를 용서치 아니함
을 알아야 할 것이니 그리 알라.

8,008 번째 하나님 말씀

2003년 10월 18일 10시 13분

1 사랑하는 나의 아들아!
2 **"네, 아버님! 말씀하옵소서."**
3 너희는 모든 열정이 있으며 그 열정으
로 모두를 다 극복할 수 있는 것이 선
택된 너희라 하지 아니하였느냐?
4 그러나 잠시라도 무너지는 마음이요,
잠시라도 흔들리는 그와 같은 몸가짐
은 안 됨이니라.
5 잠시 나쁜 생각이요, 잘못된 생각이
너희 머릿속을 스쳐갈 때, 너희는 나
의 아들딸이 아니요, 사탄의 자식으로
서 전락한다고 하지 아니하였더냐?
6 지금의 나의 아들이요, 또한 나의 아
들을 따르는 너희의 그 몸을 통하여
내가 모두를 역사하는 그 의미를 알
아야 할 것이니라.
7 내가 너희를 통하여 글로써 책으로써
나의 뜻을 전하는 이것보다 더 확실하
고 이보다 더 위대한 성령이며 이보다
더 증거할 수 있는 성령이 어디 있더
냐?
8 너희가 입으로만 전하는 그와 같은 가
르침의 성령은 진정한 성령으로써 존
재할 수 없음이니라.
9 나 여호와가 일대일로 말로써 가르치
는 자는 그것이 존속되지만, 뒤돌아서
전할 때마다 한 사람이 한 사람을 거
쳐 열 사람, 백 사람을 거칠 때 내가
전했던 그 뜻이 정반대의 뜻으로써 모
두 역사하는 것이 인간 세상이 아니더
냐?
10 듣지 못하는 자끼리 말로써 그 말을
전하고 전하는 것을 보지 않더냐?
11 열 사람이요, 백 사람이 알아듣지 못
하게 앞에 있는 사람의 입만 보고 무
슨 뜻인가를 전하는 그와 같은 오락을
함이니, 그 오락의 끝에 가는 자가 어
찌 그를 찾아내던가?
12 그와 마찬가지로 지금 내가 아무리 전
하고 가르쳐도, 듣지 못하고 알지 못
하는 백성이 듣고 전함이니, 너희가
귀를 막고 입으로써 소리로써 전하는
그와 같은 오락을 하는 그와 같은 형
국이 말로써 가르치는 것이니라.
13 그러나 너희가 글로써 책으로 이렇게
명확히 만들어 전하는 것은 이보다 더
정확한 것이 없으며 확실한 성령이 없
음이니, 이게 바로 나 여호와의 뜻이
요, 하늘의 진리임을 알아야 할 것이
니라.
14 나의 아들을 따르는 너희가 나로부터
이와 같은 은혜를 받은 것은, 죽어 가
는 네 형제를 지옥 불에서 구원할 수

있는 것은 너희요, 그들을 구원하기
위해 지옥 불에 들어가며 그 뜨거운
불을 두려워하지 아니하며 만백성을
구할 수 있는 열정의 마음이 가슴에
있는 자들이요,
15 그리하여 그 열정을 내가 너희 가슴
에 심어 주었다 하지 않더냐?
16 그러니 너희는 자신의 희생을 두려워
하지 않는 그와 같은 사명이 확고한
열정으로써 승화되는 삶을 살 것이니,
17 나로부터 선택된 너희요, 그리하여 너
희가 소중하며 특별히 내가 선택한 백
성이라 함이니라.
18 내가 일찍이 나의 아들을 통하여 너희
에게 말했듯이 너희는 절대 너희 자
신만을 위한 신앙생활을 가지 않는 백
성이요, 만백성을 위하는 신앙의 길을
갈 수 있는 너희라 내가 그리 말하지
아니하였더냐?
19 이제 너희는 알아야 할 것이니라.
20 구약과 신약의 그 모든 역사는 무엇으
로써 역사했으며 전하더냐?
21 입을 통하여 말로써 역사한 시대라
내가 일찍이 너희에게 가르치지 아니
하였더냐?
22 그와 같은 시대가 아니요, 오늘에 나
의 법전으로써 내가 내리는 명령을 모
두 책으로 근거하여 세상에 전함이니,
이보다도 더 확실한 나의 성령이 없으
며 나를 증거하는 것이 없음이니,
23 이와 같이 모두를 증거하는 것을 다
루고 만드는 너희야말로 어떤 고난과
고통 속에서도 나를 버리지 아니하며,
한 시대를 이끌어 가는 너희 자신을
승화시키는 열정이 너희 가슴속에 부
어져 있음이니, 그 열정의 불꽃을 태
우라 내가 그리 전하지 아니하였던가?
24 그 역사를 할 수 있는 것이 너희이니
그리 알라.
25 주저하지 말며 두려워하지 말라.
26 지옥 불에 가는 모든 백성을 그 불 속
에 가서 구원할 수 있는 것은 너희의
그 열정만이 모든 역사를 할 수 있는
것임을 알아야 할 것이니,
27 거기에 가기 전에 이 세상에 존재하는
백성을 구원하는 데 너희가 무서우리
만큼 돌진할 것이며, 무서우리만큼 역
사해야 할 것이니라.
28 다만, 내가 너희에게 보내준 그 열정
의 용기를 너희가 얼마만큼 쓰느냐
안 쓰느냐 하는 것은 너희에게 달린
가장 중요한 과제임을 알라.
29 내가 100이라는 걸 들 수 있는 힘을
주었을 때, 너희가 쓰지 아니하면 그
걸 들 수 없다고 말하지 아니하였더냐?
30 그 이치를 오늘 깊이 깨우쳐야 할 것
이니 그리 알라.

8,009 번째 하나님 말씀

2003년 10월 18일 10시 17분

1 사랑하는 나의 아들아!
2 "네, 아버님! 말씀하옵소서."
3 나의 백성 너희가 나로부터 성령을 받
아 이 세상에 나갔으나, 지금의 종교
집단 지도자들의 잘못 가르침으로 인
하여 거기에 현혹되어 나의 아들딸들
이 사탄의 도구가 되어 있으며,
4 너희가 가진 모든 건전한 육체요, 단
단한 그 육신이 모두 다 사탄이 쓰고

자 하는 도구로써 쓰이며 그와 같이
전락된 걸 과연 너희는 알고 있느냐?
5 나 여호와로부터 받은 건전한 육신이
요, 정신의 나의 백성이 어찌하여 모
두 사탄에게 넘어가 사탄의 도구로써
육신이 쓰이며, 그들이 역사하는 길에
너희가 모두를 다 바치며 이용되는 도
구로써 전락하는 것이 오늘의 너희가
오는 길이요,
6 육신이 사탄이 이용하는 도구로 쓰이
며 그들의 버팀목으로 전락한 것이
오늘의 육신을 가지고 사는 너희 삶
이니라.
7 이를 바로잡지 아니하면 절대 아니 됨
이니라, 사랑하는 나의 아들딸들아!
8 나 여호와는 나의 백성이요, 나의 아
들딸들이 나의 뜻을 역사하는 삶이
아니라, 사탄의 도구로써 모든 육신이
요, 정신마저도 다 거기에 쓰이는 것
으로써 지금 너희가 사후의 세상에서
얼마나 나와 멀어지며,
9 나의 아들딸로서 내 집에 올 수 없다
는 것이 얼마나 슬프고 고통스러운
것인 줄 알겠는가?
10 지금 사탄이 되어 쓰이는 너희가 거
듭나려면 성령으로써 다시 충만 되는
그와 같은 길을 가지 아니하며 그 길
을 역사하지 아니하며 그 길을 찾지
아니하고는 절대 바로 설 수 없는 것
이니,
11 이 모두를 성령으로 충만 시키며 오늘
을 들여다볼 수 있는 것은, 나의 아들
을 통하여 내리는 160권의 법전을 너
희가 각자 읽고 정독하여 깨우치는 그
변화의 역사밖에 없음을 너희는 알라.
12 지금까지 수천 년 동안 흘러오는 종교
집단이요, 지도자요, 거기에 맹종하는
신도들이라 하는 자들이 아무리 유능
하고 지식이 있으며 아무리 상식이 있
으며 그리고 말장난을 아무리 잘한다
해도,
13 나의 법전에 기록되어 있는 내용과 같
이 세상의 이치를 쉽게 설명하며 가르
치는 길이 절대 없음을 알라.
14 이는 나 여호와의 뜻이요, 하늘의 뜻
이기 때문에 인간이 아무리 유능하며
천재적인 소질을 가지고 있으며 누구
도 따를 수 없는 그와 같은 지혜를 가
진 자, 그리고 누구든지 너희의 말장
난에 눈물을 흘리며 울고불고한다 해
도,
15 나의 법전처럼 쉽게 진리를 바로 머리
에 심어 주는 그와 같은 가르침이요,
그와 같은 지도 능력은 할 수 없는 것
이 너희이니라.
16 그러니 나의 법전을 읽고 깨우치는 것
보다 더 변화되는 역사는 거기에 없음
이니,
17 그리하여 나의 법전을 나의 사랑하는
백성에게 전해 줘 그들이 바로 서고
깨우치는 그 역사를 이루도록 하라 함
이 나 여호와의 뜻이 여기 있음을 알
라, 사랑하는 나의 아들딸들아!

8,010 번째 하나님 말씀

2003년 10월 18일 10시 22분

1 사랑하는 나의 아들아!
2 "네, 아버님! 말씀하옵소서."
3 나로부터 선택된 나의 아들을 따르는

제자요, 지금 나의 법전을 가지고 공
부하는 백성 너희와 일반 백성의 그
차이점이 무엇인 줄 알겠는가?
4 너희는 그 차이라는 걸 상상할 수 없
다는 것을 알아야 할 것이니라.
5 선택된 백성 너희가 모두 관리하고
소유하는 말 못하는 그 어떠한 도구
든, 그것은 다 나의 뜻에 의한 것이며
내가 주관하는 것들이니,
6 그 모두는 너희가 이룰 수 없는 모든
기적의 필요에 따라서 만백성의 생명
을 구원하는 그와 같은 도구로 너희에
게 쓰일 수 있는, 너희가 관리하고 소
유하는 모든 물품이요, 너희 육신임을
알아야 할 것이니라.
7 너희가 소유하는 것, 너희 육신 그 자
체도 나 여호와가 무엇을 이루고자 할
때 그 도구로 하여금 나의 뜻을 이루
며 기적의 역사를 이룰 수 있는 것으
로써 쓰인다는 것을 절대 잊지 말라.
8 그러니 일반 믿음의 길을 가는 잘못된
백성이 소유한 그 모두를 통해서는
내가 역사를 이루지 아니하며 기적을
이룰 수 없으나,
9 내가 필요로 할 때 너희가 소유한 것,
너희 몸을 위하여 너희 육신을 위하
여 너희가 소유하는 모든 도구를 가
지고 내가 기적의 역사를 이룰 수 있
는 것이 너희가 가진 것이니,
10 누가 가진 것을 통하여 내가 언제 무
슨 역사를 이루는지 모를 것이니라.
11 너희는 그와 같은 형국을 들여다보라.
12 모세가 무엇으로써 역사를 이루었던
가?
13 남들이 볼 때는 그저 나이 먹은 자가
짚고 가는 그 지팡이요, 볼품없고 쓸
모없는 그 지팡이로써 모든 기적의 역
사를 이루었으며 모두를 행하지 아니
하였더냐?
14 그러니 너희가 그와 같은 뜻을 알며
정녕 나의 아들딸로서 거듭나는 백성
이요, 지금 다루는 나의 성령이요, 나
의 법전이 나의 뜻이라 믿는다면,
15 너희가 쓰는 그 연필에서, 너희가 그
저 덮고 자는 이불에서, 너희가 그저
들고 다니는 모든 장식물을 통해서도
나 여호와가 역사하고자 하면 역사하
는 것이니,
16 너희가 소유하고 가진 그것이 바로
일반 백성이 가진 것과 다르다는 것
을 너희는 알아야 할 것이니라.
17 너희에게 관계된 모든 것, 관리하는
것을 모두 소중히 관리할 것이며, 그
를 엄히 다스려 관리해야 함을 너희
는 알아야 할 것이니라.
18 불필요한 것, 역사에 필요 없는 것, 그
와 같은 것을 너희가 챙기고자 이루
고자 해서는 아니 될 것이니라.
19 너희가 필요한 것, 그리고 꼭 써야 하
는 그와 같은 것은 모두 내가 너희에
게 내려 준 것임을 알고, 너희는 잘 관
리하고 잘 다스리는 그와 같은 마음
자세를 가져야 할 것이며,
20 또한 내가 너희가 가진 모든 도구를
통하여 역사를 이룰 뜻이 있다면, 과
연 너희 몸을 이용하여 너희 육신을
위해서는 얼마나 많은 역사를 이루겠
는가?
21 너희의 눈과 입과 귀 그 모두가 나 여
호와가 역사하는 기적의 도구로 쓸 수

있다는 것,
22 모세의 그 쓸모없는 지팡이로써 모든
기적과 역사를 이루었듯이, 그를 통하
여 내가 이루듯이,
23 너희의 모두를 통해서 그와 같은 역사
를 이룰 수 있는 것이 너희가 소유한
것들이라는 걸 잊지 말라.
24 이것이 너희가 일반 백성과 다름이니,
너희가 가진 모든 것은 기적의 역사
의 도구로써 내가 쓰기 위해 준비된
것이라 그리 생각하고, 너희 소유물이
라 생각하지 말라.
25 일반 백성이 가진 그 소유물과 너희
가 가진 그 소유물의 아름답고 소중
한 차이가 있음이니,
26 바로 잘못된 믿음의 길을 가는 사악
한 백성과 너희의 차이이니라.
27 내가 너희를 도구로 쓸 수 있으며 너
희를 보여 역사할 수 있는 그 육신이
요, 너희 몸체가 얼마나 소중하고 귀
한 것인가를 알겠느냐?
28 그러니 너희 자신이 소중하다는 걸 먼
저 깨우치라 함이 여기 있음이니,
29 선택된 백성의 도구는 나의 것이요,
내가 필요하면 너희를 통하여 역사를
이루기 위해 쓸 수 있는 도구요, 준비
된 자들이라는 걸 잊지 말라, 사랑하
는 나의 아들딸들아!

8,011 번째 하나님 말씀

2003년 10월 18일 10시 26분

1 사랑하는 나의 아들아!
2 "네, 아버님! 말씀하옵소서."
3 인간 세상의 오늘의 그 삶이 얼마나
귀하고 소중한지 모르는 어리석은 백
성에게 너희는 전해 주고 또 깨우쳐
주어야 할 것이니라.
4 이 세상의 삶이 모두 그대로 너희가
구원을 받고 구원을 받지 못하는 그와
같은 결정판의 결과를 모두 이룬다는
것, 오늘의 삶에 따라서 구원의 그 결
정판의 판결이 그를 기준으로 하여 이
루어진다는 것을 그들에게 전해 주며
깨우쳐 주라.
5 그들이 그것 하나를 깨지 못함이니,
그것 하나만 벗어나서 저희가 바르게
살고자 한다면 지옥문에 가 몸부림치
는 그와 같은 고통은 면할 수 있거늘,
6 어찌하여 나의 아들딸들이 전하는 것
이요, 나의 법전에 전하는 그와 같은
뜻을 듣지 않으려 하며 그들을 따르려
하지 아니하는 것일까?
7 알고도 모를 것이 그들의 마음이니,
그는 모두 허상에 굳어져 있는 자들이
기 때문이니 그리 알라.
8 그리고 욕심에 젖어 있는 자들이니라.
9 너희의 오늘의 생활 상태가 그대로 지
옥과 천당이 구분됨을 알라고 전하라.
10 불효한 자가 불효한 행위를 한 것은
그대로 그 대가를 치르게 되어 있으
며, 거기서 면죄되고 가감됨이 없음이
니라.
11 더럽고 추한 짓을 한 것은 너희가 더
럽고 추한 짓을 한대로 그대로 하나도
빠짐이 없이 너희가 받는다는 것, 의
로운 생활을 하며 의로운 삶을 산 자
는 의로운 대로 그 상을 받을 것이며,
베풀고 나누며 사랑을 실천한 자는 그
대로 받을 것이니,

12 너희의 육신에 따라서 상을 받고 못
받는다는 이 사실을 정확히 그들에게
알려 주며, 이것은 변화될 수 없는 사
실이라는 것, 그것 하나만 그들이 알
고 깨우쳐도 나의 법전을 읽은 자와
진배없거늘,
13 어찌하여 그것 하나도 들으려 하지
아니하고 그리 사악하게 전락되어 있
는가?
14 오늘의 삶을 너희가 그와 같은 삶으
로 살지 아니하면 아니 됨이니라.
15 오늘이 아니면 돌이킬 수 없는 것이
심판이요, 죽음이라 하였음이니라.
16 너희가 돌이킬 수 있으며 되돌릴 수
있는 그와 같은 오늘의 삶에서 바로
서지 아니하면 절대 아니 됨을 알라.
17 너희가 나에게 와 심판을 받을 때는
돌이킬 수도 없으며 돌아갈 수도 없으
며, 애원하며 울고불고해도 너희는 다
시 한 번 연습이 없는 것이니라.
18 오로지 그 결정판에 따라서 그 결과에
따라서 너희는 모두를 치러야 한다는
것을 명심하도록 그리하라.
19 내가 오죽 답답하며 오죽 소중하고 귀
하면 내가 나의 아들을 통하여 오늘도
다시 나의 법전에 기록하여 너희에게
이리 전하겠는가?
20 이를 명심하고 명심할 것이며, 듣는
자보다도 가르치는 너희 마음을 다스
려 확실히 하며, 이와 같은 것을 그들
에게 진정 깨우쳐 주어야 할 것이니
그리 알라.

8,012 번째 하나님 말씀

2003년 10월 18일 10시 31분

1 사랑하는 나의 아들아!
2 "네, 아버님! 말씀하옵소서."
3 너희가 육을 갖고 사는 세상 그 자체
에서도 정도의 길을 가지 아니하며 상
업하는 자가 상업의 도를 지키지 아니
하고 욕심에 눈이 어두워 욕심을 부리
고 욕심에 따라 행하는 자는 어떠한
결과를 낳는가?
4 그는 욕심에 의하여 모두를 다 잃게
되며, 결국 그 자리를 떠나게 되며, 그
소중하고 귀했던 모두를 남에게 넘겨
주며 패가망신을 당하는 그와 같은 자
가 수없이 있음이니,
5 그 모두는 욕심이며 정도를 떠나서 행
하는 자들이 당하는 당연한 결과라는
것을 육의 세상에서도 알고 있지 않으
냐?
6 향락에 젖어서 놀기를 즐겨 하는 자는
아무리 천만금의 재산을 가졌다 해도
그 재산은 다 무너지는 것이며 너희
육신은 모두 다 무너짐이니라.
7 그리하여 향락에 젖어 사는 자는 제
재물을 탕진하며 저 자신이 초라한 모
습으로써 변하며, 자신도 모르는 사이
에 육신이 무너짐이요, 또한 너희도
모르게 육신도 병들어져 감이니,
8 너희는 재물을 잃으며 정신을 잃으며
용기를 잃으며 육신까지 잃어 병에 걸
리는 자요, 병마에 시달리는 그와 같
은 육신의 무너짐을 모르는 것이 향락
을 즐기며 사는 백성이니라.
9 그러나 너희가 병들었을 때는 이미 때

가 늦으며 돌이킬 수 없는 것이요, 후
회해도 바로잡을 수 없는 것이 너희
삶이 아니더냐?
10 너희가 세상에 살면서 유행의 선구자
인 것처럼 착각하는 자, 그 유행병에
걸려 있는 자, 그리고 유행에 따라 무
엇을 걸치고 치장하지 아니하면 견디
지 못하는 그와 같은 성격을 가진 자,
11 저 자신이 돌이킬 수 없는 때가 되었
을 때, 통곡하는 비참함은 이루 말할
수 없는 그와 같은 삶을 사는 것이 유
행병에 젖어 사는 자요, 그리고 향락
에 젖어 사는 자요,
12 그리고 정도요, 상도를 버리고 살아가
는 자들이 당하는 결과가 아니더냐?
13 그러니 지금 믿음의 길을 가며 저 자
신의 분수를 모르며 저 자신이 지금
짓는 죄가 무엇인 줄 모르는 자들이
종교 집단이요, 지도자들이요, 그리
가르침을 받고 구원을 받았다 하는
자들,
14 구원을 받는 것이 무엇이며 구원을 받
지 못하며 지옥으로 가는 것이 무엇인
지 모르고 아무것도 모르고 오로지 천
방지축으로 살아가는 것이 오늘의 너
희 믿음이니,
15 향락에 젖어 있는 자요, 정의로움을
버린 자요, 그리고 살아가면서 유행병
에 젖어 있는 자요, 그와 같은 자들이
바로 오늘의 믿음의 길을 가는 자들이
니라.
16 그저 맹종 맹신하는 것으로써 모두 다
가려져 자신이 어떠한 길을 가는 것
인지 내가 지금 무엇을 이루고 지금
무엇을 다루고 있는지 그것 자체도
모르고 가는 자들이니라.
17 그저 유행병에 걸려 집안이 망하든 제
가 패가망신을 당하든 사지 아니하면
아니 되며 걸치지 아니하면 아니 되며,
18 향락에 젖어 제가 병들어 가는 것도
모르고 그저 그 길을 가지 아니하면
견디지 못하는 자,
19 지금 너희가 참진리가 아니요, 비진
리요, 지옥으로 가는 낭떠러지 길로
가는 것을 모르고 그저 거기에 구원의
길이요, 하늘에 오르는 길이라 그저
그것만을 바라보고 가는 자들이 바로
유행에 병든 자요, 향락에 병든 자요,
욕심에 병든 그와 같은 자이니,
20 너희는 나의 아들 예수가 세상에 와서
부르짖은 것을 깨달으라.
21 '회개하라!' 부르짖지 아니하였는가?
22 너희가 죄 속에서 허덕이며 죄 속에서
지금 살아감이니, 모두 다 회개하라고
그리 부르짖는 것은 오늘의 종교 집단
이요, 지도자 너희 머리에 먼저 철퇴
가 내린 것이라는 것을 알라.
23 내가 법전에 이리 기록하여 전함이니,
나의 아들 예수가 회개하라는 종교 집
단이요, 지도자들, 병들어서도 병든
줄 모르고 가는 자들, 지옥으로 가면
서도 지옥으로 가는 줄을 모르는 그
백성을 위하여 제일 먼저 부르짖는 소
리라는 것을 알라.

8,013 번째 하나님 말씀

2003년 10월 18일 11시 13분

1 사랑하는 나의 아들아!
2 **"네, 아버님! 말씀하옵소서."**

3 지금 나의 피조물 만백성 너희가 나
의 법전 한 권을 접하는 그것이 무엇
인 줄 알겠느냐?
4 나 여호와가 편지를 써서 너희에게
내려보낸 그 편지 한 통을 받는 것보
다 더 소중하고 귀하며, 그 뜻이 같음
을 너희는 알아야 할 것이니라.
5 곧 나의 법전 한 권을 접하여 그를 읽
고 접하는 자는 나 여호와가 직접 써
내린 나의 편지를 받는 것이니,
6 그보다도 큰 영광이요, 그보다도 큰
은혜가 없는 것을 너희가 지금 모르
고 있음을 알라.
7 나의 법전 한 권을 받는 것은 내가 너
희에게 편지를 보냄이니, 이는 나로부
터 초청받아 내 잔치에 참석할 수 있
는 백성, 너희가 그 잔칫집에 오는 길
이요, 그리고 오는 자의 예의범절이
요, 참석하는 자의 자리요, 갖추어야
할 그 모두를 상세히 기록하여 거기에
전하는 것이니,
8 이는 곧 나의 초청장이요, 나의 안내
문이요, 그리고 나의 편지임을 너희는
알아야 할 것이니라.
9 이제 나의 법전을 만들고 전하는 모든
백성 너희는 알아야 할 것이니라.
10 나 여호와가 사랑하는 나의 피조물 만
백성들을 구원하고자 함이니, 그 모두
에게 내가 직접 써 내려보내는 그 편
지 한 통씩은 다 보내야 하지 않겠는
가?
11 지금 나의 아들을 통하여 내가 원본을
내려보냄이니,
12 너희는 그 원본을 가지고 대필하여 지
금의 모든 백성에게 골고루 나의 편
지를 전하는 그 역사를 하는 것이며
이루어야 하는 것이니라.
13 수십억 인구에게 너희가 한 통의 내
편지를 복사하고 또 기록하되, 이것은
기계로 하는 것이 아니요, 너희 손으
로 친필로 내 글씨요, 내 형체요, 내
정성을 그대로 담아 만백성에게 그 편
지를 보내는 것이 너희 대명이며 그
역사이니,
14 너희가 밤과 낮이 어디 있으며 쉴 시
간이 어디 있는가?
15 그 편지를 받고 못 받는 자는 나의 잔
칫날에 오고 못 오는 것과 같음이니,
16 너희가 나의 부름을 받고도 잔칫날에
오지 못하고 부름을 받지 못한다면 그
책임이 누구에게 있는가?
17 그 편지를 대필하여 전하라 명을 받
은 너희이니, 너희가 게으른 자요, 노
력하지 않는 백성이기 때문이니 그리
알라.
18 이제 모든 백성에게 전하라.
19 하늘에 오르는 길이요, '하나님! 말씀
하옵소서' 나의 이 법전은 나 여호와
가 너희 개인에게 직접 보내는 편지이
니,
20 그리하여 한 권의 법전을 접하는 자는
나의 편지를 받는 자요, 나의 편지를
접하고 그를 보고 깨우쳐 하늘에 와
내 잔칫집에 참석할 수 있는 시간과
장소와 방법과 예의범절과 너희가 갖
추어야 할 모두를 다 거기에 기록하
여 놓았으니,
21 그를 완벽하게 읽고 깨우치는 자, 그
대로 예의범절을 지키는 자는 잔칫상
에 와 한 점의 손색이 없는 백성으로

그 자리를 지키는 자가 될 것이니 그
리 알라.
22 이제 모든 백성에게 전하라.
23 나의 법전 한 권을 접하는 것은 나의
편지 한 통을 너희가 직접 받는 것이
라는 그 소중한 의미를 가르치라.
24 그러니 나의 법전을 만드는 자는 160
권의 나의 편지를 다 읽는 자요, 다 보
는 자들이 아니냐?
25 그러니 하늘의 이치요, 하늘의 뜻을
너희만큼 아는 자가 없음이니 그리 알
라.
26 그것이 너희의 은혜요, 영광된 백성이
니,
27 너희가 그 편지를 쓰고 또 써서 만백
성에게 전하는 데 잠시도 게을리해서
는 아니 됨을 알아야 할 것이니라, 사
랑하는 나의 아들딸들아!
28 이제 편지를 읽고 접한 백성이 그 편
지를 쓸 줄 알고 기술이 있을 때 또한
그들이 그를 써서 전하는 그와 같은
형국으로써 나의 법전이 세상을 덮을
것이니라.
29 모든 백성을 다 내 잔치에 초청함이
니, 그들에게 초청장이요, 안내장이
요, 내가 간곡히 참석해 달라 하며 참
석하는 자가 갖추어야 할 예의범절이
요, 시간과 장소까지 모두 다 기록하
여 전하는 것이 나의 법전이니,
30 한 사람도 이를 접하지 아니하는 백성
이 있어서는 아니 되니, 골고루 모두
에게 전해야 함을 너희는 알아야 할
것이니라.
31 잔칫상에 오지 못하는 자, 그리고 구
원받지 못하는 자, 거기에 참석할 수
없는 자, 그 안내문이요, 그 상세한 것
을 받지 못한 자는 길을 몰라서 모르
며 갖춰야 할 준비가 뭔지 몰라서 못
오니,
32 그들을 바로 깨우쳐 주고 전하는 것이
너희임이니, 나의 편지를 전하는 것을
소홀히 해서는 아니 될 것이니라.
33 만백성들에게 나의 편지 한 통씩을 꼭
전하는 그와 같은 오늘의 수고로움을
아껴서는 아니 됨이니 그리 알라, 사
랑하는 나의 아들딸들아!

8,014 번째 하나님 말씀

2003년 10월 18일 11시 18분

1 사랑하는 나의 아들아!
2 **"네, 아버님! 말씀하옵소서."**
3 나 여호와가 이 세상에 어떠한 역사를
이루든, 모세의 시대의 그 역사와 같
은 모든 역사를 이루는 것을 나 여호
와는 모두 미리 예견하며 경고하지 아
니하고 이룬 것이 없음을 너희는 알
아야 할 것이니라.
4 내가 어떠한 역사의 변화가 있을 때마
다 너희에게 미리 경고하여 그에게 알
리는 그와 같은 방법으로써 세상에 전
해졌음이니라.
5 그리하여 너희가 그때 그 당시에 처
해 있는 백성이 그 현실을 깨우치며,
나 여호와가 원하는 것이 무엇이며 내
가 가고자 하는 것이 무엇인가를 깨우
쳐 구원의 길을 찾도록 항상 너희에게
주었음이니,
6 이는 곧 내가 모두를 예고하여 행했음
을 너희는 알아야 할 것이니라.

7 그와 같이 나 여호와가 너희에게 미
리 알려 주고 예고로써 다 알려 주었
지만, 너희는 그를 듣지 아니하고 그
를 따르지 아니한 자들이니라.
8 그것이 오늘에 그 화를 부르며 오늘의
그 형국이 되지 아니하였던가?
9 너희는 들어야 할 것이니라.
10 노아의 방주 그 시대도 어찌하였는가?
11 나 여호와는 사전에 백여 년 전에 모
든 백성에게 예고하였으며 그를 예방
하고자 알려 주었음이니라.
12 그러나 그 당시 백성이요, 믿음의 길
을 가는 자들, 그리고 과학의 첨단이
요, 머리가 있고 깨우쳤다는 자들 그
리고 지식인이라는 백성, 너희가 인간
의 생각으로 계산하니,
13 그때 절대 비가 오지 아니하며 비는
내리지 아니할 것이라는 인간의 과학
적인 그 수준으로써 그를 비웃고 너희
가 미친 자요, 바보처럼 취급하지 아
니하였던가?
14 그러니 너희는 인간이 똑똑한 자요,
인간이 잘났으며 인간인 너희 자신만
을 너무 믿고 따르는 그와 같은 어리
석은 자들이니, 제 발등을 제가 찍는
것이 너희이니라.
15 그리고 과학자라는 자, 능력 있는 자,
그 시대를 이끌어 가는 자들, 지식이
있는 자, 또 천기를 보는 자, 과학을
연구하는 자, 그와 같은 자들이 그와
같은 비는 내리지 아니할 것이라 호언
장담하며 그를 비웃었으니,
16 그들로 하여금 얼마나 많은 백성이
버려졌는가?
17 그러나 나는 너희에게 미리 다 예방
하며 전해 주고 있음이니라.
18 신약 시대에 나의 아들 예수가 역사
함도 그 모두를 내가 알려 주었으며,
19 예수가 와서 역사하는 것도 내가 미리
다 알려 주며 너희에게 예방할 수 있
도록 준비할 수 있도록 경고를 했음이
니라.
20 또한, 제3의 시대에 심판의 시대가 열
리는 것도 모두 내가 성서에 기록하여
너희에게 전하였으며,
21 나의 아들로 하여금 새로운 시대가 열
린다는 것도 모두 내가 너희에게 깨우
쳐 주고 전하여 주었음이니라.
22 그러나 말로써 깨우쳐 주며 입으로써
전하는 그것을 너희가 믿지 아니하였
기에,
23 오늘의 제3의 시대는 내가 그를 책으
로 만들어 정확하게 누구나 다 이를
깨우치고 깨달을 수 있도록 예방서를
지금 너희에게 내려보내니, 이게 바로
나의 언약임을 너희는 알아야 할 것
이니라.
24 너희는 알아야 할 것이니라.
25 이제껏 모두를 종교 집단이요, 지도자
가 노아의 방주 시대요, 예수의 시대
요, 그 모두를 다 말로써 전했으며 입
으로 전하는 그와 같은 역사로써 전해
졌으나,
26 이제는 모두 책으로써 글로써 근거하
여 내가 너희에게 내려보내니, 이 무
서운 시대에 이루어지는 역사함을 알
며 두려운 줄 알아야 할 것이니라.
27 내가 책으로써 모든 예언의 언약을 내
려보내며 미리 이루어질 것을 다 알리
며,

28 심판의 시대에 내가 버릴 자와 구원하
는 방법까지도 상세히 기록하여 지금
너희에게 예고하여 전한다는 것을 알
라.
29 이를 듣지 아니하고 비웃고 사탄이요,
사악한 자라 하는 자는 어느 날 갑자
기 당하며, 너희 앞에 닥쳐왔을 때, 그
비참한 몸부림은 이루 말할 수 없을
것이니 그리 알라.
30 모세의 시대요, 그 이전에 역사한 모
든 것, 그리고 그 후에 역사한 모든 것
은 미리 사전에 알려 주었으며, 사전
에 그와 같은 것이 이루어진다는 것을
다 경고해 주었으며,
31 예고하여 너희가 지키고 모면할 수
있도록 그리고 바른길을 선택하도록
했으나,
32 인간의 지혜요, 믿음의 집단의 그 힘
이요, 능력 앞에, 내가 명하고 전하는
언약의 뜻을 너희가 믿지 아니하며
너희가 그를 우습게 생각했으며 따르
지 아니하는 자들이 그와 같은 어렵고
힘든 것을 모두 겪었음이니,
33 바로 이제 내가 말로써 언약하는 것
이 아니요, 말로써 지키라는 것이 아
니라, 책으로써 나의 언약의 뜻을 기
록하여 전함이니, 이 무섭고 두려운
시대가 열어짐을 너희는 알아야 할
것이니라.

8,015 번째 하나님 말씀

2003년 10월 18일 11시 23분

1 사랑하는 나의 아들아!
2 **"네, 아버님! 말씀하옵소서."**
3 너희가 말잔치요, 풍성한 말로써 참
진리를 가르치고 전한다 하는 그와
같은 오늘의 집단의 그 방법으로써 사
랑하는 나의 피조물 만백성들에게 얼
마나 오랜 세월 동안에 그 진실이 그
대로 전해지며, 얼마나 많은 세월 속
에 나의 피조물 만백성을 많은 백성을
구할 수 있다 생각하는가?
4 너희가 말로써 풍성히 전하는 그와 같
은 방법으로써 얼마나 많은 세월 속
에 그 뜻이 그대로 존재하며 전하는가?
5 너희가 한 사람 한 사람 거쳐 지나는
순간에 그는 퇴색되며 변질된다 하였
음이니라.
6 그리고 그 말에 가르침은 세월이 지나
면 또 지워지는 것이니, 그러니 너희
가 얼마나 오랜 세월 동안 말로써 전
하는 것이 존재하며 많은 백성을 구할
수 있다 생각하는가?
7 나의 백성을 얼마나 구할 수 있다 너
희는 생각하는가?
8 너희가 전하는 그 과정에서 참진리가
비진리로 둔갑하여 버려지며 그 모두
가 지상에서 지워지며 잊히는 그와
같은 형국으로써 전하는 것이 풍성한
말로써 전하는 것이니라.
9 그러나 너희는 알아야 할 것이니라.
10 이제는 그와 같은 방법으로써 나의 피
조물 만백성을 가르쳐, 그들이 진정한
참진리의 길이 무엇인 줄 모르고 우
왕좌왕하는 그와 같은 역사는 두 번
다시 없을 것이니라.
11 그리하여 나의 법전이요, 이 모두를
내가 글로써 책에 기록하여 이를 전
함이니, 책은 영원히 존재함이니, 이

책은 너희가 기다리고 지나가는 그
세월이요, 존재하는 세월이 끝이 없으
며,
12 이 책은 또 읽고 또 읽으니, 얼마나 많
은 세월 속에 많은 백성이 그 속에서
깨달음을 얻으며 구원의 길을 얻겠는
가?
13 그러니 너희가 말로써 전하는 시대로
써 그 역사함이 아니요,
14 나의 법전이요, 책으로 만들어서 나의
피조물 만백성들을 그 속에 들어 있는
뜻을 읽고 깨우쳐 그들을 구원하며 하
늘에 오르는 그 이치를 깨우치고자 하
는 것은 영원히 불변하는 그와 같은
역사가 시작되는 것이 아니더냐?
15 이와 같은 나의 법전이 세상에 내려
오는 것, 그 모두를 너희가 본다면, 이
는 나 여호와의 뜻이요, 내가 역사하
는 것임을 너희가 알 수 있건만,
16 어찌하여 지금 나 여호와가 마지막 심
판의 시대를 열면서 너희에게 경고하
는 그 경고음을 너희가 과연 듣지 못
하며, 오늘과 같이 육의 세상에서 육
을 위한 그 삶을 사는가?
17 너희는 알아야 할 것이니라.
18 지금 나의 아들을 통하여 내리는 나의
법전이 너희가 나에게 오를 수 있는
초대장이요, 안내문이요, 그리고 나의
편지니라.
19 그러면서 또한 너희가 깨닫지 못한
백성에게 경고문으로써 너희에게 전
해진다는 것을 절대 잊어서는 아니 될
것이니라.
20 내가 마지막 시대에 너희를 심판하는
시대가 열리고 있으며 그를 지금 시행
하고 있다 하여 내가 경고음을 소리
높여 울려 주며,
21 그리고 경고문인 책까지, 법전까지 만
들어, '하늘에 오르는 길'이요, '하나님
말씀'이라 하여 내가 이를 전하건만,
22 어찌하여 너희가 이를 짓밟고 찢어
버리는 그 사악한 행위를 하며 이를
들여다보지 아니하려 하는가?
23 말로써 풍성히 전하는 너희가 그 진
리라는 것은 이미 퇴색되어 있으며,
변질될 대로 변질된 그와 같은 것을
너희가 가르침이요, 오늘의 너희의
깨달음이라는 것을 잊지 말라.
24 직접 내가 나의 아들을 통하여 내리는
이것이 너희가 얼마나 소중한 것인지
알라.
25 그때그때 내가 내리는 것이 지금 내가
법전으로 책으로 만든 것보다도 더 소
중하고 귀한 것이며,
26 내가 이루고자 하는 것이며, 내가 역
사하고자 하는 가장 소중한, 내가 결
제를 내릴 수 있는 뜻이 직접 내리는
그것이라 함을 너희는 잊지 말라.

8,016 번째 하나님 말씀

2003년 10월 18일 11시 28분

1 사랑하는 나의 아들아!
2 이 세상에서 가장 큰 집단이요, 가장
큰 영향력을 행사할 수 있는 집단이
과연 무엇이던가?
3 지금 우후죽순처럼 생긴 헤아릴 수 없
는 종교 집단이요, 그들이 가진 물리
적인 모든 힘이요, 그 방대한 것은 어
느 조직도 그 종교 집단을 능가할 수

없음이니,
4 이 세상의 모두를 좌우하는 것이 종교
집단이 오늘에 존재하는 그 능력의 한
계며 그와 같이 지금 변화되어 있지
아니한가?
5 그러나 그 세력을 가진 자들이 정녕
나 여호와의 뜻이요, 참진리를 가지고
만백성을 구하는 그와 같은 역사를 한
다면, 이 세상은 얼마나 아름답게 되
겠는가?
6 나 여호와가 너희가 자행하는 그 만
행을 볼 수가 없으며, 내가 마지막 나
의 아들을 통하여 내리는 나의 명령을
이것마저도 나의 사랑하는 백성이 듣
지 못하도록 하며 접하지 못하도록 하
는 것이 오늘의 신도들이요, 광신도들
이 하는 짓이니라.
7 나의 사랑하는 백성이 나의 법전을
읽고 나의 명령서를 받아 그들이 감화
되고 감동되어 아름다운 천사와 같이
변화되는 그 길을 가고자 하나,
8 그들이 그 길을 가지 못하도록 나의
백성의 앞을 막고 있으며 그를 역사
하지 못하도록 훼방하는 자들이 오늘
의 종교 집단이요, 인간 세속에서 썩
을 대로 썩은 자들이라 하느니라.
9 내가 성서에 기록하였느니라.
10 재물을 탐하는 시대요, 금화와 은화를
거둬들이기 시작함은 그것이 종말이
요, 마지막 시대의 사악한 자들이 역
사한다는 것을 전한 그 대목을 너희는
다시 한 번 나의 법전에서 상기하며,
또 성경에서 상기하는 그와 같은 것을
보고 들어야 할 것이니 그리 알라.
11 너희는 감화되는 나의 피조물 만백성
들, 그리고 어렵고 힘들다 해도 율법
이요, 나의 법전이요, 그리고 십계명
대로 살아가려는 그 백성을 우롱하며
그 길을 가지 못하게 하느니라.
12 가장 쉬운 방법을 그들에게 제시하느
니라.
13 하늘에 오르는 길을 가장 편하며 가장
간편하며 가장 쉽게 가는 그 믿음의
길을 지금 신앙의 뜻이라 하여, 나 여
호와가 명하는 것이라 하여 그와 같은
가장 간편한 방법으로써 가장 평탄한
길을 갈 수 있는 그와 같은 방법을 제
시하는 자들이 너희이니라.
14 그러니 믿기만 하면 되며 재물을 바
치면 된다는 미끼를 던지는가 하면,
15 나의 사랑하는 백성을 환락과 쾌락의
인간 세속의 삶으로써 보이지 않게 은
근히 끌어들이며, 그와 같은 타락의
세계로 몰고 가는 것이 너희이니라.
16 타락된 자, 썩은 자만이 썩은 곳에 모
여들며, 썩은 자만이 썩은 자가 하는
것을 알기 때문이니라.
17 사탄의 자식들만이 사탄이 하는 짓을
위대한 것이라 함이니라.
18 내가 너희에게 뭐라 말하였느냐?
19 참진리인 나 여호와의 사랑이 있으며
사탄에게도 사랑이 있다 그리하지 아
니하였더냐?
20 참진리는 너희가 나누며 아름답게 사
는 것이며,
21 그리고 사탄의 사랑에는 사악한 것,
도둑질하는 것, 거짓말하는 것, 간음
하는 것, 강도질하는 것, 살인하는 것,
그와 같은 것이 그 사탄의 사랑이요,
저희가 사랑이라 부르짖는다 하니,

22 저희의 사랑이 위대한 것이며 그보다
더 소중한 것은 모르는 자들이니라.
23 그 사랑이 어떠한 사랑인지 창조주를
거역하는 줄도 모르며 오로지 그것이
사랑을 베푸는 길로 착각 속에 살아가
는 것이 사탄이요, 사악한 자들이 하
는 짓이니라.
24 지금 나의 피조물 만백성들을 종교 집
단이요, 지도자요, 그 사악한 자들이
환락과 쾌락의 인간 세속으로 끌고
다니며 끌어넣고 있으며,
25 그리하여 욕심이라는 불을 지피며 그
불로 하여금 그들이 지옥으로 가는 죄
를 짓는 그와 같은 길로 지금 교묘히
이끌어 가고 있으니,
26 거기에 춤추는 것이 불쌍한 나의 백성
이니라.
27 그들을 구할 길이 전혀 없음이니라.
28 그러니 내가 그와 같은 것을 더 이상
볼 수 없어, 마지막 심판의 시대가 시
작되었으며 그를 열어간다 함이니라.
29 그러나 나의 아들딸이기에 그들에게
단 한 번의 기회를 더 주어, 내가 160
권의 법전이요, 예고된 나의 언약의
뜻을 너희에게 세상 속에 전하며 전
달함이니라.
30 그러니 이를 보고 너희가 멸망의 길
에서 구원받는 그 길을 가도록 전함이
니라.
31 이를 저버리고 오늘도 계속 그와 같은
환락과 쾌락 속으로 빠져 간다면 너희
는 멸망의 길로써 계속 가는 자요,
32 그리 부르짖는 자요, 인도자들 따라
그들이 베푸는 사악한, 내가 원하지
않는 것을 사랑이요, 진리요, 아름다
움이라 깨닫고 그를 따라가는 자들이
니,
33 어리석은 백성들아! 너희 스스로 눈
을 떠 깨우치라.
34 나는 언약의 경고요, 언약의 뜻을 나
의 법전을 통하여 너희에게 다 미리
경고하고 전해 줌이니 그리 알라.

8,017 번째 하나님 말씀

2003년 10월 18일 11시 33분

1 사랑하는 나의 아들아!
2 "네, 아버님! 말씀하옵소서."
3 지금 나의 법전이요, 새로운 성경이
세상에 내려감이니, 이 모두는 허상이
며 거짓된 것이며 사탄이 장난하는 것
이며,
4 너희를 지옥으로 이끌어 가고자 하여
마지막 모두를 다 동원하는 사악한 자
가 세상에 내려왔다고 말하며,
5 그 말을 듣는 자, 그를 따르는 자는 미
친 자요, 미친 자가 마지막 모두를 역
사하며 발광하는 것이라 하며 그를 핍
박하며 그를 멸시하며,
6 나의 법전의 책을 들고 신도들에게 이
를 접하는 자는 지옥 불을 접하는 자
요, 이를 접하는 자는 전염병에 감염
되어 목숨을 잃는 자요,
7 이를 접하는 자는 지옥 불이 거기에
붙어 있으니, 지옥 불에서 구원하지
못하며 벗어나지 못하는 백성이라 그
리하여 벌레보다도 더 무섭게 지금 가
르치고 전하는 시대가 올 것이니라.
8 그것이 너희가 한 치 앞을 못 보는 어
리석은 백성이니라.

9 그와 같이 지금 나의 법전을 가지고 핍박하며 미친 자요, 거짓된 자요, 허황된 자가 지금 마지막 시대에 이룬다 하나,

10 지금 돌이킬 수 없는 심판이 나의 법전에 의하여 진행되고 역사한다는 것을 너희는 모르는 자들이니, 그 얼마나 불쌍한 백성이더냐?

11 내가 일찍이 말했듯이 노아의 방주 시대에 그를 비웃었던 자들, 잘못된 자요, 정신박약아요, 미친 자라 말했던 자들이 홍수가 내릴 때 그 배를 타고자 몸부림치며 아우성친 자들이니라.

12 그러나 탈 자리가 없으며 거둘 자리가 없었다는 것을 너희는 알라.

13 나의 성경에 '너희는 회개해야 할 것이라' 기록된 그 내막을 너희는 아는가?

14 나의 법전이 무엇이더냐?

15 너희가 지금 잘못 가고 있으니 바로 서고 회개하고 변하라 함이니라.

16 그리고 너희는 이 무서운 사실을 알라.

17 내가 나의 아들에게 이르기를, 천 년 동안 안식의 시대요, 그래서 천 년 동안 내가 역사하여 너희를 다스려 하늘과 땅이 다 일치되는 그와 같은 낙원을 이루는 것이 천 년의 세월이라 내가 말했으니,

18 천 년 동안에 모두 변화된다는 역사를 성서에 반드시 기록하여 전했음이니 그리 알라.

19 성서에 내가 그와 같은 뜻을 전하였느니라.

20 천릿길이라는 것을 내가 말하였음이니라.

21 이리 가나 저리 가나 너희가 역사하는 것은 천릿길을 가게 되어 있다는 그 내막이 기록되어 있음이니,

22 그 천릿길이라는 것이 무엇인 줄 알겠느냐?

23 천 년에 걸쳐서 너희가 쉬는 시간이요, 역사하는 시간이요, 하늘과 같이 이루어지는 변화의 역사가 온다는 것이 성경에 기록되어 있음을 너희는 알라.

24 그것을 기록하는 자들이 그와 같이 전했음이니라.

25 두렵고 무서워, 저희가 천 년에 걸쳐 새로운 역사요, 새로운 것이 역사한다는 것을 기록하지 못하며, 천릿길을 고통의 길을 가는 것이라 그리 비유로 가르친 성서의 구절이 있을 것이니 그리 알라.

26 그 내막을 아는 자가 있을 것이니라.

27 그러니 제3의 시대요, 내가 역사하는 예언의 시대가 천 년에 걸쳐 새로운 시대를 열며, 천 년의 역사를 이룬다는 것을 내가 미리 예언하여 전했듯이,

28 그 시대가 지금 열리고 있으며, 그 성령의 보혜사의 말씀이요, 나의 뜻이 지금 내려져 있는 것을 너희는 지금 믿으려 하지 아니하며 듣지 아니하려 하느니라.

29 나를 믿으며 나의 뜻에 따라 순종하며 하늘에 오른다는 백성이, 성서에 내가 기록하여 천 년의 역사가 하늘에서 이루어진 것같이 이 땅에서 역사를 이룬다는 것을 내가 성경에 기록하였으며 그것이 지금 시작되었거늘,

30 그도 믿지 아니하며 저도 믿지 아니하
는 사악한 자들이 오늘에 존재한다면
천 년에 걸쳐 이 역사를 이루지 못하
기에,
31 내가 오늘 잘못된 종교 집단 너희를
나의 성령이요, 나의 새로운 법전의
불 칼로써 모두 단죄하고 다스림이니,
32 너희 앞에 닥치는 그 고통은 너희 스
스로 감내하기 어려울 것이며, 또한
그와 같이 거부하는 자는 죽어 나에게
와 심판대에 서지도 못하고 그 대가를
치르는 것은 오늘의 그 고통보다 천
배 만배 더하니, 너희는 영원히 나올
수 없는 그곳에서 헤맴을 알라.

8,018 번째 하나님 말씀

2003년 10월 18일 11시 41분

1 사랑하는 나의 아들아!
2 "네, 아버님! 말씀하옵소서."
3 내가 성서에 기록하여 너희에게 전하
였으며 일찍이 깨우쳐 주었음이니라.
4 너희가 이 세상에 살아가며 어느 것이
참진리요, 진정한 종교요, 그리고 신
앙이요, 하늘에 오르는 길인지, 수천
수만 가지가 찢고 싸우며 서로 할퀴
고 밀어 넘어트리는 그와 같은 형국이
될 것이라 하였음이니라.
5 그리고 남의 생명을 초개같이 생각하
며, 제 집단만이 위대하며 제 집단을
지키기 위해 남의 소중한 생명이요,
남의 종파는 초개같이 짓밟고 태워 버
리는 그와 같은 사악한 시대가 이루어
질 것이며,
6 그다음에 병행해서 오는 그 증거가
무엇이더냐?
7 재물을 모으고자 금화와 은화를 거둬
들이고 챙기는 것이 너희의 주된 삶
의 목적으로 변화되는 그와 같은 시대
가 올 때, 그 모두는 종말의 시대요,
마지막 시대가 도래된다는 것을 내가
이미 성서에 기록하여 너희에게 전했
느니라.
8 세속적인 향락의 삶에 재물을 쌓으면
서 나눔이 없을 때 말세의 시대가 도
래한다는 것을 전했으며 그것을 내가
미리 역사해 전했음이니라.
9 그러니 이제 너희는 가슴에 손을 얹
고 조용히 생각해 보라.
10 오늘의 종교 집단이요, 지도자들이 과
연 어찌 가는가?
11 그들은 인간의 삶의 목적을 위하여
재물을 모으려고 금화와 은화를 거둬
들이는 데 모두를 다 바침이니,
12 더 큰 교회요, 더 아름다운 교회요, 더
방대한 교회요, 세상에서 제일가는 교
회요, 그것을 지으려고 발버둥침이니
라.
13 세상에서 제일 큰 교회는 나의 피조물
만백성들이 얼마나 들어가며, 큰 교회
라 하여 너희가 지금 사는 동양의 작
은 나라의 땅덩어리를 덮을 수 있을
만큼 지을 수 있는가?
14 너희가 아무리 크고 큰 것을 짓는다
해도, 과연 내가 만든 이 성전의 몇 분
의 일을 차지할 수 있는가?
15 백사장의 모래알만큼도 못한 것을 역
사하는 것이 가장 큰 것이요, 가장 위
대한 것이라 하여 그것을 이루고자 모
두를 다 바침이니,

16 오늘이야말로 종교 집단이요, 지도자들이 재물을 모을 때 사탄이요, 마지막 종말의 시대를 예언한 것이라 내가 성서에 기록했듯이,
17 이제 그들이 나의 예언을 재현하는 것이며 실천하는 단계가 오늘이 되지 아니하였던가?
18 그와 같이 종교 집단이요, 지도자들이 보이는 물질에 대한 욕심이요, 그를 버리지 못하며 거기에 연연하는 믿음의 길을 가는 백성,
19 그리하여 너희가 눈이 멀고 어두워져 이 시대의 아름다움을 볼 수 없으며, 귀가 막혀 참진리의 말을 들을 수 없는 시대가 올 것이라 그리 말하지 아니하였던가?
20 너희가 재물을 모으는 것에 모두를 다 바칠 때 말세의 시대가 온다 하였음이니라.
21 그러니 이방인이라는 백성보다도 너희가 더 재물을 모으며 더 큰 교회요, 성전을 지으려고 주는 것 없이 나의 피조물 만백성들에게 갈취하는 그와 같은 방법을 하고 있음이니, 이것이 바로 오늘의 지도자들이 놀아나는 형국이니라.
22 내가 너희에게 전함이니라.
23 나의 법전을 접한 백성, 너희처럼 나 여호와가 존재하며 나를 두려워하며 나 여호와가 역사하며 지옥과 천국이 있으며 천 년에 걸쳐 모든 역사가 이루어진다는 것이 두렵고 두려워서,
24 한 발짝 디뎌 놓고 말 한마디를 해도 남을 욕하고 시기하는 말은 돌아서서 회개하고 눈물 흘리며 자책하는 그와 같은 삶을 살아가는 백성이 이 세상에 없음이니라.
25 모든 종교 집단이 말세의 형국에서 그들이 가진 속마음이 무엇인 줄 알겠느냐?
26 저희가 위대한 자요, 그저 근엄한 자요, 그리고 지식층이요, 훌륭한 자라 말하는 종교 집단이요, 지도자 그들의 마음속이 어떠한 줄 알겠느냐?
27 나는 그들의 마음을 다 들여다보고 있음이니라.
28 지금 단상에서 저희 손으로 지은 그 교회요, 제일 큰 교회를 짓는다 하니, 백사장의 모래알만도 못한 그것을 역사한다는 그들의 마음이 어떠한 줄 알겠느냐?
29 그들 마음속에서는 '지옥과 천국이 어디 있느냐? 지옥과 천국은 없느니라.' 그리 저희 자식들과 가족들과 앉아서 지껄이는 자들이니라.
30 그리고 '거듭남이 어디 있으며 사후의 세상이 어디 있단 말이더냐? 그러니 그를 의식할 필요도 없으며 그를 생각할 가치도 없다'는 그와 같은 말을 하는 것이 오늘의 종교 집단 지도자들이니라.
31 그러니 그와 같은 말을 하는 자, 그와 같은 생각을 하는 자들이 나를 믿고 경배하는 자들이더냐?
32 그들은 나를 경배하지 아니하며 나를 의식하지 않는 자들이니라.
33 정녕 저희가 '천국과 지옥이 어디 있느냐?' 하며 제 가족과 아들딸들에게 그와 같은 말을 하는 자들이요,
34 '거듭남이요, 사후 세계가 어디 있느

냐, 오늘 즐겁고 행복하게 살면 되는
것을.' 그와 같이 가르치지 아니하고
말을 하지 않는다 말할 것이니라.
35 너희는 잡기를 즐기며 나의 백성을
속이며 하늘에 오르기 위해 구원을 받
겠다는 그 불타는 욕망이요, 정열 때
문에 너희에게 모두를 다 바치고 따
라가는 그 백성에게 과연 무엇을 가
르쳐 주었으며 무엇을 전하는 역사를
했는가?
36 너희는 그들을 이용하고 우롱하기만
했음이니라.
37 그것이 바로 아무것도 존재하는 것이
아니라 가르치는 너희의 그 가르침과
무엇이 다르던가?
38 마지막에 나 여호와가 존재함을 의식
지 아니하며 내가 있는 것도 생각지
않는 자들이 오늘의 종교 집단이요,
지도자요, 광신도들의 속마음이니라,
사랑하는 나의 아들아!
39 광신도라는 자들은 나를 믿는 것이 아
니요, 단상에 서서 설교하는 종교 지
도자 인간을 믿으며 그 말을 믿으며
그와 더불어 가기를 원하는 것이 그들
의 오늘의 믿음이라 말하였음이니,
40 그들에게 물어보라, 광신도일수록 거
기에 더 빠져 있는 자들이니라.
41 정녕 나 여호와를 믿는 자는 광신도가
될 수 없음이니라.
42 그리고 미친 자가 될 수 없음이니라.
43 광신도요, 미친 자는 모두 다 나의 뜻
을 거역하는 것이라는 무서움을 알기
때문이니,
44 그러니 그들은 인간을 믿으며 인간의
설교를 믿으며 인간을 따라서 가는 자
들이니라.
45 인간의 교리요, 인간의 믿음이요, 인
간 세상에서 벗어나지 못하면 바로 무
엇이더냐?
46 인간이 아닌 자는 짐승과 같은 자이니
라.
47 나의 십계명을 지킬 수 없다는 자는
인간이 되기를 포기한 자며 나는 그를
짐승이라 하니, 그 짐승은 하늘의 천
사가 있는 곳에 절대 올라올 수 없는
자들이 그들이니라.

8,019 번째 하나님 말씀

2003년 10월 18일 11시 46분

1 사랑하는 나의 아들아!
2 "네, 아버님! 말씀하옵소서."
3 성서에 기록되어 전했으며 만백성의
입을 통하여 전했음이니라.
4 나 여호와의 진리는 한 길이며, 나의
복음이 온 세상을 다 덮을 때, 온 세상
에 증거하는 그와 같은 역사가 이루어
질 때 참진리를 알게 되며,
5 참진리가 온 세상에 하나가 되는 그
와 같은 시대가 오지 아니하면 지상의
낙원이 이 세상에 이루어질 수 없다는
것을 성서에 기록하여 전했으며,
6 나의 복음이 온 세상에 하나로 증거하
여 한마음으로 한 뜻으로써 참진리의
한 길이 세상을 다 덮는다는 것을 예
언하여 나의 성경에 기록하여 전했음
을 알라.
7 그때만이 지상의 낙원이 건설되는 것
이며, 나 여호와가 복음을 전하며 내
가 역사하는 그 모든 사업이 이 지상

에서 끝난다고 하지 아니하였던가?
8 하나의 복음으로써 하나로써 증거하며 하나로써 역사하는 것, 참진리의 한 길만이 이 세상에 존재하는 그날이 이 지상에서 이루고자 하는 모든 사업의 역사가 끝나는 것이며,
9 나 여호와의 뜻이 완벽하게 전해지는 세대가 될 것이며, 하늘에서 이루어지는 것같이 지상의 낙원이 이루어진다고 내가 성경에 기록하여 너희에게 일찍이 전한 뜻을 너희는 들여다보라.
10 온 세상이 나 여호와의 복음 하나로써 세상을 덮는 그때만 모두 다 역사하며 끝나는 것이라 그리 전하였거늘,
11 지금 수천수만의 종교요, 종파들이 지금 수억 가지를 가지고 울부짖으며, 오로지 제가 가는 길이요, 저에게 오는 것만이 복음이요,
12 이 세상의 고통이요, 모든 무거운 짐을 지고 저에게 오라, 그러면 가벼워질 것이며 모두 덜어 줄 것이라 하며,
13 그들로부터 거둬들이는 그와 같은 사악한 자들이 지금 수천, 수만, 수억 갈래로 갈라지고 찢어져 있음이니,
14 과연 그것이 내 복음이 하나로 전하는 시대며 하나로 전하는 역사가 이루어진다 생각하는가?
15 사랑하는 나의 아들을 따르는 제자, 너희는 들으라.
16 나의 성경에 그리 전하였음이니라.
17 나의 복음이 하나로써 온 세상을 덮는 날 그것을 증거하는 날이 참진리가 세상을 덮게 되며, 역사하는 모두가 끝나는 것이며, 하늘에서 이루어진 것같이 지상에 낙원이 이루어지는 것이니라.
18 그러니 수천 수억의 종파 지도자들이 개구리처럼 울부짖는 그 소리요, 하늘에서 내려지는 소낙비 숫자보다 더 많은 종파요, 믿음을 가지고 있으며 생각이 다른 그자들이 하나로써 이루어지는, 내 복음이 한 길로써 하나로 증거할 수 있는 그 시대가 올 수 있다고 생각하는가?
19 절대 역사할 수 없으며 그와 같은 변화는 이룰 수 없다 함이니,
20 그러니 잘못 가고 썩어지고 변질된 것, 그 위에 하나의 복음이 이루어져야 할 것이며, 나 여호와의 참진리가 전해지는 그 시대가 와야 하지 않겠는가?
21 그렇다면 오늘의 종파들처럼 그와 같은 형국으로써 하나로 통일되며 하나로 역사할 수 있다고 생각하느냐?
22 사랑하는 나의 아들딸들아! 그리고 나의 법전을 읽고 깨우친 만백성, 너희에게 나 여호와가 눈물로써 하소연하느니라.
23 그리고 나의 아들을 따르는 너희에게 내가 피눈물로써 하소연하노라.
24 오로지 이 길밖에 없다는 것을, 나의 법전 이것만이 복음이요, 나의 뜻이요, 참진리요, 온 세상을 덮을 수 있는 것은 이것밖에 없음을 알라.
25 지금 수천, 수만, 수억의 목소리를 가지고 시시비비가 난무하며 시시비비가 그치지 아니하고 전쟁이 끝나지 않는 이와 같은 형국으로써는 절대 이루어질 수 없음이니라.
26 오로지 내 사랑하는 백성에게 마지막

기회를 주어 너희를 선택하여 나의
법전을 전하는 그 뜻을 알겠느냐?
27 너희는 여기서 판단하여, 돌아설 자
돌아서며 남을 자 영원히 내게 남도록
그리하라.
28 오늘의 모든 종교 집단들이 내가 성서
에 기록한 것처럼 나의 복음이 하나로
써 온 세상을 덮는 것을 증거하는 것
이 천국이 이루어지는 역사의 시대라
하였음이니,
29 과연 어떠한 방법으로써 어떻게 가는
것이 그 일을 이루는 것인지 확실히
너희 마음속에 심어,
30 두 번 다시 너희 마음이 흔들리는 것
이 없으며 네 목숨을 바쳐 이 모두를
역사할 수 있는 굳은 결의를 해야 할
것이니라.
31 나의 아들을 따르는 제자들이요, 나의
법전을 읽은 만백성 너희는 선택된
자이니,
32 나의 편지를 받은 자는 이 편지를 읽
어 각오를 다지도록 그리하라, 사랑하
는 나의 아들딸들아!

8,020 번째 하나님 말씀

2003년 10월 18일 11시 54분

1 사랑하는 나의 아들아!
2 "네, 아버님! 말씀하옵소서."
3 너희 제자들은 들어야 할 것이니라.
4 나의 계명을 지키고 살 수 없다고 말
하는 자, 나의 법전대로 행하고 지키
고 살 수 없다는 백성, 너희는 바로 무
엇인가?
5 너희는 인간이 되기를 포기하는 자들
이요, 그 순간이 된다는 것을 절대 잊
지 말라.
6 내가 내린 친필인 계명이요, 나의 아
들을 통하여 직접 써 내린 나의 법전
을 그대로 행하고 지키고 살 수 없으
며, 인간이기 때문에 그리 역사할 수
없다고 말하는 자들은 인간이 되기를
다 포기한 자들이니라.
7 그러니 인간이 되기를 포기한 자는 무
엇이라 내가 말하였느냐?
8 사탄이나 들짐승과 같은 삶을 살겠다
말하는 자들이요, 그 길을 선택하여
가는 자들과 똑같은 자들이라 그리 말
하지 아니하였더냐?
9 너희는 내가 성서에 기록한 내용의 한
구절을 알아야 할 것이니라.
10 너희가 정녕 나로부터 구원을 받으며
하늘에 오고자 한다면 짐승의 표를 받
아서는 아니 되며, 짐승의 표를 받지
않는 백성이 되라 내가 그리 전했느니
라.
11 짐승의 표를 받는 백성은 구원을 받을
수 없으며 나에게 오를 수 없음이니,
너희는 짐승의 표를 받지 말라 성서에
내가 기록하여 너희에게 전하였음이
니라.
12 그 짐승의 표를 받는 자와 받지 않는
자의 구분이 어디 있는 줄 알겠느냐?
13 나 여호와가 친필로 써 내린 나의 십
계명이요, 지금 나의 아들을 통하여
내가 직접 내리는 나의 편지요, 나의
성령을 감히 지킬 수 없다고 말하는
자는 그 순간에 바로 무엇인 줄 알겠
는가?
14 그들은 돌아올 수 없는 자들이 되는

것이니라.
15 그리하여 나의 백성 너희가 그 순간에
짐승의 표를 받는 것임을 알아야 할
것이니라.
16 내가 너희에게 짐승의 표를 받아서는
아니 된다 하였으며, 짐승의 표를 스
스로 받는 그 답을 내가 가르쳐 주었
음이니,
17 십계명대로 살지 않는 자, 그리고 나
의 법전대로 행하고 살지 못하겠다 말
하는 자들이 짐승의 표를 받음이니,
18 하늘나라에는 정녕 짐승이 존재할 수
없으며 짐승이 올라올 수 없는 곳이라
는 것을 그들에게 전해 주어야 할 것
이니라.
19 하늘나라는 천사와 같은 자들, 의인의
세상이 되어 있음을 알라.
20 그러니 하늘에 짐승은 오를 수 없는
것이 그 뜻이니, 내가 너희에게 무엇
을 원하며 가르치는 뜻이 무엇인 줄
알겠는가?
21 너희는 그 뜻을 알아야 할 것이니라.
22 그러니 모든 백성이 짐승의 표를 받
는 것은 나의 계명이요, 나의 법전을
지키지 아니하며 율법을 지키지 아니
하고 사는 자들이 짐승의 표를 받는
자들이니라.
23 그러니 그를 지킬 수 없다고 말하는
자 밑에 가 울고불고하는 자, 그리고
재물로써 하늘에 오르는 구원의 길을
살 수 있으며 그를 만들 수 있다 하는
자, 그리고 뒷거래를 할 수 있다 하는
자를 내가 뭐라 말하였느냐?
24 인간 세상에서도 재물로써 무엇을 얻
고 사는 것은 썩은 자들의 뒷거래라
하였거늘,
25 하늘에 오르는 그 길도 인간의 썩은
세상에서 살았던 썩은 생각이 있기에,
너희가 재물과 금화를 하늘에 바쳐 구
원을 받는다 생각하여 그를 가지고 과
시하는 자들이 바로 짐승의 표를 받는
자들이니,
26 그와 같은 자들은 천날 만날 어떠한
형태로 가든 나에게 오를 수 없음이
니, 이미 짐승이 된 자와 같다는 그 무
서운 사실을 알라.
27 나는 너희에게 짐승이 되는 그와 같은
무서움을 가르쳐 주었으며, 또한 짐승
이 되지 않는 모두를 세상에 내려보냈
으니, 너희가 그대로 행하면 짐승의
표를 받지 않는 백성이 될 것이니라.
28 짐승의 표를 받은 자는 죽어 나에게
와 심판대에 설 수 없음이니,
29 바로 오늘의 믿음을 잘못 가는 자들
이 그와 같이 전락되었다 하는 무서
운 의미를 너희는 깊이 해석하고 깨
달아야 할 것이니 그리 알라.

8,021 번째 하나님 말씀

2003년 10월 18일 11시 59분

1 사랑하는 나의 아들아!
2 **"네, 아버님! 말씀하옵소서."**
3 성경에 미리 기록되어 나의 뜻을 전하
며, 예수요, 또는 구약의 뜻이요, 그
모두를 전할 때 글로써 편지로써 모든
교회에 전하라는 그 종교 집단의 가르
침이 성서에 기록되어 있는 걸 너희는
알고 있는가?
4 내가 편지로써 깨닫고자 하는 자들에

게 그 뜻을 전하라 한 것이 무엇인 줄
알겠느냐?
5 편지라는 것은 글로써 전함이요, 글로
써 전하기에 증거하며, 또한 그를 받
은 자가 그를 가르치고 역사하다 그
가 죽음으로써 나에게 부름을 받았을
때, 그다음의 후계자가 편지로 전한
그 내용이요, 가르친 것으로 그대로
가르치고 역사할 수 있는 것이니,
6 이것은 한 뿌리로써 계속 존재할 수
있는 것이기에 너희가 글로써 전하라
하는 것이니,
7 너희는 편지의 의미가 무엇인 줄 알
겠느냐?
8 책으로써 글로써 만들어 전하도록 하
는 것이 그 뜻임을 너희는 알아야 할
것이니라.
9 그러니 지금 그와 같은 시대의 역사가
바로 이루어지고 있음을 너희는 알라.
10 지금 내가 나의 아들을 통하여 하늘에
서 내리는 나 여호와의 뜻이 무엇이던
가?
11 내가 글로써 너희에게 다 직접 내림
이니, 이것이 곧 나의 편지요, 나의 메
시지요, 나의 뜻임을 알라.
12 그러니 성서에서 이미 편지로 모두를
전하라는 그 뜻이요, 의미가 무엇인
줄 알았다면, 오늘의 나의 법전이 편
지로써 너희에게 전해지는 그 의미를
알 것이니라.
13 너희가 이를 보고 깨우치며, 또 너희
후손들이 그대로 깨우치고 가르침이
니,
14 이는 개인의 가르침이요, 족보의 깨우
침이요, 그리고 한 가정의 예배로써
전통적으로 깨우쳐 가며 전하는 그와
같은 역사를 이루는 것이 곧 편지로써
전하는 것이며 책으로써 전하는 그 의
미임을 알라.
15 성서에서 편지로써 모든 교회에 전하
라는 것은 책으로써 만들어 엮어 보내
라는 것이며, 그 뜻을 너희가 그리 표
현했으며 그리 깨우치는 것이니라.
16 그러니 그 역사함이 있었듯이, 오늘에
이제 내가 세상을 다 관장하며 나 여
호와가 직접 이를 모두 역사함이니,
17 내가 나의 편지요, 나의 글로 메시지
로써 책으로써 모두 펴내어 나의 피조
물 만백성을 구하고자 하는 것을 너희
는 알아야 할 것이니라.
18 정녕 너희가 하늘나라 나에게 오고자
한다면 이 길밖에 없음을 알라.
19 그러니 내가 편지로써 직접 써 내리는
그 편지를 읽고 읽어 거기에서 깨우침
을 얻어 행동으로써 실천하며 행동으
로써 옮겨야 함을 알라.
20 나의 편지를 접하는 백성이 얼마나
소중한 백성인지 알겠느냐?
21 나는 예언의 약속이며 예언한 모두를
다 역사하는 것을 너희에게 가르쳐
주며,
22 오늘의 너희 삶에서 하늘에 오르는 길
이요, 나에게 올 수 있는 그 모두를 상
세히 거기에 기록하여 전한다 하지 않
았더냐?
23 오는 길부터 예의범절부터 행해야 할
것, 너희가 와서 행동해야 할 것을 모
두 상세히 하늘나라의 손님으로서 충
분히 소화시키고 예의를 갖출 수 있는
모두가 다 거기에 기록되었다 함을 너

희는 함부로 들어서는 아니 될 것이니
그리 알라.
24 이제 성서에서 편지를 전하라는 것은
책으로 엮어 전하라는 것과 같음이니,
너희는 편지 몇 장을 써서 모두 전한
다 생각하지 말라.
25 책으로 만들고 만들어 전하는 그 역사
가 이루어졌더라면 오늘과 같은 변화
의 역사는 없었을 것이거늘, 너희가
그 역사를 그 당시에 행하지 못하였음
이니라.
26 그리하여 나의 아들이 전한 것을 너희
가 듣고 들어 또 그 제자들이 전하며,
그리고 그 제자들의 생각으로 만드는
역사로써 모든 새로운 성경을 만듦이
아니요,
27 나의 아들에게 직접 내린 것을 나의
아들이 살아서 책으로 만들어 당대에
이 세상에 뿌리고 그가 나에게 오는
그 역사가 이루어지는 것이니,
28 이는 무엇도 섞일 수 없으며 잡석이
들어갈 수 없으며 그리고 거짓된 것이
들어갈 수 없으며 인간의 생각이 들어
갈 수 없음이니,
29 이것이 곧 내가 친필로 쓴 나의 편지
니,
30 나의 편지는 누구도 가감할 수 없는
것이니 그리 알라, 사랑하는 나의 아
들딸들아!

8,022 번째 하나님 말씀

2003년 10월 18일 12시 03분

1 사랑하는 나의 아들아!
2 **"네, 아버님! 말씀하옵소서."**
3 진정한 나 여호와의 참진리의 길을
가지 않는 종교 집단이요, 지도자들,
그들이 과연 어떠한 생각이요, 어떠한
사악한 마음으로써 오늘에 존재하는
지 알겠는가?
4 그들은 죄의 굴레에서 절대 벗어나지
못하는 그 믿음을 가면서, 저희가 나
여호와를 작은 상자 속에 가둬 놓고
저희가 모두를 통제하고 이룰 수 있는
것처럼 그리 착각하고 있음이니라.
5 저희가 말하는 것이 절대적인 법이요,
저희가 해 놓은 것이 절대적인 구원의
길이라 하며 하물며 저희는 구원을
받았다 하는 자들이니,
6 나 여호와가 만백성에게 비추며 내가
역사하는 것은 그 수가 수천 수억 가
지며 그 길이요, 방법이 수없이 많은
그 아름다움의 진리의 뜻을,
7 저희의 몇 가지만을 가지고 저희가
하늘에 오르는 길이라 하니,
8 그 많은 진리를 내려보내는 나 여호
와를 상자 속에 꽉꽉 묶어 놓고 가둬
놓고자 하는 것이 그들이 아니던가?
9 그와 같은 형국의 마음을 가지는 것이
오늘의 종교 집단이니라.
10 너희는 그와 같은 것이 아니라 말해도
내가 보는 너희 행동은 그러한 데서
이루어짐이니 그리 알라.
11 그러니 너희는 죄의 굴레에서 벗어나
지 못하는 자요, 그 욕심이 얼마나 무
한하던가?
12 오죽하면 너희에게 부는 바람을 막을
수 있다고 생각하며, 쬐는 태양의 빛
을 막을 수 있다고 생각하는 어리석은
백성이라 했더냐?

13 너희는 그 욕심이 하늘을 찌르며 그
욕심이 한도 끝도 없음이니라.
14 그러니 모든 죄는 욕심으로부터 나오
는 것이며, 진정한 참진리의 길을 가
지 못하는 자들이기 때문에 너희는
그 욕심의 뿌리가 가슴 깊이 뿌리박
혀 있음이니,
15 그 뿌리를 뽑지 않는 자는 구원을 받
을 수 없다고 내가 수천수만 번 그리
전함이니라.
16 너희 스스로 그를 뽑지 못하기에 내가
나의 아들을 통하여 지금 이 법전을
세상에 내려보내 너희를 다스리고자
하는 것이 나의 뜻이니라.
17 너희는 나를 작은 상자에 묶어 놓는
그와 같은 사악한 방법으로써 모두를
역사하고자 하나,
18 나 여호와가 참진리를 너희에게 깨우
치기 위해 너희 상자 속에 너희를 지
금 가둬 놓고 기다린다는 것을 알라.
19 내가 너희를 상자에 가둬 놓고 그나
마 너희가 변화되기를 기다리는 그것
은, 너희가 육의 세상에서 살아가는
정해진 그 삶 속에서 변화되어 그 육
의 모든 굴레를 벗어 버리고 하늘에
오르는 참진리를 볼 수 있는 그때를
기다림이니라.
20 내가 너희를 지금 우리 안에 가둬 놓
고 그와 같이 변하는 자만 하나하나
세상 밖으로 꺼내어 하늘로 인도하는
그 역사가 이루어짐이니,
21 너희가 그 우리 안에 있을 때 변화되
지 아니하면 아니 됨을 알라.
22 너희가 우리 안에 있을 때 깨우쳐 육
이 존재할 때 바로 서는 그와 같은 변
화되는 역사의 삶을 얻도록 그리하라,
사랑하는 나의 아들딸들아!
23 이를 놓치면 너희는 영원히 변화될
수 없음이니,
24 내가 너희를 우리 안에 가둬 놓고 그
안에서 변화될 수 있도록 보호하고 지
켜보는 그 속에서 너희가 변화될 수
있는 기회는 그때뿐이니,
25 너희가 그 우리를 떠나게 되는 것은
육은 죽음이요, 영혼은 나에게 심판을
받는 그때니 그리 알라, 사랑하는 나
의 아들딸들아!

8,023 번째 하나님 말씀

2003년 10월 18일 12시 07분

1 사랑하는 나의 아들아!
2 **"네, 아버님! 말씀하옵소서."**
3 너희가 울고불고 구원의 길이라 하여
지금 광란의 짓을 하는 것이 모두가
다 얼마나 어리석고 불쌍한 길이더냐?
4 참진리요, 진정한 진리의 믿음의 길에
들어서지 못하는 자, 그리고 참진리가
무엇이며 나 여호와가 역사하는 것이
무엇인지 알지 못하는 자, 그리고 성
경에 기록하여 비유된 그 내용을 그대
로 받아들이는 그 지혜도 없는 자,
5 비유의 뜻을 알지도 못하며 거꾸로 생
각하며 제 임의대로 생각함이니,
6 내가 북이라 하면 너희는 남이라 하
며 서라 하면 동으로 가는 그와 같은
형국이 지금 되어 있음이니라.
7 너희가 살아가는 그 형태가 무엇인 줄
알겠느냐?
8 청개구리라 하는 그 미물과 같은 삶을

지금 살아가는 것이 너희이니,
9 청개구리 같은 그 믿음을 가지고 사는
자는 10년, 20년, 50년, 평생 믿음의
길을 간다 해도 진정한 믿음의 싹이
네 몸에서 자라지 아니하며,
10 네 가슴속에 싹도 트지 못하는 그와
같은 황폐한 삶이요, 믿음으로써 살다
나에게 온다는 것을 알라, 사랑하는
어리석은 백성들아!
11 나 여호와의 성령이 너희에게 접근하
지도 못하며 너희 몸에 닿지도 못하
도록 그리 썩어져 있으며 냄새 나는
너희가 되어 있다 함을 알라.
12 나도 나의 아들을 통하여 너희를 혼
내며 너희를 핍박하며 너희를 다스리
는 이 성령을 새로운 성경에 기록하는
것이 지치고 힘들어 있음이니라.
13 그러나 너희를 이리 다스리고 깨우쳐
주지 아니하면 변할 수 없으며 그래도
알아듣지 못함이니,
14 내가 얼마나 더 무서운 방법으로써
얼마나 더 큰 희생과 고통을 겪어 가
면서 너희를 다스려 가야 한단 말이
던가?
15 참진리의 길을 안다는 것은 창조주
나의 품에서 모두 역사하는 것이라는
것을 알라.
16 그렇지 않으면 너희는 사탄의 가슴이
요, 사탄의 품 안에서 사탄의 보호 아
래 모두 역사하는 것이니,
17 나의 사랑하는 백성 너희에게 준 정
신이요, 육체가 그들의 도구로써 사용
되며 쓰인다는 것을 너희는 알라.
18 하늘에 오르는 길이요, 역사하는 것은
창조주 나의 품 안에서 성장해야 하
며, 내 보호 안에서 성장해야 하며,
19 나의 사랑 안에서 완전한 휴식이요,
안식을 취할 수 있는 것은 그것밖에
없음을 알라.
20 너희는 나의 품이요, 나의 가슴이요,
나의 사랑 안이 아니면 완전한 휴식이
요, 안식을 취할 수 없는 것이니,
21 항상 불안과 공포와 시시비비요, 항상
불의에 넘어지며 사탄에게 넘어질 수
있는 그와 같은 약점을 안고 살아가는
자들이 나의 품을 떠나서 사는 백성의
삶이라는 것을 절대 잊지 말라, 사랑
하는 나의 아들딸들아!

8,024 번째 하나님 말씀

2003년 10월 18일 12시 10분

1 사랑하는 나의 아들딸들아, 너희는 알
아야 할 것이니라.
2 사랑하는 나의 아들을 통하여 모두 역
사하며 모두를 너희에게 전하는 그
의미요, 뜻을 너희는 알아야 할 것이
니라.
3 내가 너희를 얼마나 사랑하며 너희가
얼마나 소중하면 내가 오늘 이와 같은
역사의 길을 반복하며 또 반복하고 가
겠는가?
4 너희의 오늘의 삶이요, 역사하는 모든
그 고통을 너희는 고통이요, 시련이라
생각해서는 절대 아니 됨을 알아야 할
것이니라.
5 너희는 고통과 시련의 그 아픔에 눈물
을 지어서는 아니 됨이니라.
6 너희가 캄캄한 밤에 눈물을 흘리는
것, 가슴을 쓸어 내며 고통을 참고 인

내하는 것, 그리고 말 못하고 몸부림
치는 것, 그리고 흐르는 눈물이요, 가
슴에 우는 그 눈물을 나 여호와는 다
보고 있으며, 그를 하나도 놓치지 아
니하고 있음이니라.
7 너희는 오늘의 가는 그 삶이 고통이
요, 시련이라 하여 캄캄한 밤에 남몰
래 눈물을 짓지 말라.
8 너희는 절대 눈물을 지어서는 아니 됨
이니라.
9 이 세상의 승자는 너희며, 너희는 나
의 역사를 가지고 모두 다 이룰 것이
거늘,
10 어찌하여 나의 법전을 접하며 나의 편
지를 수없이 읽고 접하는 너희가 무
엇이 부족하여 무엇이 고통스러워 깊
은 밤 가슴을 쓸어안고 울며 눈물짓는
단 말이더냐?
11 이는 나를 믿지 못함이요, 네 마음이
약하며 두려움 때문이니,
12 너희는 울지 말며 고통스러워하지 말
라.
13 너희가 정녕 오늘의 그 삶이 고통스러
워 눈물을 짓는다면, 나의 아들 예수
를 잃었을 때 못지않은 아픔이 나에
게 있음이니라.
14 다만, 나는 공의의 하나님으로서 너
희에게 베풀고 내릴 것은 수없이 있으
나, 너희가 아직 다스려지지 아니하였
으며 좀 더 가야 하기 때문이니 어찌
하는가?
15 이제 걸음마를 걷는 그 백성을 달리기
선수로서 내보낸다면 그건 뻔하지 아
니하더냐?
16 아무리 능력이 있고 천재적인 기술이
있다 해도 걸음마를 배우는 그 아이는
안 되지 않더냐?
17 그러니 너희는 울지 말라.
18 너희가 고통스럽고 힘들어 오늘에 눈
물을 짓는다면 나 여호와의 마음을 울
림이니, 내 가슴을 아프게 함이니라.
19 너희는 결국 승자요, 너희 뜻으로써
모두 역사할 것이며, 너희보다 크나큰
은혜와 영광을 받은 자가 없거늘, 어
찌하여 너희는 깊은 밤 나 몰래 눈물
을 흘리고자 하는가?
20 너희는 그 눈물을 흘려서도 안 되며,
가슴 쓰려서 울어서도 아니 되며 아파
해서도 아니 되는 것이니라.
21 그 모두는 너희가 나를 욕되게 하며
나를 울리는 것이며, 내 가슴을 아프
게 하는 행동이라는 것을 명심하고 또
명심해서 가야 할 것이니 그리 알라,
사랑하는 선택된 나의 아들딸들아!

8,025 번째 하나님 말씀

2003년 10월 18일 12시 15분

1 사랑하는 나의 아들아!
2 "네, 아버님! 말씀하옵소서."
3 사랑하는 너의 제자들이요, 너를 따르
는 자들에게 전하라.
4 너희는 절대 울지 말며 괴로워하지 말
라 내가 그리하지 아니하였던가?
5 지금 나의 아들이 존재하며 나의 성령
을 받으며 나의 뜻을 받으며, 160권의
법전을 역사하는 건재한 오늘에, 너희
는 두려워하지 말며 겁먹지 말라.
6 하늘에 나 여호와가 있으며 지상에 내
뜻을 전하는 나의 아들이 있으며,

7 너희는 그를 보고 따르며 그로 하여금
법전을 만들어 세상에 전하니,
8 그 내용을 보고 깨우치며 내가 역사하
는 것을 모두 다 아는 너희가 힘들고
어렵다 하여 쓰러지면 아니 됨이니라.
9 오늘의 육신의 고통이 과연 무엇이더
냐?
10 그 모두를 다 벗어날 수 있음이니, 내
가 너희에게 다시 말함이니라.
11 나의 아들이 나로부터 성령의 뜻을 받
아 너희에게 전하는 것이 건재하며,
그것이 중단되지 아니하며,
12 나의 아들이 이 세상에 존재하는 한
내 뜻은 역사하며, 내가 너희와 같이
하고 있으며, 이곳 성전은 하늘의 모
든 역사를 이루는 지상의 거점으로 건
재함이니,
13 너희가 이를 버리며 내가 너희를 버릴
수 있다고 생각하는가?
14 너희는 무너질 수 있다고 생각하는가?
15 그렇다면 이것이 나 여호와의 지상의
거점이 아니요, 나의 아들이 아니요,
내가 존재하는 것이 아니요, 160권의
법전이 나의 성령의 뜻이 아니라 그
리 생각할 수 있을 것임이니,
16 너희는 그와 같은 마음의 자세를 가져
서는 절대 아니 됨을 명심하고 또 명
심하라.
17 머지않았음이니, 이제 다 왔음이니라.
18 여기에서 쓰러지는 자가 되어서는 아
니 될 것이니 그리 알라.
19 너희의 그 아픈 마음을 달래줄 수 있
는 마음이 나 여호와의 이 가르침임을
알라.
20 이제 명심하라.
21 나의 아들이 존재하며, 나의 법전이
요, 성령이 세상에 내려오며 책이 역
사하는 그동안은 나 여호와가 존재하
며 같이 함을 알아야 할 것이니라.
22 승자는 너희며, 너희가 받고 얻는 그
상은 상상할 수 없음을 알라.
23 나의 아들이 너희에게 말하지 아니하
였더냐?
24 흐트러지는 자세, 무너지는 자세, 잘
못 가는 자세, 인간의 향락에 젖어서
그저 살아가고 싶은 것이 그 아들의
마음이라 너희에게 비추지 않게 내가
그를 다스렸음이니라.
25 그와 같은 생각을 하는 순간에 사탄이
요, 사악한 자의 자식이 되니, 그것도
생각해서는 안 된다고 내가 그를 혼내
고 다스렸듯이,
26 너희도 절대로 그와 같이 나약한 마음
이 있어서는 아니 됨이니,
27 오늘의 고통과 시련이라 하여 울지 말
며 괴로워하지 말라.
28 나의 아들이 존재하며, 나의 성령이
내려가며, 그리고 그 모두는 건재함이
니, 이 세상의 창조주가 곧 모두를 관
장하니, 이 세상 모두가 다 너희 것이
거늘,
29 너희는 육에 보이는 다이아몬드 반지
를 끼기를 원하는가?
30 고급스러운 주택이요, 저택을 갖기를
원하는가?
31 금은보화로써 치장하는 것을 은혜 받
으며 축복받았다 생각하며 인간의 승
자라 생각하는가?
32 그와 같은 것을 원하는 것이 아니지
않더냐?

33 나에게 오르는 길이요, 너희가 지옥
불에 가는 그 고통을 면하는 것, 천국
의 나라에 영원히 사는 거듭나는 그
삶을 위하여 그것이 너희 소망이요,
그 뜻이 이루어진 것이 너희라면,
34 여기서 무너져서는 아니 되며 그를 버
려서도 아니 되는 것이 너희이니, 울
지 말라.
35 너희가 우는 그 눈물은 나 여호와의
가슴에 피눈물이 흐르며 내 가슴이 너
무나 아프고 저림이니라.
36 조금만 참으라.
37 걷지도 못하는 자를 달리기 시합에 내
보낼 수 없는 나 여호와의 마음을 너
희가 안다면, 오늘의 고통에서 괴로워
하지 말며 두려워하지 말라, 사랑하는
나의 아들딸들아!
38 너희와 내가 같이함이니라.
39 다시 한 번 너희에게 전함이니라.
40 하늘에 창조주 나 여호와가 존재하며,
나의 성령이 내려가며, 나의 아들이
이를 받아 너희에게 전할 때, 이는 모
두 다 건재함이니 그리 알라, 사랑하
는 나의 아들딸들아!

8,026 번째 하나님 말씀

2003년 10월 19일 06시 11분

1 사랑하는 나의 아들아!
2 "네, 아버님! 말씀하옵소서."
3 이 세상에 너희 백성이 살아가면서 인
간 세상에서 너희가 맡은 직분이 있
으며, 또한 너희가 해야 할 그와 같은
일이 있느니라.
4 그러니 너의 제자들에게 물어보라.
5 너희 직분이 무엇이며 너희가 해야
할 일이 무엇인지 그들에게 물어봐야
할 것이며, 너 또한 그를 지금 깊이 생
각해 봐야 할 것이니라.
6 과연 너희는 직분이 무엇이며 너희는
무엇을 위하여 이 세상에 존재하며,
지금 너희는 어떠한 길을 가는 것이
우선인지 생각해 봐야 할 것이니라.
7 나의 아들 너는 나로부터 성령을 받아
만백성을 위한 법전을 기록하여 만드
는 그 일 외에 다른 것을 생각할 수 있
는 나의 아들이며 다른 것을 생각할
수 있는 사람이라 생각하는가?
8 너 자신의 직분이요, 네가 해야 할 일
이 무엇인가를 먼저 스스로 깨달아 그
길을 선택하는 것이 네가 지금 가야
할 길이며 해야 할 길이 아니던가?
9 그러니 너를 따르는 그 제자들에게 또
한 물어보라, 너희가 해야 할 일이 무
엇이며, 무슨 직분이 가장 우선인가를.
10 그것을 모르고 살아가는 백성은 제가
가야 할 길을 버려두고 가는 자와 똑
같음이니,
11 이제 내가 너와 너의 제자들에게 이를
묻느니라.
12 너희의 직분이 무엇이며 너희가 먼저
해야 할 일이 무엇이며 너희는 무엇
을 위하여 존재하는 것이며 무엇을 우
선으로 해야 할 것인가, 그와 같은 질
문을 너의 제자들에게 물어봐, 스스로
그 답을 찾도록 하라.
13 그리 답을 얻고 찾았으면 그리 행하는
데 게을리해서는 아니 될 것이며, 소
홀히 해서도 아니 됨을 그들에게 가르
쳐 주라.

14 그것이 이제 너희가 가야 할 길이니
라.
15 너희가 마지막 그 고비를 넘을 때, 모
두를 다 던지고 모두 직분이 무엇이며
해야 할 일이 무엇인가를 찾아 행하
여 그 힘을 합치지 아니하면 아니 됨
을 알아야 할 것이니라.
16 너희가 고개에서 수레를 밂이니, 모
두 힘을 합쳐서 함께 밀 때 그를 넘길
수 있으나,
17 만에 하나 한 사람이라도 힘을 쓰지
아니하고 요령을 피우며, 저 자신이
편하고자 하며 육신의 안일을 생각한
다면,
18 그 한 사람의 힘으로 인하여 만 명이
미는 그 수레는 고개를 넘지 못함이니,
19 만 명 중에 하나의 그 나태함으로 모
두 무너지는 그와 같은 오늘의 그 고
비의 길을 너희는 가야 할 것이니라.
20 그것이 마지막 남은 너희가 가야 할
일이며 해야 할 일이니라.
21 그러니 내가 너희에게 묻노라.
22 너희 직분이 무엇이며 너희가 해야
할 일이 무엇인가, 우선순위를 먼저
깨닫도록 그리 전하라, 사랑하는 나의
아들아!

8,027 번째 하나님 말씀

2003년 10월 19일 06시 15분

1 사랑하는 나의 아들아!
2 "네, 아버님! 말씀하옵소서."
3 내가 너희에게 수없이 말하느니라.
4 성령으로 임한 백성이요, 성령으로 충
만한 백성이 되라 그리 말하지 않더냐?
5 그러니 나 여호와의 참진리요, 나의
뜻의 강론을 듣고 가는 너희는 서서
히 너희도 모르는 사이에 성령으로 임
하기 시작함이니라.
6 그러니 그와 같은 길의 변화가 너희에
게 가장 중요함을 알라.
7 이 세상에 성령으로 임하지 아니하며
성령으로써 눈을 뜨지 아니한 백성은
활짝 핀 그 꽃의 아름다움을 모르며,
그 꽃의 향기를 전혀 맡지 못하는 그
와 같은 삶을 사는 백성과 같음이니라.
8 너희가 나의 성령으로 임하며 진정한
믿음이요, 참진리의 길을 갈 때, 너희
도 모르고 보지 못했던 예쁘고 아름답
게 활짝 핀 꽃처럼 너희 마음이 그리
열리며 그를 보게 됨이니라.
9 그러면서 그 아름다운 꽃에서 풍기는
향기까지도 맡을 수 있으며, 그 아름
다움이 네 주변에 있었는가 하는 그와
같은 환한 눈이 열리게 되는 것이 나
의 성령이 임한 백성이요, 나의 뜻에
따라 살아가는 백성임을 너희는 알아
야 할 것이니라.
10 그와 같이 너희가 변하여 마음이 자
라 가는 백성이 되지 못할 때, 너희는
정녕 그를 볼 수가 없음이니라.
11 이 세상에 피어 있는 아름다운 그 꽃
을 눈으로 볼 수 없다 하면 너희는 어
찌하는가?
12 아름다운 꽃이 피어 있는 것처럼, 네
마음에 그리 아름다운 꽃을 피워야 함
이니라.
13 그리하여 너 스스로 아름다운 꽃이
되며 너 스스로 향기를 풍길 수 있는
그와 같은 모습으로 변하는 것이 진정

한 믿음이요, 참진리를 받아들이는 백
성이요,
14 그리고 성령으로써 충만한 백성이 역
사하는 것이니, 그것이 모든 백성과
다른 점이니라.
15 그리했을 때 너희는 나의 성경에 비
유된 그 뜻이요, 내가 역사한 그 의미
를 알게 될 것이며,
16 또한 나의 법전을 너희에게 내리는
그 뜻이요, 내 법전에서 너희에게 깨
우치고자 하는 것, 그리고 내가 역사
하려 하는 것을, 환한 꽃이 가슴에 피
는 자만 그를 볼 수 있음이니라.
17 그 꽃을 피우지 못하는 백성은 내가
역사하는 것, 내가 이루고자 하는 그
뜻을 모르느니라.
18 환한 꽃을 볼 수 있도록 너희 마음을
열라.
19 그리고 너희 가슴에 환한 꽃을 피우라.
20 가슴에 아름답고 예쁜 꽃을 피우며 그
향기를 발산하는 그와 같은 모습으로
변화되었을 때, 너희는 성경의 의미를
알며 하늘의 뜻을 알며, 내가 법전에
기록하여 전하는 그 뜻을 알게 됨이니
라.
21 너희는 정녕 그를 알 수 없는 자들이
된다면, 나에게 오를 수 있는 구원이
라는 그 생각도 지우며 생각하지 말
라, 사랑하는 나의 아들딸들아!
22 환한 꽃의 아름다움과 그 향기를 맡는
눈을 뜨며, 네 가슴에 그와 같은 꽃을
피우며 네 가슴에 아름다운 그 향기를
발산하게 되었을 때, 나의 성경이요,
나의 성서의 그 의미를 알 수 있는 것
이니,
23 그렇지 않은 자는 절대 모름이니라.
24 그러니 오늘 종교 집단이요, 지도자,
그들이 살아가는 모습이 무엇이더냐?
25 그들이 어떠한 꽃을 피운다 생각하는
가?
26 재물을 쌓아 놓는 그것밖에는 모르니,
모두 죽은 시쳇더미 속에서 기생하는
벌레와 같은 자들이라면, 너희는 과연
뭐라 말하겠는가?
27 재물을 쌓는 데 모두를 다 바치고 역
사하는 추하고 더러운 모습이니라.
28 너희는 가슴에 꽃을 피우며, 피운 꽃
을 볼 줄 알며 그 향기를 맡는 자가 되
라.
29 너희 가슴에 아름다운 꽃을 피웠을
때, 모두를 알아듣고 변할 수 있음이
니,
30 이게 성령이 충만한 백성의 자세이니
라.

8,028 번째 하나님 말씀

2003년 10월 19일 06시 22분

1 사랑하는 나의 아들아!
2 "네, 아버님! 말씀하옵소서."
3 내가 너희에게 기록하여 전하지 아니
하였더냐?
4 자기의 유익을 위한 자기를 위한 기도
를 하지 말며, 남을 위한 기도요, 남을
위해서 남의 구원을 위해서 기도하는
그와 같은 삶을 사는 것이 너희가 가
야 하는 도리라 하였음이니라.
5 그러니 지금의 믿음의 길을 가는 그
백성이 과연 어떠한 마음으로써 기도
하며 남을 위해 무엇을 하는가?

6 그러니 너희 자신이라도 자기를 위한
유익을 구하려고 기도하지 말며, 또
자기를 구원하기 위한 기도를 하지 말
며,
7 남을 위한 기도를 하도록 해야 할 것
이며, 남의 구원을 위해 살아가는 자
세가 되어야 할 것이니라.
8 내가 너희에게 왜 성서에 그리 기록
하여 전했는지 알겠느냐?
9 너희가 자기를 먼저 생각하며 자기를
구원하기 위하여 기도한다는 것은 그
동기 자체가 잘못된 것이며, 그 동기
자체가 불순한 것이기 때문이니라.
10 그 불순한 동기요, 불순한 생각으로써
역사하는 그 마음이 바로 남을 위해서
기도하지 못하며 남을 위해서 역사하
지 못하는 것이기 때문이니라.
11 거기에는 순수함이 없으며 순수한 동
기에서 시작하는 것이 아니니, 그 모
든 기도와 경배하는 것은 가치가 없으
며,
12 사랑을 베풀며 실천하며 나의 뜻에 의
해 살아가는 백성이 역사하는 길이
아니기 때문임을 너희는 알아야 할
것이니라.
13 내가 너희에게 하나의 뜻을 전할 때,
너희는 하나만 가지고 몸부림치고 그
뜻만 가지고 매달린다 하면 그를 알
수 없음이니,
14 너희 가슴에 아름다운 꽃이 폈을 때
그와 같은 것을 모두 알게 됨이니라.
15 너희가 정녕 남을 위한 기도요, 남의
구원을 위하여 역사하는 일을 하지
아니하며 자기만을 위해 사는 것은 그
것이 잘못된 것이니, 그게 왜 그러한
지 이제는 알겠는가?
16 모든 믿음의 길이요, 역사하는 모든
동기 자체가 아름다움이요, 창조주 나
여호와의 뜻에 의한 거기서부터 시작
하는 것이 아니라,
17 너희는 불순한 동기요, 욕심의 동기
요, 그와 같은 근본에서 시작하는 마
음 자세로 역사하기 때문에, 그것으로
써는 이룰 수 없으며 나에게 오를 수
없다 함을 너희는 알아야 할 것이니
라.
18 내가 너희를 사랑하며, 부족한 너희를
선택하여 이리 끌고 가며, 너희에게
이와 같은 성령의 나의 하늘의 뜻을
가르치는 이유가 무엇이더냐?
19 너희는 그리할 수 있는 자들이며 그
리 역사할 수 있는 백성이니, 그리해
서 너희가 소중한 것이니라.
20 너희가 말하는 상식 있는 자요, 지식
있는 자요, 그 모두를 가진 자, 그것이
다 무엇이던가?
21 다 무가치한 것이니라.
22 모든 종교 집단들이 얼마나 잘못 가며
얼마나 어리석은 백성이라 내가 말하
였느냐?
23 지금의 모든 종교 지도자가 가진 상
식이요, 지식이요, 그것은 모두 다 부
질없는 것이요,
24 믿음만 찾는다고 말하지만, 그 모두를
결집하여 나 여호와를 위하며 진정한
믿음의 길을 가는 것에 모두 바치며
투자하는 그와 같은 깨달음 속에서 너
희가 변화될 수 있는 것이니,
25 너희의 상식이요, 지식 그것 또한 소
중하고 귀한 것이라 내가 그리 너희에

게 일찍이 가르쳐 주지 아니하였던가?
26 그와 같은 마음 자세로 모두를 다스려
나가며 역사해 가면 되느니라.
27 그 동기가 어디서 생기며 그 동기의
발생이 무엇이냐?
28 그것을 불순하고 사악한 생각으로 역
사한다면 너희가 죄를 범함이요, 아름
다운 쪽으로 역사하는 것은 아름다운
뜻이니라.
29 그러니 너희가 남을 위한 사랑을 베
풀며 나의 뜻을 역사하지 아니하는
그 모든 동기는 불순한 것이며, 욕되
는 것이며, 그리고 부끄러운 짓이며,
그리고 용서받지 못하는 그와 같은 생
각이요, 이기적인 생각의 그 동기에서
이루어지기 때문에,
30 너희 자신이 남을 위하는 삶을 살라,
모두를 비우라 함이니,
31 그는 곧 죽은 자만 할 수 있으며 돌과
같은 자만 역사할 수 있기에, 내가 또
한 돌과 같은 자요, 죽은 자가 되라 하
는 것이니라.
32 나의 법전을 처음서부터 끝까지 읽고
깨우치며 그 원인을 하나하나 붙이고
또 연계해서 생각해 보면,
33 그는 어떠한 의미에서 어찌 살아가야
하는 것인가 그 길을 확실히 알 것이
니라.
34 한 구절을 읽고 깨달음도 소중하나,
나의 아들을 통하여 내리는 그 강론을
잘 기억하여 너희 것으로 만들면, 그
모두가 하나의 끈으로 되어 있음이니,
바로 그것이 무엇인 줄 알겠느냐?
35 구약의 성서가 그리되었으며 신약이
그리되었으며 나의 법전이 그리되었
으며, 그와 같이 끈으로 모두 다 엮어
있는 것이거늘,
36 앞에 있는 것은 다 과거사이니 버리
며, 또한 미래에 오는 나의 참진리는
사탄이요, 이단이라 버리는 오늘의 믿
음의 길을 가는 그와 같은 형국에 있
음이니, 너희는 중간 주자로서 달리며
그 바통을 넘겨준 자들이라는 걸 알라
그리 전하라.
37 그러니 너희는 조용히 마지막 주자가
달려가는 것을 보며 그가 역사했을
때 너희도 같이 영광을 얻을 수 있음
이니,
38 마지막 주자가 달려갈 수 있도록 돕는
길이 아니요, 그를 넘어지도록 하며,
바통을 땅에 떨어트리게 하여 늦게 주
는 그와 같은 사악한 짓을 하는 백성
이 되어서는 아니 되느니라.
39 너희는 그렇지 않다고 하나, 오늘의
종교 집단이요, 지도자들이 하는 것이
그와 같으니,
40 제 영광이 무너짐을 모르며 앞에 있는
자가 만백성 앞에 테이프를 끊어 우
승자로서 환영을 받는 것을 보지 못하
는 그와 같은 어리석은 자들이 오늘의
너희 행위임을 알라.

8,029 번째 하나님 말씀

2003년 10월 19일 06시 30분

1 사랑하는 나의 아들아!
2 "네, 아버님! 말씀하옵소서."
3 내가 너희에게 명하여 전함이니, 오늘
의 수천 년 동안 온 그 종교 집단이요,
믿음이요, 그리고 나에게 오르는 길을

인도한다 하여 저희가 수없이 짓는
그 교회요, 성전이요, 그들이 그와 같
이 몸 바쳐 기도하고 울고불고하는
그와 같은 형국,
4 그 모두는 모두 나와 관계가 없으며,
나의 뜻을 거역하며 내 뜻을 저버리고
가는 자들이라 내가 그리 말하였음이
니,
5 이는 첫째는 내가 짓지 말라는 교회를
지은 것이 잘못이라 하였으며,
6 두 번째, 그보다도 큰 사악한 짓이 무
엇인 줄 알겠느냐?
7 제 재산이요, 제 재물을 가지고 무엇
을 역사하는 것이 아니요, 남의 재물
이요, 남의 재산을 갈취하여 오늘의
그 일을 이루고 있음이니,
8 그러면서도 진정한 믿음의 길이 아니
요, 잘못된 그 길을 위하여 남의 재산
을 가지고 지금 큰 교회요, 큰 성전을
그와 같이 짓는 자들이 아니던가?
9 그러니 평생 그들이 한 짓은 남의 재
산을 거둬들여 더 큰 교회요, 화려한
교회를 짓는 것이 나 여호와의 축복이
며 나에게 영광된 길이며 나의 길이라
하여 그와 같은 역사를 한 것밖에는
아무것도 한 것이 없는 것이 오늘의
믿음이라 하면, 너희는 과연 뭐라 말
하겠느냐?
10 남의 것을 거둬들이고 남의 것을 갈취
하여 더 큰 교회요, 더 아름다운 교회
를 짓는 것은 저희가 나 여호와의 뜻
을 역사하는 사업을 한 것이 아니요,
11 저 자신의 욕심과 저 자신의 이름을
내고자 저 자신의 부귀와 영화를 위
하여 인간의 사업을 한 자들이라 내가
너희에게 말한 그 뜻을 알아야 할 것
이니라.
12 조용히 너의 제자들에게 그리 물으라.
13 지금의 교회요, 믿음이라는 것이 평생
헌금이라는 것을 바치고 재물을 바치
며 하늘에 많이 쌓아 놓는 자는 축복
을 받으며 영광을 받는다는 그 소리를
듣다 너희가 죽음 직전에 후회하고
발버둥치는 자가 된다 하지 아니하였
던가?
14 그와 마찬가지니, 그들은 평생 거둬들
인 남의 재물이요, 남의 재산을 가지
고 제 마음대로 저희 욕심을 위하여
큰 교회요, 더 크고 아름다운 교회요,
이와 같은 것을 짓고 그것을 위해서
모두 살아가는 자들이니,
15 거기에 믿음이 어디 있고 사랑이 어디
있으며 진실함이 어디 있단 말이던가?
16 그러니 그들이 지금까지 온 믿음은 진
정한 나 여호와의 뜻이요, 믿음에서
오는 것이 아니요,
17 인간의 생각에서 온 자들이요, 인간의
욕구를 채우기 위한 자들이니라.
18 그러니 순수한 것이 없으며 순수한 동
기가 없는 자들이 그들이기 때문에,
19 그들이 나의 뜻에 따라 짓지 말라는
교회를 짓는 죄보다도,
20 저희가 남의 것을 그리 거둬들이며
우리 부자에게 역사하는 것이며 우리
에게 감사하는 것이며, 그것을 내가
분부하여 명한 일처럼 둔갑시켜, 나의
피조물 만백성들을 평생 고통스럽게
고통 속에서 그리 이끌어 가는 것,
21 그리고 남의 것을 가지고 저희가 생색
내는 것,

22 그리고 남의 것을 가지고 우리 부자의
이름을 팔아 그와 같이 거둬들이는 것,
23 그 죄가 더 큼을 내가 너희에게 전함
이니 그리 알라.

8,030 번째 하나님 말씀

2003년 10월 19일 06시 37분

1 사랑하는 나의 아들아!
2 "네, 아버님! 말씀하옵소서."
3 지금의 모든 종교 집단이요, 수천 년
동안 믿음을 가지고 온 그들의 행위가
무엇인 줄 알겠느냐?
4 사랑하고 순박한 나의 백성에게 너희
가 영혼을 구하고 영혼을 구제한다는
허울 좋은 가면을 쓰고서 지금까지 나
의 피조물 만백성을 우롱하며 이끌어
온 자들이 그들이니라.
5 그리하여 저희는 그 가면 속에서 나
의 백성에게 사리사욕을 챙겼으며, 금
화와 은화를 거둬들여 저희가 오늘의
삶을 역사하는 그것으로써 나의 백성
을 너무나 우롱하며 너무나 고통 속에
서 끌어온 자들이 그들이니라.
6 그들은 다만 구원이라는 그 하나의 가
면을 놓고 그것이 우리 부자에게 오르
는 길이라는 것을 앞에 내세워 오늘까
지 저희가 한 것은 나의 백성으로부
터 모든 시간과 재물을 갈취하는 방법
으로,
7 더 웅장한 교회를 짓는 것, 그리고 더
화려한 것을 짓는 것, 저희의 욕구 충
족을 위해서 지금까지 온 길이요, 진
정한 믿음의 길이 아니라는 것을 내
가 너희에게 일찍이 깨우쳐 주었음이
니,
8 이를 너희는 확실히 보고 깨달아야
함을 알아야 할 것이니라.
9 그들은 지금까지 가면 하나를 가지고
모두를 다 그리 속여 왔음이니라.
10 그러나 그 가면이 언제까지 지탱하며,
영원히 지탱할 것이라 생각하는가?
11 가면을 쓰고 나의 사랑하는 백성을
평생 우롱하며 그리 끌고 가는 자들의
그 가면 쓴 속을 그대로 봐야만 되겠
는가?
12 그 가면을 벗겨 내는 자가 있어야 할
것이니라.
13 그러니 너희는 여기서 오늘 힘들고 어
렵다 해도, 지금 수천 년 동안 나의 피
조물 만백성들을 구원이라는 가면 하
나로써 그 지옥 불로 인도한 그 사악
한 자들의 뿌리요, 후손이 계속 이 세
상을 덮어 나감이니,
14 그 가면을 벗기는 자가 없다면 그들을
볼 수가 없으니 어찌하겠는가?
15 그러니 너희의 대명이 그 가면을 벗기
는 역사이니라.
16 그러나 그 가면을 벗길 수 있는 것은
너희의 힘과 노력으로 할 수 없음이
니, 오늘의 너희는 무엇이더냐?
17 모든 종교 집단이요, 그들에게 도전하
는 것은 소위 인간 세상에서 말하듯
이, 계란이라는 것을 가지고 바위를
치는 그와 같은 것보다도 더 무모한
짓이며, 승산 없는 싸움을 할 수는 없
지 않더냐?
18 그러니 바로 그들의 가면을 벗기고 찢
어 버릴 수 있는 것은 나의 아들을 통
하여 내리는 참진리요, 나 여호와의

성령인 160권의 법전을 세상에 내보
냈을 때,
19 나의 법전의 강력한 그 빛만이 그 가
면을 녹일 것이며, 그들이 벗게 될 것
이며, 그리하여 그들의 추한 모습을
그대로 보게 되는 그 역사가 이루어짐
이니라.
20 나의 아들을 따르는 제자들이요, 만백
성, 그리고 법전을 읽고 깨우친 너희
는 이것 하나만 가슴에 심도록 그리
하라.
21 지금 구원의 길이요, 하늘에 오르는
길이라는 그 가면 하나를 쓰고 나의
피조물 만백성, 너희 형제들, 그 헤아
릴 수 없는 많은 백성을 사탄의 앞잡
이요, 사탄의 종으로써 만드는 그 역
사를 이루는 그들을 이제는 너희가
단죄하지 아니하면 절대 그를 바꿀 수
가 없으며 바로잡을 수가 없음이니,
22 그 불쌍한 자들을 위해서 너희가 그
가면을 벗기는 역사를 해야 한다는
것, 그리고 그는 반드시 너희가 벗겨
야 할 것이며 벗겨야 한다는 것,
23 그렇지 않으면 앞으로 지구가 존재하
는 한 이 세상에 그와 같은 가면을 쓴
자들에 의하여 너희 형제가 지옥 불
로 가는 그 고통을 여기서 바로잡지
아니하면 안 됨이니,
24 그것이 너희가 이루어야 하는 뜻이니
라.
25 다만, 이것을 나 여호와가 바로잡고자
하며, 이를 바로잡기 위하여 나 여호
와가 나의 아들을 통하여 이와 같은
어렵고 힘든 그 길을 감이니,
26 그것은 나 여호와의 뜻이기에 너희가
반드시 그 역사를 이루겠다는 마음의
자세를 굳건히 하라.
27 그리고 나 여호와가 가장 원하는 것이
요, 나 여호와에게 가장 기쁨을 주는
것이라는 것을, 너희는 이를 알아야
할 것이니라.
28 지금의 모든 구원이라는 가면을 쓰고
가는 종교 집단 지도자들이 어떠한 짓
을 하느냐?
29 그와 같이 나의 피조물 만백성들을 사
탄의 자식으로 만들어 감이니, 그리하
여 저희는 사탄에게 큰 상이요, 사탄
에게 큰 영광을 돌리기 위해 경쟁자가
되어 지금과 같이 사악한 짓을 함이
니, 그들이 무엇이더냐?
30 나의 육신 이곳저곳에 교회라는 것을
지으며 내 몸에 상처를 내며 내 몸을
썩어 가게 하는 자들이 아니더냐?
31 사탄에게 큰 상을 바치기 위해, 사탄
에게 영광을 돌리고자 하는 그와 같은
사악한 짓을 하면서도 그들이 그를 모
르고 있음이니, 그들을 깨우쳐 주라.
32 나의 상처를 치료하며 나의 상처를 아
물게 하는 것이요, 나의 이 아픈 고통
을 모두를 뽑아내는 그 역사이니,
33 나 여호와가 간곡히 바라는 것이요,
내 뜻을 너희가 역사한다는 그 마음
으로 만백성을 구하도록 그리하라, 사
랑하는 나의 아들딸들아!
34 가면을 녹일 수 있는 나의 법전을 하
얀 눈이 세상을 덮듯이 만백성에게 덮
어 주어야 함이니 그리 알라.
35 그것만이 나의 아픈 상처의 치료요,
만백성이 그 가면을 벗은 모습을 보는
그와 같은 영광을 얻게 되는 길이니라.

8,031 번째 하나님 말씀

2003년 10월 19일 06시 53분

1 사랑하는 나의 아들아!
2 "네, 아버님! 말씀하옵소서."
3 지금까지 종교 집단이요, 그 모두가 가르치고 깨우친 것이 나 여호와의 참 진리라면, 내가 무엇 때문에 오늘의 이 역사를 가겠느냐?
4 너희는 기록하여 만백성에게 전하라.
5 그들이 역사하는 것은 진정한 진리가 아니요, 비진리의 길을 가고 있으며, 다시 말하면 모두를 변질시키고 변질된 그 믿음 속에서 그것이 하늘에 오르는 길이라 저희가 그리 말하고 역사하는 것이니라.
6 내가 너희에게 뭐라 말하였느냐?
7 진정한 믿음의 길이요, 참진리는 하나의 오차도 있어서는 아니 된다고 내가 일찍이 너희에게 그리 가르치고 깨우쳐 주었음이니라.
8 그러나 지금의 모든 종교 집단이요, 그들이 믿음을 오는 것은 모두 변질되었으며 변질된 교리를 가지고 지금까지 역사함이니라.
9 그러니 변질된 그 교리의 원흉은 무엇이던가?
10 너희가 인간의 욕구를 충족시키기 위하여, 인간 삶의 향락을 위하여, 인간의 것을 먼저 생각하는 그와 같은 삶으로써 모두 전락되어 있는 것이 오늘의 믿음이요, 하늘에 오르는 길이라 하여 너희가 가는 그 길이니라.
11 그러니 그곳에는 진리가 없으며 나 여호와의 뜻이 없으며 구원의 길이 없기 때문임을 너희는 알아야 할 것이니라.
12 다만, 나 여호와가 너희에게 이와 같은 모두를 역사하며 너희를 바로잡아 만백성을 구하는 전사로 쓰고자 함은,
13 그 모두가 비진리 속이요, 나의 뜻이 아닌 변질된 곳에서 하늘에 오르고자 믿음의 길을 가는 그 백성을 반드시 구원하지 않으면 아니 되기 때문이니라.
14 그들이 죽어 나에게 와 심판을 받지 못하고 지옥 불로 간다는 그 엄연한 사실을 인정하지 아니하려는 자, 그를 믿지 아니하려는 자, 그를 깨닫지 못하는 그 백성을 너희가 다스려 주어야 함을 알라.
15 거짓과 진실이라는 것이 무엇이더냐?
16 내가 너희에게 수차 말하였느니라.
17 진실한 것을 파는 자는 구구한 설명이 필요 없으며, 포장된 것이 필요 없는 것이니라.
18 그러나 나의 피조물 만백성 그들은 귀가 얇으며 또 생각이 옅음이니, 가짜 보석을 팔 때 감언이설로 말하는 자에게 넘어가기가 쉬움이니라.
19 거기에서 주는 작은 은혜요, 선물이요, 칭찬의 말에 귀가 어두워 귀를 막게 됨이니,
20 그리하여 너희가 진짜 보석을 사는 것이 아니요, 아무런 가치도 없는 폐석이요, 가짜를 사게 됨이니라.
21 그것이 오늘 나의 백성 너희의 마음이요, 눈이요, 귀가 그러하니라.
22 그러니 가짜요, 진정한 것을 팔지 아니하기에, 그들은 화려한 것으로써 너희 마음을 이용하여 너희가 필요한

것, 잠깐 단맛을 마실 수 있는 것을 너
희에게 넘겨주어 그 모든 짐을 넘겨
버리니,
23 너희는 얻는 것보다 잃는 것이 수천
배가 되는 그와 같은 형국이 되는 것
이 오늘의 삶이니라.
24 바로 비진리요, 변질된 진리를 가지고
가르치는 자들의 말과 그 언행의 말장
난이 이루 말할 수 없음이니,
25 거기에 현혹되어 나의 사랑하는 백성
이 지금 죽음의 그 길로 가는 것, 이를
바로잡고 막지 아니하면 아니 됨이니,
26 그 또한 나의 아들딸이기 때문이니라.
27 그것이 너희가 해야 할 일이고 가야
할 길이기 때문이니 그리 알라.
28 지금 변질되어 진실이 아닌 것을 가
지고 모두 팔아먹는 자들 그리고 그
앞에 우리 부자의 이름을 내세워 그
변질된 것을 팔아먹고 장사하는 자,
29 그들을 다스리는 데 오로지 너희만이
역사할 수 있으며 너희만이 이룰 수
있다는 것을 알라.
30 이는 곧 내가 나의 아들을 통하여 이
법전이요, 나의 성령을 세상에 내보
내, 이를 만들어 만백성들에게 전해
주는 길밖에 없음이니, 그리 알아야
할 것이며,
31 그 길밖에는 절대 어떠한 길도 없음을
너희는 알라.
32 가짜를 갖다 진실로 둔갑하여 팔아먹
는 자들이, 정녕 진실을 알려 하지 않
으며 진실을 따르려 하지 아니하며,
가짜를 진실로 둔갑시키니,
33 저희가 얼마나 가짜를 가지고 진실이
라 하겠는가?
34 그것이 그들의 오늘의 행태이니라.
35 너희는 그와 같은 자세를 알아야 할
것이며, 그 사악한 마음을 알아야 할
것이니라.
36 그들을 따라서 나의 피조물 만백성들
이 지금 하늘에 오르는 길이 아니요,
죽음의 길로 가니, 그들을 너희는 구
원하라.
37 그들을 구원하는 것이 너희가 해야
할 일이며, 나 여호와의 이 아픈 마음
을 달래주는 길임을 알라.

8,032 번째 하나님 말씀

2003년 10월 19일 11시 39분

1 사랑하는 나의 아들아!
2 **"네, 아버님! 말씀하옵소서."**
3 이 세상에 너희가 살아가면서 그러한
말이 있느니라.
4 '콩 한쪽도 반반 나눠서 같이 먹는 것
이 사랑'이요, 그와 같이 실천하고 살
아가는 것이 인간의 도리라는 그 말을
듣고 성장했으며, 그와 같은 말을 수
없이 들었을 것이니라.
5 콩 하나를 반쪽씩 나눠 먹는 그 사랑
이요, 그 마음이 아름다움이라 하였음
이니라.
6 그러나 이제 나의 법전을 읽고 깨우친
백성, 너희는 들어야 할 것이니라.
7 모든 백성이 콩을 반반씩 나눠 먹는
다 하나,
8 너희는 똑같은 여건이요, 조건일 때
그 모두를 다 줄 수 있는 마음이요, 그
를 다 주되 생각하지 아니하며 계산하
지 아니하고 줄 수 있는 그 마음이 바

로 이 성전에 앉아 있을 자격이 있는
자요, 그와 같은 마음으로 살아가는
것이 너희임을 알아야 할 것이니라.
9 너희는 그와 같은 것을 깊이 깨우쳐
직접 행하는 마음으로, 너희 자신 것
을 먼저 챙기며 남을 주지 않으며 거
기 놓인 콩 반쪽도 큰 것을 갖고자 하
는 마음은 과연 없는가,
10 그리고 저 혼자만 그걸 포식하고 싶은
생각은 과연 없는가,
11 너희 자신의 그 마음을 돌이켜 보라.
12 너희가 아무리 믿음의 길을 몇십 년
동안 가며, 나의 법전을 열 번 백번을
읽었다 해도,
13 너희가 그와 같은 기본의 마음을 버리
지 못하고 있다면 의미가 없으며, 너
희는 변화되지 아니한 백성임을 알아
야 할 것이니라.
14 가장 기초요, 근본인 것이 이루어지지
아니하면, 천 가지 만 가지 변화된 것
이 이중적인 마음이요, 변화된 것이
하나도 없다는 것을 너희는 알아야
할 것이니라.
15 내가 이 귀중한 시간에 나의 아들을
통하여 너희에게 내리는 그 성령의
뜻이 얼마나 보배로우며 얼마나 귀하
고 소중한 것인가를 너희는 알겠는가?
16 그러니 그를 너희가 소홀히 들어서도
아니 되며 그를 듣고 지워서도 아니
됨이니라.
17 모든 백성이 하나의 콩을 반반 나눠
먹는 것은 보통 백성의 사랑이요, 실
천하는 것이라 그리하였음이니라.
18 그러나 참진리의 길이요, 하늘에 오르
는 것이 무엇인가를 아는 백성 너희는
과연 어찌 살아가는가?
19 성서에 기록되어 있느니라.
20 송사하는 자가 겉옷을 원하면 속옷까
지 벗어 주며, 속옷을 원하면 겉옷까
지 벗어 주라는 것을 실천할 수 있는
백성은 이 세상에 아무도 없음이니라.
21 오로지 나의 법전을 읽고 깨우치는 자
요,
22 그리고 은혜의 축복 속에서 너희 이름
이 내 앞에 와 있음이니, 너희는 지금
성령으로써 너희 자신을 다져 가며 변
화되는 그와 같은 삶을 삶이니,
23 그와 같은 역사는 너희밖에 할 수 없
음이니라.
24 바로 너희가 실천하는 자요, 그를 실
행하는 자들이니라.
25 너희 자신이 그리 행하지 못하고 실천
하지 못한다면, 이는 아무것도 아니
됨이니라.
26 너희는 훨훨 날아서 나에게 올 수 있
는 자들이 되어야 함이니라.
27 그러나 너희가 그와 같은 마음을 갖지
아니하며 전부를 줄 수 있는 마음이
없으며, 속옷을 달라 할 때 겉옷을 줄
수 없는 너희들이라면,
28 지금 성전보다도 더 무거운 돌이 너희
발목에 묶여 있으며, 너희 마음을 누
르고 있음이니, 과연 나에게 날아올
수 있다고 생각하는가?
29 지금 그와 같은 마음을 가진 자는 이
성전이 짓누르고 있으니, 거기서 헤어
날 수 있는 백성이 될 수 없음이니라.
30 그 모두를 실천하고 하는 것은 너희
자유이며 너희 의사이니라.
31 네 손으로써 모두 역사하고 모두 행하

라.
32 말로써 행하지 말며, 행동으로써 하는
그와 같은 삶을 살라.
33 나 여호와는 단 한 사람이 남아도 좋
으며 반쪽이 남아도 좋으니라.
34 이제 너희는 나의 법전을 읽고 깨우
쳤으며 나의 아들을 통하여 강론을 들
었으며 하늘의 나 여호와의 뜻이 무엇
인가를 알았다면,
35 오로지 그대로 행하는 강한 의지만이
나의 아들딸로서 거듭남이요,
36 계산된 것이요, 얄팍한 생각으로써 제
앞에 더 좋은 것, 제 앞에 더 나은 것
을 놓고자 하는 그 근본의 마음을 버
리지 못했다면, 너희에게 매달려 짓누
르는 그 무거운 돌의 무게를 견디지
못하며 너희는 날 수도 없는 그와 같
은 자들이며, 지상에서 자유로이 행동
할 수 없는 자들이니 그리 알라.
37 내가 너희에게 그 무거운 것을 모두
들어엎고 버릴 수 있는 것을 모두 가
르쳐 주었거늘, 그 길을 오지 아니하
면 그를 정녕 버리고 지울 수 없는 자
가 너희라 함을 알라.
38 내가 너희를 사랑함이니라.
39 오로지 너희만 모두를 역사할 수 있
으며 너희 속에서 이룰 수 있는 백성
이 나와야 하기 때문이니라.
40 그와 같은 은혜와 영광의 길을 갈 수
있는 것은 너희 스스로 역사해야 함
이니라.
41 이 세상에 아무도 없음이니라.
42 너희가 배운 상식의 종교 집단은 모두
는 콩 한쪽을 나눠 먹는 그것으로써
최상의 가르침이라 생각하나,
43 너희는 그 모두를 다 주는 그와 같은
실천을 하고 살아가야 하는 것이 너
희라는 걸 명심하고 또 명심하라.
44 내가 너희를 사랑함이니라.

8,033 번째 하나님 말씀

2003년 10월 20일 06시 45분

1 사랑하는 나의 아들아!
2 **"네, 아버님! 말씀하옵소서."**
3 너희가 가는 이 길은 멀고도 험한 길
이니, 이는 아무나 갈 수 없으며 누구
나 갈 수 없는 길이니라.
4 그러니 이 길을 가는 백성은 나로부터
선택된 백성이요,
5 미리 준비되지 아니한 백성은 지도자
로서 그리고 전사로서 절대로 이 길
을 역사할 수 없음이니라.
6 너희는 많은 세월 속에 훈련을 받아
왔음이니, 이제 인간 세상의 그 한계
를 벗어나기 시작하였음이니라.
7 그러니 이제 내가 너희가 가는 길이
요, 역사하는 길의 다음 단계의 문을
열 것이니라.
8 너희가 아무리 노력하고 인간이 연구
한다 해도 결코 이루어지고 역사할 수
있는 길은 아니니라.
9 다만, 너희는 그 역사를 준비하는 것
은 가능하나, 모든 성패 여부는 너희
가 결정하는 것이 아니요, 나 여호와
의 뜻에 따라 모두 결정됨을 알아야
할 것이니라.
10 인간인 너희가 지금 할 수 있는 그 길
은 최선을 다하고 있으며, 나로부터
명받은 만큼 최선을 다하고 있음이니

라.
11 그러니 다음 단계는 나 여호와가 선택
하는 것이며 나 여호와가 열어 줌을
너희는 알아야 할 것이니라.
12 너희가 지금까지 왔으며 나의 법전을
지금까지 역사했음이니, 내가 사람을
보낼 것이니 그리 알라.
13 그리하여 그와 더불어 모든 역사를 할
수 있는 것은 너희가 그들에게 어찌
비치느냐에 그 답이 있을 것이니라.
14 그것이 바로 오늘의 너희의 깨우침이
요, 변화된 모습이요, 너희가 모두를
역사할 수 있게 다듬어지고 다듬어지
지 아니한 것은 내가 보내는 사람들로
부터 너희가 평가를 받을 것이니라.
15 나는 수시로 너희에게 필요한 사람을
보낼 것이니라.
16 그들이 와서 너희와 더불어 나의 뜻을
받아 역사하는 것은, 너희 눈빛이 어
찌 비치느냐 하는 것에 달렸음을 너
희 스스로 알라.
17 너희 자신이 단 1초에도 너희 마음을
모두 다 버릴 수 있으며 모두를 다스
릴 수 있는 것이 인간이 아니던가?
18 너희가 어찌 결심을 하며 어찌 따라가
느냐 하는 것은 단 1초의 그 시간이면
모두를 결정하고 역사할 수 있는 것이
니라.
19 그러나 그를 어찌 행하느냐 하는 것은
너희에게 달렸지 아니한가?
20 모든 백성이 그와 같은 결단과 용기
를 가지고 나의 법전을 따르며, 내가
가는 그 길을 역사하는 백성으로 돌
아서지 아니하면 아니 될 것이니라.
21 지금 너를 따르는 그 제자들의 마음
자세가 높이 가 있음이니, 내가 거기
에 대한 상을 너희에게 내릴 것이니
그리 알라.
22 사람을 보낼 것이니, 이를 그리 알라.
23 그리하여 너희가 모두 마음과 눈빛을
어찌 다스리고 결정하느냐에 따라서
그 역사를 이루고 못 이룸이 달렸음
이니라.
24 나는 이와 같이 너희가 깨달으며 변
화를 역사했을 때마다 너희와 더불어
갈 수 있는 자를 보낼 것이니라.
25 너희의 노력의 한계가 있으며, 그 한
계에 따라서 너희가 큰 역사를 이루
고 못 이루고 모든 법전이 세상에 전
해지고 안 전해지는 것은 나 여호와의
계획이요, 내 사업이니,
26 내가 그 모두를 주관하고 있음을 알라.

8,034 번째 하나님 말씀

2003년 10월 20일 06시 49분

1 사랑하는 나의 아들아!
2 "네, 아버님! 말씀하옵소서."
3 내가 너희에게 이 길은 아무나 갈 수
없다 하였음이니라.
4 그러나 모든 종교 집단이요, 지도자들
이 말장난으로써, 말을 잘하는 것으로
써 나의 백성을 구할 것이라 생각하
며, 저희 신도들에게 말을 잘한다는
칭찬을 받기 위해 모두를 다 바치고
노력하는 것이 오늘의 종교 집단이요,
지도자 너희가 가는 길이 아니던가?
5 그러니 말 잘하는 것으로써 모두를
다 역사할 수 있는 것은 없음을 너희
는 알아야 할 것이니라.

6 너희가 말을 잘하며 말로 역사하는
것으로써 무엇인가를 이루며, 너희 성
도요, 백성에게 칭찬을 받기 위한 그
와 같은 길을 가기 위해 말장난을 하
는 것은 아무런 역사도 이루어지지 않
음을 너희는 알아야 할 것이니라.
7 너희는 알아야 할 것이니라.
8 말로써 모두 이루는 것이 아니요, 진
정한 길이요, 역사하는 그 깨달음이
중요함이니라.
9 지금의 모든 종교 집단 지도자들이 케
케묵은 방법이요, 케케묵은 수법으로
써, 변하지 않는 오늘의 그 믿음으로
써는 나의 백성을 구원할 수 없음을
너희는 알아야 할 것이니라.
10 너희가 나의 백성을 구원하는 것은 순
수한 동기에서 순수한 마음이요, 아름
다운 마음이요, 사랑을 베푸는 마음이
요, 그와 같은 마음으로써 행함이 나
의 피조물 만백성을 구하고 하늘에 오
르는 길을 보여 줄 수 있는 것이요,
11 너희가 성도요, 신도들에게 말 잘하고
말장난을 잘한다 하여, 말로써 감화시
킨다 하여 그들을 구원의 길로 인도하
는 것이 아님을 알라.
12 나의 법전을 통하여 너희에게 명함이
니, 오늘의 그 케케묵은 수법이요, 그
와 같은 방법으로 여태껏 흘러왔던
그 사악한 방법으로써는 절대 한 명도
구원할 수 없으며, 그것은 나와 관계
없는 길을 가기 때문이니라.
13 이제 모든 백성을 구하고자 하는 종교
집단이요, 지도자요, 나의 아들을 따
르는 제자, 너희도 순수한 동기에서,
순수한 마음과 아름다운 마음과 자애
로운 마음이요, 사랑하는 마음으로써
행실을 하고 행하고 살아가는 것,
14 그것만이 나에게 구원을 받을 수 있다
는 것을 너희는 알아야 할 것이니라.

8,035 번째 하나님 말씀

2003년 10월 20일 06시 59분

1 사랑하는 나의 아들아!
2 **"네, 아버님! 말씀하옵소서."**
3 나의 법전이 세상을 덮어 만백성을 구
하는 역사를 이루고 못 이루는 것은
너희 제자들의 마음에 달렸다 하였음
이니라.
4 나의 아들을 따르는 제자들이요, 그리
고 나의 법전을 읽고 깨우친 만백성,
너희가 나의 법전을 접하되,
5 순수한 동기요, 아름다운 마음이요,
변함없는 마음이요, 계산하지 않는 마
음을 갖고 행할 때, 나의 법전은 세상
을 다 덮으며 그 역사를 할 것이니라.
6 너희 마음에 따라, 너희가 어찌 행하
느냐에 따라서 내가 너희에게 상을
내리기 때문임을 알라.
7 이 법전이 역사하는 모든 비결은 나
여호와에게 달렸다 했으나, 그를 만들
고 전하는 백성 너희가 의인의 길이
임박하는 그와 같은 변화가 되며, 순
수한 마음으로써 역사하는 그와 같은
마음을 가지고 있을 때, 그 모든 역사
는 이룰 것이니라.
8 너희는 순수한 동기요, 순수한 그 마
음이 얼마나 소중한지 알아야 할 것이
니라.
9 너희가 계산된 생각이요, 모든 인간

세상의 고리를 떠나지 못하고 생각한
다면, 그 성공의 비결을 내가 너희에
게 내리지 아니함을 알라.
10 이를 이루고 못 이루는 최종적인 비결
은 나 여호와가 가지고 있음을 너희는
알아야 할 것이니라.
11 너희가 인간의 생각을 가지고 모두를
계획하고 역사한다는 것은 그 결과가
이루어질 수 없으며 성공할 수 없음이
니라.
12 인간의 생각이요, 마음을 다 저버리
며, 순수한 동기로써 나의 법전을 만
들고,
13 너희 생명보다 소중한 것이 나 여호와
가 너희에게 내리는 편지라 생각하며
가슴에 안고 살아가는 그와 같은 백성
으로서 너희 제자들이 변화되었을 때,
그 성공의 비밀은 나 여호와가 펼칠
것이니라.
14 모든 것은 내가 펼쳐 주는 대로 너희
는 가게 되어 있으나, 그를 접하고 만
드는 너희가 순수한 마음 자세로 역
사하는 것, 그것이 더 소중하며 그것
이 우선임을 너희는 알아야 할 것이
니라.
15 모두는 너희가 대표하는 것이요, 너희
가 나를 대신하여 모두를 역사하기
때문이니,
16 너희가 흐리고 그를 바로잡지 못하면
절대 아니 되는 것이니라.
17 인간 세상에서도 책임자의 자리에 있
는 사람이 금화와 은화를 탐하며 재
물에 욕심을 갖는다면, 그 시대는 밝
은 시대요, 바른 시대가 절대 될 수가
없는 것이니,
18 내가 너희에게 바른 자요, 양심이 있
는 자요, 부끄러움이 없는 자요, 그리
고 순수하고 아름다운 마음의 동기에
서 역사하라는 것이 거기에 있는 것이
니라.
19 한 집단이요, 단체를 다스리며 나라를
경영하는 그와 같은 자리에 있는 자들
이 순수하고 깨끗하지 못하며 탐욕스
러울 때,
20 모두가 제대로 이루어질 수가 없으며
그 역사는 이룰 수 없으며, 모든 백성
은 환란에 빠지게 되는 것이니라.
21 그래서 너희가 말하지 않더냐?
22 '윗물이 맑아야 아랫물이 맑다'는 것
은 무엇이더냐?
23 위가 맑아야 아래도 맑음이니, 그 생
수를 다 같이 마시고 살 수 있다는 것
이니라.
24 바로 그것이 아름다움이요, 순수함이
라는 것을 너희는 알라.
25 그리고 그 위에서 베풀 수 있는 것이
자연스럽게 이루어지는 것은 사랑이
니라.
26 순수한 마음에서 순수한 동기에서 모
두 이루어질 때 너희는 나의 큰 사랑
을 실천하지 아니하려 해도 실천할 수
있는 것이니라.
27 그러니 너희는 작은 나라를 경영하는
것도 아니요, 한 국가를 경영하는 것
도 아니요, 모든 나의 피조물 만백성
들을 경영하는 자로 선택된 너희임을
알아야 할 것이니라.
28 그러기에 내가 너희에게 순수한 그
마음으로 돌아가는 훈련에 돌입하라
함이니,

29 이것은 너희가 한 인간을 다스리는
것이 아니요, 이 지상이 멸망할 때까
지 사람이 이 세상에 존재하지 아니할
때까지 나의 법전은 역사하는 것이며,
30 너희의 오늘의 행함은 길이 빛이 될
것이며 그 역사가 길이 남음을 알라.
31 너희는 나의 아들 예수를 따랐던 그
제자들의 행적이 남는 것만 생각하지
말라.
32 그보다도 더 소중하고 귀하게 남는 것
이 바로 너희이니, 너희 생각이요, 너
희 깨달음을 기록하여 나의 법전의 한
페이지를 장식할 것이며, 너희가 존재
했다는 것이 모두 정확히 여기에 기록
될 것이니라.
33 예수를 따랐던 모든 제자는 그저 무
슨 일을 하다 어떻게 따랐다 하나, 그
가 몇 살에 어떠한 역사를 했는지 기
록된 것이 하나도 없음이니라.
34 너희는 더 상세하고 정확하게 기록되
어 그들이 생동감을 알게 될 것이며
너희의 존재함을 알 것이며 너희의
모습까지도 지워지지 아니할 것이니
라.
35 마지막 나의 법전 속에는 나의 아들을
따르는 제자 너희의 얼굴의 그림이요,
너희의 모두가 다 기록됨이니,
36 그 책장을 넘기면서 너희의 제자요,
그 후손은 그 조상의 위대함을 알게
될 것이니라.
37 이것이 모두 차별화된 역사요, 현실적
이요, 살아 있는 교훈이요, 살아 있는
교육 방법이요, 살아 있는 깨달음이요,
38 그러기에 너희가 어떠한 형태로 살아
가야 하는가를 알아야 할 것이니라.
39 160권의 마지막 법전에 그려지는 너
희 모습이 유다와 같은 자로 남을 것
인가, 사탄의 후예로서 남을 것인가,
예수를 배신했던 제자들처럼 나의 아
들을 배신한 자의 얼굴로써 남을 것인
가?
40 그 모두를 너희는 생각하라.
41 너희가 나의 160권의 법전 어느 쪽에
남느냐 하는 것이 바로 너희가 심판
대에 서며 심판을 받는 그와 같은 결
과임을 알아야 할 것이니라.
42 너희는 영원히 존재하며 영원히 살아
있는 자가 되는 것이니라.
43 죽어 있는 자가 아니요, 이름으로써
전하는 자가 아니요, 영원히 살아 있
는 모습으로써 모두를 보여 줌이니,
44 160권의 마지막 책장에 그려지는 너
희의 그 모습이 나의 피조물 만백성에
게 어찌 그려지느냐, 그것이 너희가
나에게 오르고 못 오름이니라.
45 유다와 같은 자로서 그림이 나오면
너희는 그리 갈 것이며, 베드로처럼
등을 돌리는 자가 되면 또한 너희는
등을 돌리는 자로서 거기에 기록될
것이며, 그리 존재한 자로 영원히 기
록될 것이니,
46 너희는 조상의 뿌리로써 자세를 지킬
것인가, 악의 뿌리로써 남을 것인가,
그것은 너희 하기에 달렸으며, 그와
같은 깨달음을 이제는 알아야 할 것이
니라.
47 이는 순수한 동기에서 모두 이루어져
야만 아름다운 페이지에 고이고이 기
록되는 것이며, 만세에 그 백성이 너
희를 보고 깨우침을 얻어 갈 것이니,

48 네 생활기록부가 여기에 기록되며, 네
모형이 기록되며, 네 나이와 모두가
다 기록되며, 네가 거주한 곳까지 기
록되며, 네가 변화되는 것이 모두 기
록되니 그리 알라, 사랑하는 나의 아
들딸들아!

8,036 번째 하나님 말씀

2003년 10월 20일 07시 03분

1 사랑하는 나의 아들아!
2 "네, 아버님! 말씀하옵소서."
3 너희는 살아가면서 어찌 살라 말하였
느냐?
4 너희 자신은 존재하지 아니함이니, 남
을 위한 기도요, 남의 구원을 위해서
기도하고 경배하는 것이 나 여호와의
뜻이라 나의 성경에 기록되어 너희에
게 가르치고 전하지 아니하였던가?
5 그와 같은 것을 배우고 가르치는 오늘
의 종교 집단이요, 지도자들이 가야
할 길은 어떠한 길이라 생각하는가?
6 너희가 한번 생각해 보라.
7 너희는 너희가 가진 종파요, 너희가
속해 있는 종파가 남의 종파보다 한
수 아래이며, 다른 종파들이 너희보다
한 수 위에 있으며 깨달음이 높이 있
다고 칭찬하고 격려하는 그와 같은 마
음을 가진 것이 종교 집단이요, 지도
자가 가야 할 자리며 신도들이 가야
할 길이 아니던가?
8 너희 자신은 존재하지 아니하며 남을
위해서 기도하며 남을 구원하기 위해
서 기도하는 마음을 가지고 살라 그리
하였으며, 모두는 다 형제라 그리하였
음이니라.
9 나의 아들 예수도 너희와 형제라는
그 사실을 알려 주었으며 밝혔음이니
라.
10 그러니 종교 집단이요, 지도자가 겸손
한 생각이요, 아름다운 마음이요, 사
랑을 하는 종교 지도자요, 집단이라
면, 그리고 구원을 받았다는 백성이
요, 나에게 큰 은혜를 입었다는 백성
은 어떠한 마음으로 가야 하는가?
11 어떠한 종파든 그들이 너희보다 한 수
위에 있으며, 그들의 가르침이 경지가
높으며, 그들이 나 여호와로부터 더
사랑을 받으며, 한 발짝 더 앞에 가는
사람이라 그리 격려하고 가르치는 그
와 같은 마음으로 가야 하는 것이 오
늘의 종교 집단이요, 지도자 너희가
가야 할 길이니라.
12 그러나 과연 그러한 길을 가는 종파가
세상에 있는지 들여다보라.
13 그러니 그것이 잘못된 것이요, 그것이
사기극이요, 그리고 참진리를 모르고
가는 불쌍한 백성이라 함이 여기 있음
을 알아야 할 것이니라.
14 이와 같은 이치를 깨닫는다면, 너희가
지금 어찌 가야 할 것이며 어찌 행해
야 할 것인가를 알아야 할 것이니라.
15 오늘의 모든 종교 집단이 수천수만 갈
래로 갈라져 있음이니, 내가 하나로
역사하고자 하는 그 길은 요원한 것
이며 영원히 이룰 수 없는 그와 같은
방향으로 흘러감이니,
16 모든 종교 집단이요, 그 백성이 나를
따라 나에게 오는 길이 아니라, 나를
거역하는 길이요, 나와 반대의 길로

달려가는 그 길만 죽기 아니면 살기로
지금 달려간다 하였음이니,
17 그 길은 하늘에 오르는 길이 아니요,
지옥의 길이라 하였음이니라.
18 그리하여 너희의 오늘의 믿음이요, 오
늘의 삶이 나 여호와의 뜻대로 살고
나 여호와의 뜻대로 역사했다 하나,
나는 너희를 모른다는 그 대답을 한
다는 것을 잊지 말라.

8,037 번째 하나님 말씀

2003년 10월 20일 11시 23분

1 사랑하는 나의 아들아!
2 **"네, 아버님! 말씀하옵소서."**
3 너를 따르는 그 제자들이요, 나의 법
전을 읽고 깨우쳐 돌아서는 만백성,
너희는 위로는 그리도 갈구하는 구원
의 길을 들어서 나에게 올 수 있는 자
들이며, 아래로는 내가 뭐라 말하였느
냐?
4 내가 만백성을 구하기 위해 전하는
나의 성령이요, 나의 이 법전에 너희
얼굴 형태와 너희의 모두가 기록되어
남으니,
5 이 법전이 세상에 존재하는 동안 너희
의 형체요, 모습을 그 후손들이 보며,
너희의 오늘의 그 실존함을 보여 주는
영광을 얻는 것이라 하였음이니라.
6 그리하여 너희는 오늘 바른 삶을 살
라 하였으니,
7 위로는 구원의 은혜를 입은 자요, 아
래로는 나의 법전에 너희 모습이 담
긴 사진이라는 것을 넣어, 너희가 존
재한 것을 이 지상이 존재하는 날까지
영원히 남기는 그와 같은 것이요, 너
희 지파요, 너희 후손이 존재하니,
8 그와 같은 은혜와 영광의 축복을 얻은
것으로써 무엇을 더 원하고 바랄 수
있던가?
9 그것이 바로 선택된 백성이요, 축복된
백성이니라.
10 그러니 너희는 여기서 알아야 할 것
이니라.
11 나의 법전을 만드는 고통이요, 그 시
련을 역사하는 것보다도, 이제 깨달아
야 할 것이니, 그와 같이 선택된 백성
너희가 움직이는 것 하나까지 모두 나
여호와가 다 보고 있음이니라.
12 나의 성전에 와 속이려 하지 말며, 두
마음을 먹고 속으로 생각하는 그 마음
을 가져서는 절대 아니 됨이니라.
13 그 모두를 나 여호와는 알고 있으며
또한 나의 아들이 알고 있음이니, 너
희는 이제 두 마음이요, 두 생각을 절
대 가져서는 아니 될 것이니 그리 알
라.
14 너희가 배가 고프다 하여 음식을 입에
넣으면서 나에게 감사하다 기도하며,
갈증이 난다 하여 입에 물을 물고 나
에게 감사하다는 그와 같은 기도를 드
리는 그 행동이요,
15 하나서부터 천 가지 만 가지 다 내가
보지 아니하는 것이 없으며 내가 관찰
하지 아니하는 것이 없으며, 너희 마
음을 내가 보지 아니하고 모르는 것이
없음을 알아야 할 것이니라.
16 너희 자신의 다스려지지 못하는 그
깊은 마음이요, 미래의 너희 마음을
아는 나 여호와가 너희를 보고 있음

이니,
17 이는 너희가 나의 뜻을 역사하며 내
품 안에 있는 자들이기 때문에 그러하
니라.
18 그러니 이제 너희는 그 마음을 다스
리며, 그와 같은 생각을 두 번 다시 가
져서는 아니 될 것이며,
19 너희가 그와 같은 생각의 자세로써 임
한다는 것은 절대 용납하지 못함이니
라.
20 네 마음속의 검은 마음과 아름다운 마
음이요, 말로 언약하는 것과 속의 생
각이 다른 그와 같은 행위를 하는 것,
21 그 모두를 나 여호와가 보고 있으며
듣고 있다는 그 무서운 사실을 깨우
쳐, 오늘서부터 그와 같은 삶을 살아
야 할 것이니 그리 알라.
22 아무리 작은 것도 생각과 행동함이 다
르지 않으며, 속생각과 말하는 것이
다르지 않으며,
23 너희가 가진 그 마음 자세가 정말 수
정같이 곱고 고운 진실된 그 마음자
리만 지키도록 그리하라.
24 그 마음이 아니면 너희는 나로부터
선택받은 자가 될 수 없으며, 내가 너
희에게 내려 준 그 은혜를 모두 거둬
들이는 길밖에 없음이니라.
25 그러니 너희는 아무리 작은 것도 두
생각이요, 두 마음을 갖지 말며,
26 높고 높은 계단을 오르며 힘들다 하여
불평하지 말며,
27 힘들다 생각하는 자는 힘들다 말을 하
며 어려우면 어렵다 말하는 그와 같은
소중한 마음을 간직하고 살아가는 것
이 너희임을 명심하고 또 명심해야
할 것이니, 그리 알라 사랑하는 나의
아들딸들아!
28 너희가 듣지 싫은 말은 하고 듣기 좋
은 말은 하지 말라 함이 아니니, 너희
는 내 뜻을 알아야 할 것이니라.
29 너희가 나쁜 마음을 먹었다면, 그 마
음을 그대로 감추고 선한 행위를 하지
말라는 것이니라.
30 배가 고프면 배가 고프다는 말을 하라
는 것이지, 배가 고프면서도 배가 고
프지 않은 체하는 것이 나에게 욕되는
행위요, 나를 속이는 행위라는 것을
알아야 할 것이니라.
31 이것이 나 여호와의 뜻이며, 너희가
그러한 마음을 갖기를 바라는 것이며,
그 마음을 갖는 자만이 모든 은혜와
영광을 얻을 수 있음이니라.
32 갈증이 나면 선지자에게 갈증이 난다
말하며, 너희 동료에게 성전에 와서
갈증이 나면 갈증이 나니 물을 달라
말하라.
33 그것이 너희의 가장 소중한 마음이요,
아름다운 마음이니라.
34 갈증이 나면서도 안 난다 말하며, 갈
증이 나면서 안 나는 체하지 말라.
35 너희는 그와 같은 마음의 훈련을 쌓아
두면 아니 되며 그와 같은 훈련 속에
젖어들면 아니 되느니라.
36 작은 것부터 너희 의사를 반드시 표현
하며, 네 뜻을 표현하는 그와 같은 진
실된 행동으로 작은 것부터 훈련에 임
하도록 그리하라.
37 그리하면 너희가 마음이 맑아짐을 알
게 될 것이며, 너희 마음속에 한 송이
아름다운 꽃이 필 것이니라, 사랑하는

나의 아들딸들아!

8,038 번째 하나님 말씀

2003년 10월 20일 11시 30분

1 사랑하는 나의 아들아!
2 "네, 아버님! 말씀하옵소서."
3 너희가 문을 잠가 놓음이니, 그 닫힌 문이요, 잠겨진 문을 과연 열 수 있는 것은 무엇이더냐?
4 그 문을 여는 것은 거기에 맞는 열쇠가 아니면 절대 열 수 없는 것이 아니더냐?
5 그러니 잠겨진 그 문은 물리적인 행위가 아닌 다음에야 영원히 열리지 않는 견고한 문이라면 맞는 열쇠를 사용해야만 그 문이 열리게 되어 있지 않더냐?
6 그 열쇠가 맞지 않다면 절대 그것은 열리지 아니하며, 너희가 말하는 번호로써 문을 여는 것이면 그 번호를 알아 찍어야만 여는 것이요,
7 첨단 과학으로써 모두를 잠가 놓은 문은 그 답이 있으며 여는 열쇠가 있으며 그 장비가 있으며, 또한 너희가 눈으로써 열든 말로써 열든 정해진 것이 있지 않더냐?
8 그 정해진 것으로만 그 문이 열리는 것이 아니더냐?
9 정해진 것이 아니며 맞는 것이 아니면 그 열쇠로 열 수 없는 것이니,
10 열 수 있는 번호와 열쇠가 맞지 아니하면 절대 열리지 아니하지 않더냐?
11 그러니 잠겨진 그 문을 과연 어찌 열겠는가?
12 더욱이 하늘의 천국의 문은 맞지 아니하면 절대 열 수 없으며, 맞는 열쇠가 아니면 어떠한 형태로든지 열 수 없는 것이 천국의 문이니라.
13 그러니 천국의 문은 반드시 열쇠가 맞는 자만 열 수 있음이니라.
14 그러니 지금 종교 집단이요, 지도자들이 나의 사랑하는 백성을 어찌 이끌어 가는가?
15 너희가 천국의 열쇠를 만드는 것은, 열쇠가 어떠한 형태요, 어떤 모형으로 되어 있는 것이 아니라, 그저 황금으로써 아무렇게나 만들면 그 열쇠가 맞는다고 가르치는 것이 종교 집단이요, 지도자 너희의 오늘의 가르침임을 알라.
16 재물을 거둬들이는 것이 황금을 거둬들임이니, 황금 열쇠를 그저 주먹같이 만들든 돌같이 만들든 밤송이같이 만들든 그저 고추같이 만들든 마늘같이 만들든, 황금으로만 두드려 만들어 가서 밀어붙이면 그 문이 다 열린다 함이니,
17 인간 세상의 너희가 어떻게 만든 문보다도, 과학적으로 견고하게 만든 문보다도, 약속된 장비로써 하지 아니하면 열지 못하는 그 문보다도 더 견고하고 더 열 수 없으며,
18 맞지 않는 열쇠로는 열 수 없는 것이 천국의 문임을 너희는 알아야 할 것이니라.
19 그러니 황금으로써 만들면 된다 하여 지금 재물을 거둬들이는 그와 같은 사악한 짓을 하고 있으나, 그 문은 절대 열리지 않느니라.

20 맞는 열쇠가 아니면 절대 열지 못한다
는 것을 너희는 알아야 할 것이니라.
21 지금 나의 피조물 만백성들이요, 종교
집단이요, 지도자요, 울고불고 구원을
받았다며 광란의 짓을 하는 그 백성
이 가진 열쇠는 하나도 맞는 열쇠가
아니며,
22 천국의 문에는 감히 근접할 수도 없는
그 열쇠를 지금 만들고 있으며, 지금
너희가 가진 그게 다 하늘의 열쇠라
말하느니라.
23 모든 종교 집단이요, 지도자들이 구원
을 받으면 하늘의 문을 여는 열쇠를
다 주었다 말하며, 그러니 내가 너희
에게 준 그 열쇠를 황금으로 다시 만
들라고 가르치는 자들이 오늘의 사악
한 자요, 사탄의 앞잡이임을 너희는
알라.
24 황금이 아니라 어떠한 보석으로 만들
어도, 맞는 열쇠를 만들지 아니하면
아니 될 것이니,
25 그것은 나의 성령이요, 나의 계명대로
살아가는 자만이 그 열쇠를 가질 수
있음이니라.
26 지금 하나도 맞지 않는 열쇠를 가진
것이 나의 피조물 만백성 너희이니라.
27 그것이 오늘의 종교 집단이요, 너희가
가는 믿음이니, 나와 관계없는 열쇠를
만들고자 노력하는 자들이 너희이니
그리 알라.
28 정녕 하늘의 문을 열 수 있는 열쇠는
성령으로써 만들어진 것이며 역사한
것이니라.
29 그를 위하여 내가 너희에게 나의 법
전을 내려보냄이니,
30 그리하여 나의 아들을 따르는 제자들
이요, 나의 법전을 읽는 너희가 바로
그 하늘의 문에 맞는 열쇠를 너희 스
스로 깎으려 하니, 그것이 어렵고 힘
들고 고통의 길이니라.
31 그러나 너희는 그 맞는 열쇠를 깎아
야 할 것이니라.
32 내가 일찍이 너희에게 망치와 정을 주
어 조각가로서 다듬을 수 있는 모든
장비를 다 주었으니, 아름다운 조각품
을 만드는 것은 너희의 대명이라 했
느니라.
33 그와 같이 너희가 하늘에 오를 수 있
는 그 열쇠를 만들 수 있는 도구요, 모
든 장비를 나의 아들을 통하여 너희
가슴에 전해 주고 손에 쥐여 주었으
니,
34 너희가 하늘의 문에 맞는 열쇠를 깎아
천국의 문을 열고 못 여는 것은 너희
의 노력이요, 고통이요, 시련을 견디
고 나가는 것이니,
35 새로운 열쇠를 깎는다는 것이 얼마나
힘들고 어렵더냐?
36 지금 나의 아들을 따르는 제자들은 도
구가 없이 열쇠를 깎는 자들보다 더
어렵고 힘든 그 길을 감이니,
37 너희가 그 열쇠를 깎을 수 있는 것은
나의 계명이요, 나의 법전에 맞춰 살
며, 악습이요, 잘못된 것을 하나하나
떼어 버림이니,
38 그를 떼어 놓음이 쇠를 손으로 깎아
만드는 것보다도, 쇠를 돌에 문질러
깎아 만드는 것보다도, 장비 없이 깎
는 것보다도 더 어렵고 힘든 길이니라.
39 그 길이 너희가 열쇠를 깎는 길이라

내가 하였거늘,
40 오늘에 편안한 길 넓은 길로 가는 그
믿음으로 찬송이요, 악을 쓰고 광란의
짓을 하면서, 그리고 황금으로 만들면
그 열쇠는 무조건 맞게 된다는 그와
같은 안일한 방법 속에서는 하늘에 오
를 수 없음을 알라.
41 맞는 열쇠만 천국의 문을 열 수 있는
그 영광을 얻게 됨이니,
42 성령으로써 거듭나는 자, 천사와 같이
변화되는 삶을 사는 자, 그리고 계명
대로 목숨을 바쳐 지키는 자, 나의 법
전대로 지키고 살고자 노력하는 자만
이 하늘의 뜻을 알고 깨달을 수 있고,
성령의 문이 열리는 자만이 알 수 있
음이니라.
43 그리고 깎을 수 있으며 손에 쥘 수 있
다는 것을 절대 잊지 말라.
44 곧 나의 법전이 나의 편지요, 나의 열
쇠를 깎는 모든 장비요, 도구임을 알
라, 사랑하는 나의 아들딸들아!

8,039 번째 하나님 말씀

2003년 10월 20일 11시 36분

1 사랑하는 나의 아들아!
2 "네, 아버님! 말씀하옵소서."
3 너희가 가장 버릴 것은 욕심이라 하였
음이니라.
4 욕심이 죄악의 근본이요, 그 죄로 인
하여 멸망의 길로 간다 하여, 내가 너
희 가슴에 있는 그 욕심의 공장을 부
숴 버리고 태워 버리고 뽑아 버리는
것이 너희가 해야 하는 길이라 하였
음이니라.
5 더욱이 종교 집단이요, 지도자들은 그
욕심을 가지고 있어서는 아니 됨이니,
6 오늘의 모든 종교 집단 지도자들이 욕
심을 버린 자가 하나도 없다 함을 너
희는 알라.
7 그 욕심을 버린 자가 없기에 나의 뜻
이 아니요, 나의 길에 오는 백성이 아
니라 함이니라.
8 너희는 화려한 교회를 짓고자 나의
백성의 고혈을 뽑아 거둬들여 너 자
신을 위하여 지금까지 살아온 것이 아
니던가?
9 그리하여 나의 피조물 만백성들의 고
혈을 뽑아 너희 능력에 의해 너희 교
회의 왕국을 만들어 너희 것이라 지금
스스로 생각하느니라.
10 이는 나의 성령으로 역사하지 아니한
것을 너희 스스로 너무나 잘 알고 있
기 때문에, 나의 피조물 만백성들의
고혈을 뽑아 너희 능력에 의하여 네
손으로 네 왕국을 만드는 자들이며,
네 노력으로써 역사했다는 것을 자부
하며 그 속마음이 그러하니라.
11 그러니 너희는 네 손으로 만든 그 왕
국을 자손대대로 누리고 그 왕국을 너
희 손에 움켜쥐어 네 것으로 만들어,
네 직인을 찍어서 너희 자식들에게
물려주고자 하는 그와 같은 생각을 하
는 자들이 바로 너희가 아니던가?
12 네가 움켜쥔 그 왕국은 절대 누구에게
도 줄 수 없으며 내줄 수 없다는 그와
같은 자들이 오늘의 믿음의 길을 가는
자들이니, 그게 바로 무엇이더냐?
13 나 여호와의 성령으로써 역사한 것이
아니요, 너희 능력으로써 이루어진 것

이며, 네 노력으로써 이루어졌다는 것
을 알기 때문에,
14 네 왕국을 네가 움켜쥐려 하는 것은
당연한 것이 너희 마음이니라.
15 그러니 너희는 욕심을 버린 자라 말
할 수 있는가?
16 절대 욕심을 버린 자가 없느니라.
17 그리하여 너희 왕국을 짓는 그와 같은
자들에게 내가 교회를 짓지 말라 함
은, 나의 성령을 받아 임하지 아니한
자들이 그를 지으면 짓는 과정에서 역
사하고 노력하며 피땀 흘린 것 또한
인간으로서 역사한 그것이 너무나 소
중하고 아까워 그를 버릴 수 있는 마
음을 가질 수 없으며, 또한 그와 같은
마음의 인간이기 때문임을 너희는 알
아야 할 것이니라.
18 그러니 너희는 욕심을 버렸다고 말해
서는 아니 되며 말할 자격이 없느니라.
19 너희는 아무리 참진리가 온다 해도,
네 왕국을 만들기 위한 꿈으로 노력
하며 지금 같이 그 속에서 아름다운
향락을 즐기는 그와 같은 위치에 있는
자들,
20 너희는 너희 인간이 만든 것이요, 네
것이라는 생각에 젖어 있기에 무엇과
도 바꿀 수 없으며 절대 버릴 수 없느
니라.
21 이 모두가 나의 뜻이요, 나 여호와가
역사한 것이라면 그 명에 따라서 그를
놓을 수 있으며 버릴 수 있는 그 마음
이 있으나,
22 너희가 시련과 고통과 그 노고와 인간
의 노력으로 만든 것이요, 네 것이기
때문에 너희는 너무나 소중하고 귀하
다 생각하며,
23 그를 직인을 찍어 대대손손 넘겨주고
자 하는 것이 너희이니, 그것은 인간
의 욕심으로 만든 것이며 인간 것으로
만들었기 때문임을 너희는 말하지 아
니하나 나는 알고 있음이니,
24 내 뜻에 따라 역사한 것이 아님을 너
희는 알고 있느니라.
25 누구보다도 자신을 잘 알고 있으며 저
희 추한 모습을 잘 아는 자들이 그들
이니라.
26 이 모두를 이루어 놓은 것은 제 머리
로써 제 능력으로써 제 손으로써 만든
것이라는 것이, 끊임없는 그 애착이
가슴속에서 무럭무럭 자라고 있음이
니,
27 그것이 있는 한 너희는 절대로 이를
버릴 수 없음이니라.
28 나의 성령으로 역사한 것이 아니라는
것을 너희는 너무나 잘 알고 있느니라.
29 저 자신이 어떠한 자라는 걸 알고 있
기 때문이니라.
30 나로부터 명받은 것이 아니요, 나로부
터 성령을 받은 것이 아니요, 나로부
터 은혜를 입은 것이 아니요,
31 내 음성을 듣지 못하며 내 메시지를
받지 못하는 자들이기 때문이니라.
32 오로지 인간의 노력으로써 만든 것이
기에, 인간의 애착에 따라서 그 왕국
을 움켜쥐고자 하며,
33 거기에 시커먼 낙인을 찍어 대대손손
누리고 살고자 하는 것이 너희의 오늘
의 마음이니,
34 그게 아니라 하면 너희는 나를 거짓
된 자로 만드는 것이니 그리 알라.

8,040 번째 하나님 말씀

2003년 10월 20일 11시 43분

1 사랑하는 나의 아들아!
2 "네, 아버님! 말씀하옵소서."
3 이제 모든 종교 집단이요, 만백성들에
게 전해야 할 것이니라.
4 지금 나의 법전이 세상에 내려감이니,
이게 마지막 심판이요, 구원의 길이라
하였으니,
5 너희가 나의 법전을 읽고 구원의 길을
바로 보고 가느냐, 그렇지 아니하면
심판을 받아 영원히 후회 속에서 살아
가는 그 길을 갈 것인가 이는 너희 스
스로 결정해야 한다는 걸 알아야 할
것이니라.
6 너희가 백이면 백이요, 거의 모든 백
성이 오늘의 믿음이요, 종교로써는 구
원을 받을 수 없으며 하늘에 오를 수
없다는 것을 스스로 알며, 더욱이 이
방인은 더 그리 생각할 것이니라.
7 너희는 너 자신을 보기 전에, 남들이
너희를 보고 평가하는 것이 정확함을
알라.
8 너희 마음이요, 너희 자신의 장점이
요, 단점을 너 스스로 평가한다면 냉
혹히 평가할 수 없으나 남들이 평가
하는 것이 더 정확함을 안다 하면,
9 너희가 말하는 이방인들이 너희를 평
가하는 그것을 듣고 볼 때 그것이 정
답이라는 것을 어찌 모르고 살아가는
가, 어리석은 백성들아!
10 지금 모두를 버리고 회개하며 반성하
고 거듭나는 백성으로서 영원한 삶의
길에 들어서는 그 영광을 얻겠는가,
그렇지 않으면 지옥에 떨어져 미물들
도 먹을 수 없는 그 벌레 같은 것을 잡
아먹으며 그보다 더 추하고 더러운 속
에서 더 고통스러운 그와 같은 영원한
삶을 그 대가를 치르며 살겠는가, 그
리고 너희가 인내할 수 없는 그 고통
의 대가를 치르겠는가?
11 너희 자신의 업적과 네 궁전에 네 마
음대로 활보하고 역사하는 것, 지금
너희 손으로 지은 궁전이요, 너희가
인간의 생각으로 만든 화려한 그 속에
서 네 마음대로 활보하며 네 마음대로
즐기고 사는 것,
12 그 모두를 버리지 못하며 계속 그 속
에서 활보하는 마음으로 살다 그 대가
를 치를 것인가?
13 너희는 이를 알아야 할 것이니라.
14 너희 손으로 지은 그 궁전이요, 그것
은 모두 인간 너희의 생각이요, 너희
것이며,
15 나 여호와의 뜻으로써 역사하지 아니
한 것이라는 것을 내가 나의 아들을
통하여 법전에 기록하여 너희에게 전
하였거늘,
16 너희는 그를 믿지 아니하며, 그를 부
정하며, 그를 인정하지 아니할 것이니
라.
17 그러나 너희는 알아야 할 것이니라.
18 너희가 만든 그 성전이요, 교회요, 궁
궐이요, 그것을 모두 어떠한 방법이든
지 너희 자신이 죽을 때까지 향락을
누리며 그리고 네 자식에게 그를 넘겨
주며, 너희가 이루어 놓은 그 역사의
후광의 빛을 넘겨주고자 하는 것이 아
니던가?

19 그러니 여기서 너희는 들어야 할 것
이니라.
20 너희가 지금까지 이룬 것은 모두 다
나 여호와의 뜻이요, 하나님 것이요,
그리고 예수님의 것이라 하며 다 이루
어 놓고 나서,
21 너희가 노쇠해 물러날 때가 되고 떠날
때가 되었을 때는 어떠한 방법으로든
너희 후계자요, 너희 자식이요, 너희
가족에게 무엇인가 더 남겨 주고 넘겨
주려는 그와 같은 짓이요,
22 너희가 힘이 되고자 하는 것, 네가 가
진 영역이요, 네가 가진 그 궁궐과 같
은 재물 속의 벽돌 하나라도 뜯어서
네 자식이요, 네 가족에게 주고자 너
희는 할 수 있는 짓을 다 할 것이니라.
23 그러니 그와 같은 것이 바로 창조주
나 여호와의 것이며 예수의 것이라 정
녕 그리 믿는다면, 어찌 감히 내 것이
요, 나의 아들 예수를 위해 만들어 놓
은 그 모두를 너희가 벽돌 한 장이 아
니요, 주먹만 한 조약돌 한 하나라도
너를 위하여 그를 영원히 존재하도록
갖고자 하며,
24 그리고 네 아들딸이요, 네 인간의 육
의 후손들에게 네 자식에게 무엇인가
를 그걸로 남겨주려 하겠는가?
25 그와 같은 마음을 갖는다면 그게 바로
무엇이더냐?
26 너희가 정녕 그와 같은 짓을 한다면,
나 여호와의 것을 정면으로 도둑질하
는 자요, 나 여호와의 것을 훔치고자
하는 자들이 아니더냐?
27 그러니 너희가 지금까지 나 여호와요,
예수의 이름을 팔아 만들어 놓은 궁전
이요, 그 재산을 인간적으로 넘겨주고
자 하는 생각을 가지고 있는 것은 나
여호와 것이 아니라는 것을 입증하는
것이며, 나의 아들 예수 것이 아니라
는 것을 너희가 입증하고 증거하는
그 사악한 행위를 드러냄이니라.
28 그러니 이를 보고도 그들이 과연 나를
위해서 역사한 것이며,
29 오늘에 존재하며 궁전을 만드는 종교
집단이요, 지도자들이 인간의 욕심이
요, 인간의 뜻으로 이룬 것이 아니요,
30 나 여호와의 뜻이요, 창조주의 뜻에
따라 벽돌 하나를 쌓았으며 성전을
지었으며 교회를 만들었다 생각하는
가?
31 만드는 과정에서 너희가 그리 말은
했으나, 결국 그것은 내 것이 아니며
나의 아들 예수 것도 아니요, 오로지
너희 것이라 함이니라.
32 나의 것이라는 것을 믿고 내 역사에
따라 이루어진 것을 진심으로 믿는다
면, 죽어 와 심판의 문턱에 있는 자들
이 그를 도둑질하며 그를 훔치며 그를
강탈하여 제 자식에게 주고 제가 죽을
때까지 영원히 움켜쥐려는 그와 같은
욕심을 가지고 있을 수 있단 말이던가?
33 이를 보고도 너희가 믿지 아니하며
이를 보고도 깨닫지 아니하며, 이를
보고도 오늘의 종교 집단이요, 지도자
가 가는 것이 잘못되었다는 것을 알지
못하는 어리석은 백성이요, 맹종 맹신
하는 그 길을 간다면, 너희는 결국 무
엇이더냐?
34 풀벌레만도 못한, 그들도 먹지 않는
벌레를 잡아먹는 그와 같은 고통 속에

서, 너희가 감히 상상할 수 없는 그 고
통 속에서, 어둠의 암흑 속에서 영원
히 존재한다는 것을 알라, 사랑하는
나의 아들딸들아!
35 이는 나의 하늘의 법도요, 지옥의 그
환경을 내가 보여 줌이니,
36 그러고도 두려운 줄 모르며 무서운 줄
을 모르며, 오늘과 같은 사악한 행위
로 살아간다면, 절대 너희는 용서받지
못함이니 그리 알라.

8,041 번째 하나님 말씀

2003년 10월 20일 11시 48분

1 사랑하는 나의 아들아!
2 "네, 아버님! 말씀하옵소서."
3 내가 너희에게 겸허한 자요, 가장 낮
은 자로서 세상을 살아가며, '나는 죽
은 자요, 돌이라'는 너희가 상상할 수
없는 그와 같은 자세로서 살라 하지
아니하였던가?
4 모든 종교 집단들이 저희가 이루어
놓은 그 방대한 궁전이요, 지금까지
역사해 놓은 모두를 생각할 때는 이
세상을 다 지배하고 덮을 것 같으나,
5 나 여호와가 내려다보는 너희가 역사
하는 행위는 아무것도 없으며, 하잘것
없는 그와 같은 행위에 매달려 있으며,
6 그것을 업적이라 생각하며 위대한 것
을 이루어 놓은 나로부터 은혜 받은
백성이라 함이니라.
7 이제 나의 아들을 따르는 제자들이요,
나의 법전을 읽고 깨우친 백성 너희는,
8 어떠한 종교 집단이요, 어떠한 능력으
로 역사한 것도 나 여호와의 역사함
앞에 그것은 그저 바람에 휘날려 떨어
지는 하나의 낙엽만도 못한 그 결과를
가지고 그들이 광분하며 이 세상의 모
든 역사를 다 이룬 것처럼, 그리고 나
로부터 은혜 받은 자라 광분하는 것임
을 알라.
9 그것은 바로 바람에 떨어지는 낙엽만
도 못하며, 나의 성전에 있는 화분이
요, 꽃나무에 너희가 물 한 번 주는 그
것만도 못한 역사를 이룬 것을 가지고
그들이 세상을 지배하며 나 여호와의
뜻을 받았다 하며 나로부터 역사했다
하는 그리 어리석은 자들임을 알라.
10 그러면 너희는 그들에게 물어보라.
11 저희가 과연 오늘까지 이루고 역사한
것이 이 세상의 누구도 감내할 수 없
으며, 저희만이 나로부터 축복받고 영
광을 받은 백성이라 그리 말하거든,
12 '창조주 우리 아버지께서 우리를 위하
여 비추어 주는 태양빛을 너희가 감출
수 있으며, 그 빛을 막을 수 있으며 중
단할 수 있는가?' 그리 물어보라.
13 이 지구의 땅덩어리가 돌고 돌아 모두
다 존재하고 역사하는 것을 그들 스스
로 한번 멈출 수 있으며 중단할 수 있
는 그와 같은 능력이 있으면 해 보라
고 말하라.
14 그와 같은 능력이요, 그와 같은 것을
역사할 수 없다면, '창조주 내 아버지
앞에 너희가 오늘에 이루어 놓은 것
으로 광분하지 말며, 너희가 은혜 받
은 자라 말하지 말며 너희의 능력이
하늘로 치솟은 것같이 그와 같은 사
악한 행위를 하지 말라' 그리 가르치
라.

15 너희는 그를 전하라.
16 정녕 너희가 부는 바람을 멈출 수 있
으며 그를 막을 수 있는가?
17 너희는 육신이 죽어 감이니, 곧 나에
게 와 심판을 받는 육의 죽음의 선을
너희 자신이 넘지 않을 능력이 있는가?
18 그와 같은 능력도 없는 자들의 오늘의
그 오만함이라 내가 일찍이 나의 법전
에 기록하여 전했음이니라.
19 지금 종교 집단이요, 지도자들이 너희
앞에 과시하며, '우리의 인원이요, 우
리의 이 방대한 것으로서만 모든 역
사를 이룬다'는 그 앞에, 너희 자신이
두려워하지 말며 멈추지 말라.
20 그 모래성과 같은 것은 파도가 밀어닥
치면 다 덮어지며 쓸려 가는 것이니,
오늘의 그들의 모든 것은 모래성이며,
21 저희 스스로 저 자신이 작고 어린 그
릇이기에, 제가 오늘 이룬 것을 나 여
호와의 뜻으로 세상을 다 역사한 것
처럼 하며, 감히 나보다도 더 능력이
있다는 착각 속에 살아감이니,
22 그들은 나뭇잎 떨어지는 것만도 못한
그와 같은 것을 나의 역사 앞에 비유
하여 그리 자만하고 오만한 자들이니
라.
23 그러니 내가 너희에게 말하여 겸손한
자요, 낮은 자요, 그리고 돌과 죽은 자
같이 살라 하는 나 여호와의 뜻이 여
기 있음이니 그리 알라.
24 너희는 스스로 그리 지키고 살아가라.
25 그와 같이 지키고 살아가는 자가 위대
한 나의 백성이요, 영원히 나에게 오
를 수 있는 것이니라.
26 오늘의 종교 집단이요, 지도자 저희는
손으로 만든 그 인간의 건축물이요,
그 영광된 궁전이라는 곳에서 거닐고
살다 저희는 지옥 불에 갈 것이요,
27 오늘의 고통 속에 사는 너희는 상상
할 수 없는 그 아름다운 궁전이요, 그
세상에 영원히 나와 같이 있음을 잊지
말라.

8,042 번째 하나님 말씀

2003년 10월 20일 11시 55분

1 사랑하는 나의 아들아!
2 "네, 아버님! 말씀하옵소서."
3 지금 믿음의 길을 가며 수천 년 동안
역사를 오면서, 하늘에 오르는 길이
요, 나의 백성을 천국에 오르게 한다
하면서 지옥으로 안내한 자들, 그들이
과연 어떠한 길을 왔는지 알겠는가?
4 그들은 나 여호와의 뜻을 모르며 내가
원하는 그 방향을 모르며, 참진리의
뜻을 알지 못하는 자들이 지금 모두를
이끌어 온 종교 지도자요, 그리고 그
밑에서 구원을 받았다 광분하는 신도
들의 그 믿음이니라.
5 그 역사함이라는 것이 왜 잘못되었으
며, 그들이 왜 지금 나의 뜻과는 관계
없는 길을 가는 자들이라 내가 말하느
냐?
6 그들은 이것부터 고쳐야 할 것이니라.
7 그들이 지금 가는 그 믿음이요, 구원
을 받았다는 그들의 신앙의 형태가
무엇인 줄 알겠느냐?
8 각자 제 마음속에 나 여호와의 그 모
두를 끌어들이고자 하는 것이 그들의
생각이며, 그들의 마음가짐이며, 그들

의 믿음의 길이니라.
9 나 여호와의 진리요, 참 아름다움이
요, 내 뜻을 갖다 세상의 만백성에게
전하는 그와 같은 마음 자세로써 믿음
을 향하여 가는 것이 아니니라,
10 제 가슴속에 제 마음속에 모두를 다
끌어들이고자 하는 그 욕심으로써 가
는 것이 오늘의 믿음의 길이니라.
11 그런가 하면 교회라는 것을 지어 놓고
그 건물 안에 나의 피조물 만백성들을
끌어들이고, 말로써 역사할 수 있으며
모두 구원할 수 있다 하여 제 손으로
지은 그 교회 안에 나의 백성을 끌어
들이고 모여들게 하여 거기에 가두고
자 하는 것이 오늘의 신앙이요,
12 그걸 벗어나지 못하는 자들이기 때문
에 그들은 나와 관계가 없다 말함을
너희는 알아야 할 것이니라.
13 이제 나의 아들을 따르는 제자들이요,
나의 법전을 만드는 백성 너희는 들
으라.
14 나의 법전을 너희에게 내림이니, 너희
가 그 법전을 만들어 전하지 않고, 내
가 내린 모든 나의 언약들을 너희 가
슴으로 만들어 너희만 움켜쥐고 보관
하고 있더냐?
15 너희는 이를 글로써 기록하여 책으로
만들어 밖으로 뿌리고 전함이니, 만백
성을 위해 하늘에서 내리는 눈처럼 뿌
리는 것이 아니더냐?
16 그러니 이것이 그들과 다름이니라.
17 오늘의 종교 집단이요, 지도자에게 내
가 나의 아들에게 내리는 이와 같은
성령이요, 나의 뜻을 내린다면,
18 저희만이 받아야 하며 저희만이 역사
해야 하는 것이기 때문에, 그들은 꼭
꼭 잠가 놓을 것이며 가둬 놓을 것이
며,
19 이웃에게 보이지 않을 것이며, 이웃에
게 가르치지 아니할 것이며,
20 제 것으로 만들며 제 가슴속에만 움켜
놓고 갈 자들이 그들이니라.
21 그러니 오늘의 믿음이요, 오늘의 신앙
생활은 바로 개인은 개인대로 저희 가
슴에 감춰 놓고 그저 제 가슴에 모두
를 끌어들여 제 것으로써 만든 것에만
연연하게 되어 있음이니,
22 이웃을 어찌 알며 남을 깨우치는 길을
알겠느냐?
23 그리고 저희 손으로 그 교회라는 것을
짓는 것도 무엇이더냐?
24 그 안에 끌어들이고자 하며, 그 안에
끌어들여 죄의 온상에 가둬 놓고 이리
요리하고 저리 요리하여 나의 백성의
고혈을 빨며 그들을 벗겨 먹으니, 너
희는 흡혈귀보다도 더한 자들이라 내
가 표현한 것이 여기 있음이니라.
25 그러나 지금 참진리요, 창조주 나 여
호와의 뜻을 만드는 백성, 지금 나의
아들을 따르는 제자들에게 내가 직접
물어보느니라.
26 너희가 과연 나의 법전을 만들며 이
어렵고 힘든 그 길을 가는 것은 네 가
슴에 묻어두기 위해서 가느냐?
27 그러니 너희가 지금의 종교 집단이요,
광신도들 같으면, 강론만 들으며 그것
을 기록하여 머릿속에 넣고 나의 성전
을 나가면 되거늘,
28 너희는 오늘 어떠한 역사를 하느냐?
29 이게 나 여호와의 뜻이요, 내가 원하

는 길이 만백성에게 하얀 눈처럼 전하
며 세상에 뿌리고 또 뿌려 모든 백성
이 그 눈을 맞도록 하며 그리 역사하
고자 하는 것이 너희며,
30 나의 뜻을 세상 만방에 아낌없이 전하
는 그와 같은 자들이니라.
31 제 가슴에 끌어들이고자 하는 그들이
지금 너희처럼 나의 성령이요, 나의
법전을 받는다면, 이 소중하고 이 위
대함을 위하여 그들은 잠을 안 자며
울고불고 광신할 것이며, 우선 이걸
거둬들일 금고부터 만드는 것이 그들
일 것이니라.
32 창고부터 짓는 것이 그들이며 전할 생
각을 하지 않는 사악한 자들이니, 그
게 너희와 그들과의 차이점이니라.
33 나의 법전을 받음으로 너희는 무엇을
하는가?
34 이것을 이웃에게 전하며 책으로 만들
어 법전이라 명하여 만백성에게 전하
는 것이 너희이니, 정녕 참진리요, 아
름다움은 같이 나누고 전하고 깨우쳐
주어야 하는 것이 아니더냐?
35 이것이 바로 너희와 그들과의 차이며,
너희가 나로부터 명을 받아 역사하는
것이 바로 이러한 것이니라.
36 작고 큰 것 속에서 그들과 차별화가
되어 있음을 알라, 사랑하는 나의 아
들딸들아!
37 너희는 그와 같은 마음으로 역사하며,
너희가 아니면 그와 같은 생각을 할
수가 없는 자들이니라.
38 그러니 이것으로써 너희가 다름이니
라.
39 그리고 모든 종교 집단에서 이와 같은
역사가 이루어졌다면, 저희는 나의 피
조물 만백성들에게 가르치는 것이 아
니요,
40 백이라는 것을 가지고 열 개는 저희
가 장삿속으로 재물을 벌려고 장사를
할 것이며, 90개는 세상에 내보내지
아니하고 저희 것으로 만들 것이니,
영원히 나의 뜻이 세상에서 사장되며
죽어 버림이니라.
41 내가 너희에게 백 개를 내려보냈거늘,
열 개만 가지고 장사하는 사악한 자들
이요, 90개는 두고두고 감춰 놓고 아
무에게도 읽어 주지 아니하는 것이니,
42 꿀단지를 감춰 놓고 퍼먹는 자보다도
더 사악한 자들로써 변질할 것이니라.
43 그러니 내가 그들에게 어찌 줄 수 있
는가?
44 그러나 너희는 내가 백을 내렸을 때
백에서 하나도 빼고 더함이 없이 모두
만들어 만백성을 구하고자 던지는 희
생이요, 봉사요, 너희 육신을 모두 태
우며 정신을 태우는 자들이니, 그것이
그들과 너희와 차이임이니라.
45 누가 나에게 오를 수 있는 백성이며
나의 낙원에 그 이름이 걸리는 백성인
가를 너희 스스로 오늘 알 것이니, 용
기를 가지고 희망을 품고 좌절하지
말라, 선택된 나의 아들딸들아!

8,043 번째 하나님 말씀

2003년 10월 20일 12시 02분

1 사랑하는 나의 아들아!
2 **"네, 아버님! 말씀하옵소서."**
3 진정한 참진리를 역사하는 것, 개개

인이요, 그리고 종교 집단들이 지금 살아가는 것, 너희가 이방인이라 말하는 그 백성이 과연 나의 뜻에 의해 살아가는 것인지 내 뜻을 거역하고 살아가는 것인지 그를 들여다보는 것은 이 세상에 아무도 없음이니라.

4 나 여호와밖에 없음을 알아야 할 것이니라.

5 너희가 사탄이요, 이단이요, 그리고 이방인이라 말하는 자, 그리고 사악한 자라 말하는 자, 그리고 귀신을 받드는 자요, 모신다 하며 신당을 차려 놓은 자,

6 그와 같은 행위를 하는 자를 모두 다 너희는 평가할 수 있는 자격이 없음이니라.

7 그 모두가 어찌 살아가는 것인지는 나 여호와만이 안다 말하지 아니하였던가?

8 그러니 그것이 참진리의 길이요, 나의 뜻에 역사하고 역사하지 아니하는 것을 너희는 알지 못하는 자들이니, 알지 못하는 자가 어찌 그를 평가하는가?

9 내가 너희에게 전함이니라.

10 오늘의 종교 집단이요, 지도자들은 저희가 지금 가는 것이 육의 생각이요,

11 나로부터 성령을 받은 자가 아니요, 하늘의 뜻에 따라 행하지 아니한다는 것을 너무나 잘 아는 자들이 감히 어찌 남을 평가할 수 있단 말이던가?

12 지금의 모든 종교 집단 지도자 너희는 저 자신이 행하는 것이 나의 뜻이 아니며 인간의 생각이요, 욕심에 의하여 역사한다는 것을 스스로 잘 알 것이니라.

13 지금 나의 아들처럼 나로부터 성령을 받으며 메시지를 받으며 그와 같은 역사를 하지 못하고 있기 때문에 저희는 인간의 생각으로써 무엇을 이루고자 노력하는 것이 그들의 삶이니,

14 너희가 그들에게 전해 주고 깨우쳐 주도록 그리하라.

15 너희가 이제 구원을 받고자 하며 나에게 오르는 역사를 얻고자 한다면, 너희가 지금 말하는 이웃의 종파가 성장할 수 있도록 도와줄 수 있으며, 그들에게 협조해줄 수 있는 그와 같은 마음을 가지고 살아가지 아니하면 절대 아니 될 것이니라.

16 너희가 가는 길이 엉터리요, 잘못된 길인지 안다면, 네 길이 잘못되었다면 이웃의 모든 종파요, 성장하고자 하는 그들을 도와줄 수 있으며, 그를 들여다볼 수 있으며, 같이 의논할 수 있는 그와 같은 마음 자세로 일단 너희 마음이 변해야 할 것이니라.

17 나의 종파보다 남의 종파가 성장하도록 어렵고 힘듦을 도와줄 수 있는 그와 같은 마음으로 첫째 변하지 아니하면 너희는 절대 용서받지 못할 것이니라.

18 그리하여 그들의 어렵고 힘든 그 길을 격려해 주며 협조해 주는 그와 같은 마음으로 다스려야 할 것이니라.

19 이제 나의 아들이요, 나의 법전을 읽는 백성은 저희의 악습을 하나씩 버리면 되지만,

20 너희가 지금까지 지은 죄로써 용서받는 것은 이웃 종파의 힘들고 어려운 것을 도와주고 격려해 주며,

21 지금의 마음에서 반대 방향으로 마음
을 돌리는 그와 같은 변화의 역사가
없을 때 모든 지도자 너희는 나로부
터 구원의 빛을 볼 수 없음을 알라.
22 너희는 경쟁자들을 도울 수 있는 종교
지도자의 마음으로 변하라.
23 그와 같은 마음으로 변하지 않는 것이
곧 무엇이더냐?
24 내가 너희에게 말하기를 '원수를 사랑
하라' 하였음이니,
25 종교 지도자 너희는 원수를 사랑하라
고 수없이 부르짖고 가르쳤음이니라.
26 그러니 원수이기 전에 경쟁자도 사랑
하지 못하는 자들은 진정한 종교 지도
자가 아니요, 나의 뜻에 역사하는 자
들이 아니니,
27 이제 너희가 원수를 사랑하라고 나의
피조물 만백성들에게 가르친 것만큼,
너희가 그를 실천으로 보이는 그 어렵
고 힘든 결단을 내리지 아니하면 너
희는 어떠한 길을 간다 해도 나로부터
구원받을 수 없다는 것을 알라.
28 이제 너희 스스로 경쟁자를 도울 수
있으며 경쟁자를 위해서 기도할 수 있
는 그와 같은 마음으로 돌아서며 나의
법전을 들었을 때 너희는 나의 법전
의 위대함을 그때 알게 될 것이니라.
29 나 여호와가 너희에게 그리 명하는
걸 알라.
30 그리고 모든 종파는 너희가 거느리는
신도들 재물이요, 보배로써 계산하며
머릿수로써 사고파는 나의 사랑하는
백성, 그와 같은 신도들을 이웃의 종
파에 보낼 수 있으며,
31 그 이웃 종파에 가서 역사할 수 있으
며 그를 들어 볼 수 있도록 그들과 더
불어 그들에게 보내며, 그들에게 깨우
칠 기회를 주는 그와 같은 마음의 변
화가 없이는, 너희는 나를 생각하지도
말며,
32 천국이라는 그 '천'자도 너희 마음속
에 그리지 못하도록 내가 그리할 것이
며, 그 자격도 없음을 너희는 알라.
33 이제는 너희가 가는 길이 얼마나 사
악한 길이며 잘못된 것인지 종교 집단
지도자 너희 개인이 다 알고 있음이니
라.
34 네 욕심이요, 너희 자신을 위해서 살
아간다는 것, 네가 가장 가까운 사람
들에게 네 속내를 털어놓는 것이 그것
이 바로 네 본체이거늘,
35 그 본체가 잘못되었으면 그 모두를 지
금 내가 말한 네가 가진 그 모두를 이
와 같은 마음으로 너 자신이 변화될
때, 그리고 행동에 옮길 수 있는 그와
같은 용기가 있을 때, 종교 집단 지도
자 너희가 나의 법전을 읽으면 구원을
받을 것이며,
36 그와 같은 마음을 갖지 못하며 변하지
못했을 때, 나의 법전을 천만번 읽어
도 그 속에 피어 있는 꽃의 아름다운
향기를 절대 맡을 수 없는 자들이 너
희임을 알라.

8,044 번째 하나님 말씀

2003년 10월 20일 12시 13분

1 사랑하는 나의 아들아!
2 "네, 아버님! 말씀하옵소서."
3 나 여호와를 너희가 뭐라 말하느냐?

4 공의의 하나님이라 그리 말하며, 창조주 하나님이라 그리 말하느니라.
5 그리고 너희는 내가 가장 아름다운 모습으로써 나의 모든 뜻을 역사할 수 있도록, 그리고 인간으로서 인간의 열매를 맺도록 내가 이 세상에 내보냈다 하지 않더냐?
6 그러니 내가 인간으로서 인간의 그 열매를 맺고자 하는 것을 너희에게 바란다 하면, 너희는 완전무결한 것으로써 이 세상에 태어남이 아니더냐?
7 그러니 내가 인간으로서 인간의 열매를 거두고자 하여 너희를 세상에 내보내 역사함이니,
8 이는 곧 너희에게 원죄가 있는 것이요, 모태로부터 지은 죄가 있는 것이요, 그것이 다 부질없는 짓이라는 것을 알아야 할 것이니라.
9 나 여호와가 너에게 가르치기를, 내가 너희에게 사탄과 싸워서 나에게 오를 수 있는 그 길을 가라 함은, 내가 너희에게 뭐라 말하였느냐?
10 사탄과 동등한 자격이요, 그 능력이 모두 부여되어 세상에 나간 것이 너희라 그리 말하였음이니라.
11 그러니 내가 너희에게 또한 뭐라 말하더냐?
12 나로부터 선택된 너희는 천사가 되어야 한다 하지 않았더냐?
13 천사와 같은 삶만이 너희가 나에게 오른다 하였음이니, 이는 곧 무엇을 의미하는가?
14 너희가 세상에 나갈 때는 천사와 같이 아름답고 고운 마음이요, 사랑이 충만된 그와 같은 백성으로서 세상에 나갔다 함을 내가 말하는 것이니라.
15 그러니 너희는 아래로는 사탄과 싸워서 이길 수 있는 능력이 있으며, 위로는 천사와 같은 아름다운 삶을 살아 나에게 오를 수 있는 모든 것을 다 갖춰서 나간 백성이니 너희는 그리 알아야 할 것이니라.
16 너희가 나의 계명대로 지킬 수 없으며 사랑을 실천하고 살 수 없으며 거짓없는 삶을 살 수 없다고 말함이니, 과연 네 어린 자식들을 사랑하는 마음이 얼마나 강도가 깊은가?
17 너희가 그와 같은 사랑의 마음을 가지고 이웃을 사랑하며 세상을 사랑한다면, 그것이 바로 내가 너희에게 내려 준 그 인간 본성의 사랑의 마음이니라.
18 너희가 어린 자식을 사랑하며 어린 자식의 잘못됨을 용서하며 잘못을 귀엽게 볼 수 있는 그 마음이 너희 스스로 만들어 낸 마음으로 생각하느냐?
19 그것은 너희가 나 여호와로부터 받아 나간 원심의 마음이요, 본심의 심성이니라.
20 그러니 그 심성이 천사와 같은 삶이니라.
21 그러기에 내가 너희에게 천사와 같은 삶을 살라 하늘에 오르라 하는 것은, 너희 인간에게 내가 처음에 내려 준 그 본성을 찾으라 함이지, 너희에게 더 높고 높은 어려운 그 길을 오라 함이 아니니라.
22 그렇거늘, 모든 종교 집단이요, 지도자들이 천사가 될 수 없으며 천사와 같은 삶을 살 수 없다 함이니,
23 너희가 오늘까지 이루어 놓은 교회요,

나의 백성으로부터 고혈을 뽑아 만든
그 재물을 너희 자식들에게 넘겨주고
자 하며, 네가 영원히 갖고자 하는 그
욕심의 마음이 얼마나 강하고 깊은 것
인가?
24 그것이 사랑으로써 승화되었을 때 그
것이 천사와 같은 마음이요, 천사가
역사하는 마음임을 너희는 알라.
25 너희가 어린 자식을 사랑하는 마음이
요, 너희가 여인을 사랑하는 마음이
요, 그와 같은 마음이 바로 내가 너희
에게 내려 준 본성인 천사의 마음이거
늘, 어찌하여 너희는 감히 두려워하며
무서워하며 인간은 천사가 될 수 없으
며 의인이 될 수 없으며 나 여호와가
역사하지 아니하면 변화될 수 없다고
말하는가?
26 이제 너희는 깨우쳐 보라.
27 너희가 말하느니라.
28 '나는 굶어도 자식은 먹이고 싶고, 나
는 죽어도 자식은 살리고 싶다'는 것
이 부모의 마음이라 너희가 그리 말
하지 않는가?
29 그 희생정신이 얼마나 위대한 사랑이
더냐?
30 그 사랑, 그것이 바로 내가 너희에게
준 천사의 마음이요, 인간의 본성의
마음이니,
31 그 마음을 가지고 세상을 다 보라 하
였음이니, 그러면 너희가 못 넘을 산
이 없으며 넘지 못할 길이 없다는 것
을 전하라, 사랑하는 나의 아들아!

부 록

【하나님께서 가르쳐 주신 운동】

천재지변이 일어날 때, 동물이나 미물들은 미리 알고 대피하지만, 인간은 알지 못하고 큰 화를 당합니다. 하나님께서 인간에게 가장 높은 지혜를 주시고 완벽하게 창조해 주셨기에 동물들보다 더 잘 알 수 있지만, 욕심으로 마음이 혼탁해져서 한 치 앞을 보지 못하는 것입니다.

마찬가지로, 인간은 누구나 스스로 필요한 운동을 해서 건강을 지킬 수 있도록 하나님께서 만들어 주셨습니다. 우리의 머리에서 우리 몸에 필요한 동작을 해 달라고 끊임없이 신호를 보내지만, 인간이 혼탁하게 살아서 그 신호를 알아채지 못합니다. 그러니 자연스럽게 자기 몸이 원하는 그 신호를 따라서 운동하는 것이 하나님께서 가르쳐 주신 운동 방법입니다. 바로, 우리의 영이 육을 이끄는 운동입니다.

▶ 하나님 운동법

1. 눈을 감고, 발을 어깨너비로 벌리고 바르게 선다.
2. 몸에 힘을 풀고, 허리를 숙이면서 손과 머리를 아래로 내린다.
3. 허리를 펴고 싶을 때, 천천히 펴면서 하고 싶은 동작을 하면 운동이 시작된다. (사람마다 다르다.)
4. 멈추지 말고, 어떤 동작이든지 자기 몸의 느낌대로 계속 이어서 한다.

▶ 참고 사항

① 눈을 감은 상태로 아무 생각 하지 않고, 자기 몸의 느낌대로 움직입니다.

② 마음을 비우고, 욕심을 버리고, 지난날의 잘못을 반성하면서 몇 차례 시도하다 보면, 자기도 모르게 하고 싶은 동작이 끊임없이 생깁니다.

③ 운동 장소는 방 안이든 운동장이든 관계없으며, 걷거나 달리고 싶을 때는 눈을 떠도 됩니다.

④ 매일 40분 이상, 주 4회 이상, 3개월 이상 하면 음식 조절에 들어갑니다.
- 음식으로 생긴 병은 음식으로 치료하게 되며, 어떤 음식을 먹어야 하는지 스스로 알게 됩니다.
(자기 몸에 필요한 음식만 먹고 싶어집니다.)

⑤ 사랑하는 사람과 함께 운동하면 서로 치료해 주기도 합니다.

⑥ 운동을 하다가 몸의 어느 한 부분을 계속 손으로 자극한다면 그쪽에 이상이 있는 것이니, 의사에게 상담을 받고 적절한 치료를 받으면 됩니다.

⑦ 다이어트 및 기타 건강관리에 효과적입니다.

⑧ 꾸준히 운동하여 영이 맑아지면, 자신의 과거와 미래를 스스로 보게 됩니다.

누구나 스스로 하실 수 있습니다.

간 행 사

《새로운 성경》은:

· 새로운 성경은, 하나님께서 선량하고 선한 자를 선택하여 십계명을 암송하도록 하시고, 십계명을 암송한 다음에 음성으로써 들려주시는 말씀을 듣고 그대로 카세트테이프에 녹음해서 받아쓴 책입니다.

· 90분짜리 녹음테이프 700여 개에 달하는 말씀으로, 1999년 8월부터 2004년 7월까지 총 160권(권당 288쪽)을 완성하였으며, 그 이후에도 현재까지 계속 말씀을 내려 주고 계십니다.

· 새로운 성경은 “하늘을 두루마리 삼고 바닷물을 먹물 삼아 쓰고 써도 다 못 쓴다”는, 끝없이 방대한 하나님의 말씀이 두루마리로 직접 내려오는 것입니다. 이러한 새로운 성경은 구약과 신약을 폐하려는 것이 아니라 “인봉된 성서의 비유의 뜻”을 상세히 설명하여 완성하고자 하나님께서 직접 내려 주신 말씀입니다.

《새로운 성경》의 구성:

· 제 목: 2013년, 160권 모음집을 발간하면서, 본 도서의 제목을 “하나님! 말씀하옵소서”에서 《새로운 성경》 으로 명해 주셨습니다.

· 단행본: 각 권당 288쪽(신국판) 책이 160권까지 시리즈로 출판됩니다.
(모음집은 단행본을 16권씩 묶어서, 총 10부로 구성됩니다.)

《새로운 성경》의 성경적 근거:

· 신약 성경 [요한복음] 16장 13절에 “진리의 성령이 오시면 그가 너희를 모든 진리 가운데로 인도하시리니 그가 자의로 말하지 않고, 오직 듣는 것만을 말하며” 하신 말씀처럼 하나님의 음성을 들은 것만 기록하였으며,

· “장래 일을 너희에게 알리시리라” 하신 말씀과 같이 개인, 나라, 인류의 “장래”일을 하나님께서 알려 주시는 것만 기록하여 책으로 만들었습니다.

《새로운 성경》의 기록 방법:

· 1999년 8월부터 하나님께서 저에게 들려주시는 음성을 기록하였습니다. 처음에는 제가 들은 말씀을 불러 주면 저의 아내가 기록하여, 2000년 1월 29일에 1권 초판이 세상에 나왔습니다. 2000년 4월부터는 주시는 말씀을 받아 녹음기에 기록하여 시리즈로 출간하기 시작하였습니다.

· 녹음을 시작하면서 하나님의 말씀을 받는 데 가속도가 붙었고, 2001년 5월 3일에 1부(1~16권까지)를 인쇄하여 출판하였으며, 2004년 7월까지 총160권 분량의 말씀을 받아 기록하였습니다.

하나님께서 저에게 주신 것은:

· 첫째, 만백성을 상대로 내려 주시는 "기도", 둘째, 수시로 내려 주시는 "묵상", 셋째, 개인의 과거, 현재, 미래를 알려 주시는 "개인 기도", 넷째, 개인의 건강을 위해서 내려 주시는 "음식 처방", 다섯째, 하나님께서 가르쳐 주신 "운동"등이 있습니다. 이 중에 첫 번째, "기도"를 책으로 편찬하였습니다. 사람의 생사, 개인의 미래에 관한 천기는 수록하지 말라 하셨습니다.

강론 안내:

· 하나님께서는 지금도 매일 저에게 새로운 하늘의 비밀의 말씀을 내려 주고 계십니다. 수시로 내려 주시는 말씀을 정리해서 제자를 육성하라는 말씀에 따라 매주 강론을 하고 있습니다. 누구나 무료로 들으실 수 있습니다. (book160.com)

《새로운 성경》을 읽는 분들에게 드리는 선물:

· 개인 기도: 개인의 과거, 현재, 미래에 관하여 말씀을 내려 주십니다.

· 음식 처방: 사람은 음식을 먹고살다가 건강을 잃으니, 음식과 운동으로 건강을 되찾는 방법을 알려 드립니다. 단, 하나님이 계심을 믿고, 십계명을 지키겠다고 진실로 서약하는 분들께 알려드립니다.

《새로운 성경》의 은혜와 기적:

· 새로운 성경 전160권은 16권씩 묶어서 총 10부의 모음집으로 구성됩니다. 모음집 한 부를 읽고 깨우치는 자에게 하나님께서 다음과 같은 기적이 있다고 하셨습니다.

· "첫째, 그가 죽어 하늘에 갔을 때 그의 죄를 묻지 아니하며, 구원을 받는 위대한 은혜가 있으며, 둘째, 그의 소원과 소망이 이루어지고, 셋째, 죽은 자(부모, 형제, 자식, 사랑하고 은혜 입은 분)의 이름으로 구입한 책을 읽고 누군가 한 사람이 깨우칠 때, 그 죽은 자가 지옥에서 천국으로 구원을 받게 되며, 넷째, 유산, 중절 수술 등으로 태어나지 못한 아이를 위하여 구입한 책을 보고 한 명이 깨우쳤을 때, 그 아이가 사람으로 다시 한 번 태어나는 은혜를 받는다."

· "새로운 성경"을 3회 이상 정성을 다해 정독하는 자, 성서의 비밀을 알게 되고, 세상의 이치를 알게 되며, 세상을 지배하고 통제할 수 있는 지혜를 다 얻게 된다고 하셨습니다. 이 책은 만백성이 정독하고 이웃에게 전하여, 평생 가슴에 묻은 슬픔과 고통의 짐을 벗고 미래를 위한 힘찬 삶을 살아가도록 하는 책입니다.

끝으로

· 하나님께서는 흰 눈이 세상을 덮듯이 새로운 성경을 온 세상에 전하라고 하셨습니다. 《새로운 성경》 을 각국어로 번역해서 온 인류에게 구원의 길을 깨우쳐 주고, 그 수익으로 가난하고 어려운 백성을 구제하여, 만백성의 영과 육을 함께 구원하는 선지자의 임무를 수행하라고 저에게 명하셨습니다.

· 하늘에서 내려 주신 말씀의 보화를 만백성에게 나누어 주는 것이 선지자의 임무라고 하셨습니다. 새로운 성경을 통해서 얻는 재물을 사용할 곳도 하나님께서 일일이 명해 주십니다. 모든 재물은 저의 자의로 쓸 수 없고, 하나님께서 명하시는 대로만 쓰여집니다.

· 어떤 명분으로든 십일조나 각종 헌금을 거두어들이지 말라 하셨으며, 국내뿐 아니라 각국에 성전과 단독 서점을 운영하며, 한국의 많은 젊은이들을 전 세계에 지도자로 내보내라고 하셨습니다.

· 우리는 세계적으로 새로운 성경을 보급하며 어려운 이들을 돕는 역사를 해 나갈 것입니다. 지금까지 비록 몇 명 안 되는 제자들과 함께 이러한 일을 역사했지만, 앞으로도 계속 하나님께서 기뻐하시는 일들을 해 나갈 것입니다. 부족한 저희에게 여러분들의 지혜와 성원을 보내 주시기를 바랍니다. 많은 분들의 참여와 도움을 간절히 기다립니다. 감사합니다.

한국어로 내려온 《새로운 성경》 단행본을 출간하며
2016년 4월 10일

발행인 **김 용 철**

한국어로 내려온

새로운 **성 경** · 7부 · 제110권

지은이 하나님 말씀
대역자 김용철

초판인쇄 1쇄 2017년 4월 3일

펴낸 곳 도서출판 하얀마음
등록번호 제 10-2107호 (2001년 2월 14일)
주소 서울시 노원구 덕릉로86길5, 2층
전화번호 02) 313-1114
팩스 02) 393-5554
전자우편 book160@hanmail.net
편집위원 조나영 김미향 이석교
제작지원 김남태 이은미 김보라 조옥순

도서상담 1600-7527
ISBN 978-89-5875-210-3 (04230)
978-89-5875-100-7 (세 트)

값 10,000원
잘못된 책은 구입하신 곳에서 바꾸어 드립니다.

※이 책은 10부로 제작되며, 각 부 16권씩 총160권으로 구성됩니다.※

1부	2부	3부	4부	5부	6부	**7부**	8부	9부	10부
1권	17권	33권	49권	65권	81권	97권	113권	129권	145권
2권	18권	34권	50권	66권	82권	98권	114권	130권	146권
3권	19권	35권	51권	67권	83권	99권	115권	131권	147권
4권	20권	36권	52권	68권	84권	100권	116권	132권	148권
5권	21권	37권	53권	69권	85권	101권	117권	133권	149권
6권	22권	38권	54권	70권	86권	102권	118권	134권	150권
7권	23권	39권	55권	71권	87권	103권	119권	135권	151권
8권	24권	40권	56권	72권	88권	104권	120권	136권	152권
9권	25권	41권	57권	73권	89권	105권	121권	137권	153권
10권	26권	42권	58권	74권	90권	106권	122권	138권	154권
11권	27권	43권	59권	75권	91권	107권	123권	139권	155권
12권	28권	44권	60권	76권	92권	108권	124권	140권	156권
13권	29권	45권	61권	77권	93권	109권	125권	141권	157권
14권	30권	46권	62권	78권	94권	110권	126권	142권	158권
15권	31권	47권	63권	79권	95권	111권	127권	143권	159권
16권	32권	48권	64권	80권	96권	112권	128권	144권	160권